全国普通高等教育规划教材

中国关税制度

修订版

黄天华 编著

中国财政经济出版社

图书在版编目（CIP）数据

中国关税制度/黄天华编著.—北京：中国财政经济出版社，2009.10
全国普通高等教育规划教材
ISBN 978-7-5095-1854-0

Ⅰ.中… Ⅱ.黄… Ⅲ.关税制度-中国-高等学校-教材 Ⅳ.F752.53

中国版本图书馆 CIP 数据核字（2009）第 187182 号

责任编辑：陈志伟　　　责任校对：张全录
封面设计：陈　瑶　　　版式设计：董生萍

中国财政经济出版社出版
URL：http://www.cfeph.cn
E-mail：cfeph@cfeph.cn
（版权所有　翻印必究）
社址：北京市海淀区阜成路甲28号　邮政编码：100142
发行处电话：88190406　财经书店电话：64033436
北京财经印刷厂印刷　各地新华书店经销
787×960 毫米　16 开　22.25 印张　374 000 字
2009 年 10 月第 1 版　2009 年 10 月北京第 1 次印刷
印数：1—3 000　定价：36.00 元
ISBN 978-7-5095-1854-0/F·1553
（图书出现印装问题，本社负责调换）
本社质量投诉电话：010-88190744

《中国关税制度》（修订版）
序

新世纪，我国的对外贸易面临着更具开放性、竞争性和全球性的国际环境。随着我国对外开放的不断发展，特别是在当前的国际金融危机下，我国关税制度的建设不仅要与日趋深化的对外开放形势相适应，与日益扩大的市场经济体制相配套，而且还要与国际惯例相衔接，对危机下各种贸易保护主义做出冷静的思考，准确地把握国际贸易的脉搏。正因为关税在对外经济事务中的作用不断增强，社会各界、企业和高等教育更加注重对关税制度的普及和研究。

黄天华教授编著的《中国关税制度》一书，较为详尽地阐述了中国关税起源和发展的历史脉络，解析了中国关税制度构成的基本框架，并以我国加入世界贸易组织为契机，全面地介绍了世界贸易组织规则下，中国关税的运行以及关税对经济制度延伸的杠杆作用。同时，也具体地研究了"入世"后关税发展对中国经济的影响，探讨了中国关税发展的基本政策趋向。

《中国关税制度》一书倚重历史，立足现实，重点考察了现代中国关税制度，有侧重地介绍了世界贸易组织对各国关税制度的规则。这是读者了解我国关税制度的一个重要途径，更是世界了解中国关税制度的有效载体，这也是本书出版的一个重要意义。

把现代关税制度作为我国整体经济制度的一个重要组成部分进行深入的探讨和研究，普及关税知识，推动关税制度建设，融入经济全球化、贸易自由化进程，加深对改革开放以及优化构建和谐社会所需的贸易环境的理解，是我国高等教育，特别是经济、贸易、国际政治等学科领域所面临的重要课题。本书的出版是十分及时、非常必要的。

愿本书的出版，能对关税的教育事业以及理论研究有所贡献。

财政部关税司司长

王伟

目录

新版前言 …………………………………………………………（ 1 ）

第一章 关税概述 …………………………………………………（ 1 ）
第一节 关税的概念和特征 …………………………………（ 1 ）
第二节 关税的起源 …………………………………………（ 4 ）
第三节 关税的发展 …………………………………………（ 13 ）
第四节 关税的分类 …………………………………………（ 16 ）
第五节 中国海关的起源 ……………………………………（ 27 ）
第六节 世界贸易组织与中国关税 …………………………（ 31 ）

第二章 关税制度的特征及职能 …………………………………（ 39 ）
第一节 我国关税制度的特征 ………………………………（ 39 ）
第二节 关税制度构成要素 …………………………………（ 41 ）
第三节 关税职能 ……………………………………………（ 44 ）

第三章 关税政策 …………………………………………………（ 48 ）
第一节 关税政策的基本形式 ………………………………（ 48 ）
第二节 保护关税政策 ………………………………………（ 52 ）
第二节 关税壁垒与非关税壁垒 ……………………………（ 56 ）

第四章 关税税则 ………………………………………（63）
  第一节 关税税则概述 …………………………………（63）
  第二节 商品分类目录 …………………………………（65）
  第三节 我国关税税则的构成及发展 …………………（69）
  第四节 税则归类制度 …………………………………（70）

第五章 原产地规则 ……………………………………（76）
  第一节 原产地规则的概念与起因 ……………………（76）
  第二节 原产地规则 ……………………………………（78）
  第三节 我国的原产地规则 ……………………………（81）

第六章 海关估价 ………………………………………（85）
  第一节 海关估价概述 …………………………………（85）
  第二节 海关估价制度的形成和发展 …………………（89）
  第三节 我国海关审价制度 ……………………………（95）

第七章 完税价格制度 …………………………………（98）
  第一节 进口货物的完税价格 …………………………（98）
  第二节 特殊进口货物的完税价格 ……………………（104）
  第三节 出口货物完税价格 ……………………………（106）
  第四节 进口物品的完税价格 …………………………（108）

第八章 关税减免制度 …………………………………（112）
  第一节 关税减免概述 …………………………………（112）
  第二节 法定减免 ………………………………………（114）
  第三节 特定减免 ………………………………………（116）
  第四节 临时减免 ………………………………………（120）

第九章 税率的运用 ……………………………………（122）
  第一节 进口货物关税税率 ……………………………（122）
  第二节 出口货物关税税率 ……………………………（126）
  第三节 非贸易性进口物品关税税率 …………………（128）

第十章 海关征收进口环节的税费 (130)
- 第一节 概述 (130)
- 第二节 进口环节增值税 (132)
- 第三节 进口环节消费税 (137)
- 第四节 船舶吨税 (144)
- 第五节 海关规费与海关监管手续费 (147)
- 第六节 车辆购置税 (150)

第十一章 关税的征收管理 (155)
- 第一节 概述 (155)
- 第二节 关税的征收制度 (156)
- 第三节 关税的退还和补征、追征制度 (162)

第十二章 保税制度 (167)
- 第一节 保税制度概述 (167)
- 第二节 保税仓库制度 (171)
- 第三节 保税区制度 (177)
- 第四节 加工贸易保税、保税工厂、保税集团 (183)

第十三章 关税的救济制度 (189)
- 第一节 关税的行政复议 (189)
- 第二节 关税行政诉讼 (195)
- 第三节 海关行政赔偿 (199)

第十四章 中国关税制度的改革 (204)
- 第一节 建国初期的关税制度 (204)
- 第二节 关税制度改革的起步 (207)
- 第三节 关税制度的全面改革 (209)
- 第四节 "入世"承诺与自主降低关税 (217)
- 第五节 自主降低关税对我国经济发展的影响 (219)

第十五章　WTO下的关税政策取向 (221)
第一节　我国保护关税政策的形成与取向 (221)
第二节　发展中国家保护关税政策的发展情况 (224)
第三节　发达国家保护关税政策的基本情况 (225)
第四节　WTO下的关税政策取向 (228)

第十六章　"入世"后的中国关税发展趋势 (230)
第一节　我国现行关税水平及结构分析 (230)
第二节　我国关税的有效保护分析 (234)
第三节　关税税率的科学化和合理化 (237)
第四节　我国关税发展的趋势 (240)
第五节　我国关税改革的基本目标 (243)

第十七章　报关制度 (246)
第一节　报关概述 (246)
第二节　报关的基本内容 (248)
第三节　报关制度概述 (254)
第四节　报关注册登记制度 (258)
第五节　报关员管理制度 (262)

第十八章　通关制度 (272)
第一节　通关制度概述 (272)
第二节　海关监管的依据 (277)
第三节　国家禁止和限制进出境的物品 (281)
第四节　海关查验与放行 (283)

第十九章　出口退税制度 (287)
第一节　概述 (287)
第二节　我国出口退税政策的演变 (289)
第三节　出口退税的基本政策及特准退税货物 (292)
第四节　出口货物退税率及退税方法 (294)
第五节　新税制实施以来我国历次出口退税政策的调整 (298)

第二十章 走私与反走私 ………………………………………… (301)
第一节 概述 ……………………………………………………… (301)
第二节 我国对于走私的立法与打击走私的基本方针 ………… (306)
第三节 海关缉私 ………………………………………………… (309)
第四节 对走私违法行为的处罚 ………………………………… (311)

附录一：中华人民共和国海关法 ………………………………… (321)

附录二：中华人民共和国海关对报关员管理规定 ……………… (337)

主要参考书籍 ……………………………………………………… (341)

后　记 ……………………………………………………………… (342)

新版前言

新版《中国关税制度》一书，较为详尽地论述了中国关税起源和发展的历史脉络，解析了中国关税制度构成的基本框架，并以我国加入世界贸易组织为契机，全面介绍了世界贸易组织规则下中国关税的运行以及关税对经济制度延伸的杠杆作用，同时也具体研究了"入世"后关税发展对中国经济的影响，探讨了中国关税发展的基本政策趋向。

新版《中国关税制度》一书倚重历史，立足现实，重点考察了现代中国关税制度，并有侧重地介绍了世界贸易组织对各国关税制度的规则。这是读者了解我国关税制度的重要途径，更是让世界了解中国关税制度的有效载体，此是本书出版的一个重要意义。

各国关税制度都以维护本国的政治经济利益为出发点，以促进世界经济的共融共进为根本目的。特别是现代中国关税制度，对调节商品进出口、弥补市场缺陷、促进资源配置、增加财政收入、强化国家的宏观调控能力，都将产生重大的影响。我国现代关税制度作为整体经济制度的一个重要组成部分，普及关税知识、推动关税制度建设、融入经济全球化、贸易自由化进程，维护和促进我国改革开放以及构建和谐社会的进出境环境，是我国高等教育所面临的一个重大课题。本书的出版不仅十分及时，而且非常必要。

本书在上一版的基础上进行了大幅度修改，并应教学和广大实际工作者要求，增加了"报关制度"、"通关制度"、"出口退税制度"、"走私与反走私"等章节。

愿本书的出版能对中国关税的教学、理论研究以及实际工作有所贡献。

第一章

关 税 概 述

第一节 关税的概念和特征

一、关税的概念

关税是海关代表国家,依据国家制定的关税政策和公布实施的税法及进出口税则,对进出关境的货物和物品征收的一种流转税。

据《中国税务百科全书》解释:"关税,对进出关境的商品课征的税种,是商品流转课税的一种形式。"

据《辞海》释义:关税是"海关根据国家制定公布的海关税则,对进出其关境的物品所征收的税。"

关税概念有广义和狭义之分。广义的关税,不仅包括进出口环节的关税,还包括海关在进出口环节代征的其他国内税费,诸如增值税、消费税等;狭义的关税仅仅指进出口环节的关税。

进口关税与进口税费是两个不同的概念,进口关税是指关税本身,而进口税费则包括关税和其他国内税费。海关除了征收关税以外,还代征其他国内税费。

关税是国家税收体系中的主要税种,当属国家税收,这是其最基本的属性。关税的征税主体是国家,海关只是代表国家执行征税。关税的运行功能和调控作用都是由关税的基本属性所决定的。关税在不同社会形态的国家、在不同国家的不同时期,其功能及作用可能不完全一致,但其基本属性是不变的,它是国家主权的体现,是为了维护国家的主权利益,推动国家的经济建设。

二、关税的特征

关税是国家税收体系中的一个税种,除了具备一般税收所共有的特征外,还具有以下的特征。

(一)关税的课征范围是以关境为界

关税的课税对象是"进出关境的货物和物品",这里所指的是"关境",而不是"国境"。国境和关境是两个既有联系,又有区别的概念。

两者的区别在于:国境是指主权国家行使行政权力的领域,也就是主权国家的领土范围;关境又称税境,是指一个国家的海关征收关税的领域,即主权国家关税法令实施的领域,按海关合作理事会的界定,即"一个国家的海关法令完全实施的境域。"因此,只有在货物和物品进出关境时,才能对其实施征税。

两者的联系在于:如果一国既不与其他国家结成关税同盟,也不在本国设立自由港、保税区,则国境与关境的概念是重叠的,两者完全一致;如果一国既与其他国家结成关税同盟,实施统一的关税法令和统一的对外税则,则关境概念就大于国境,关境内的跨国贸易就无需缴纳关税;如果一国政府在其境内设立自由港、保税区、自由贸易区等,则关境的概念就小于国境,关境外而国境内的贸易同样必须缴纳关税。

所以,关税的征税范围是以关境为界,而不是以国境为界。

(二)关税的征税主体是海关

关税是由海关代表国家征收的一种税。关税的特殊性在于:我国税收一般是由国家税务机关征收的,而关税却是由海关负责征收管理。海关就是依法监督管理进出境事务的国家行政机关。

海关监督管理进出境活动的职能,具体体现在海关监管、海关征税,海关缉私和海关统计等四大任务之中。

依据1987年7月1日颁布实施的《中华人民共和国海关法》(以下简称《海关法》)第二条规定:"中华人民共和国海关是国家的进出关境监督管理机关。海关依照本法和其他有关法律、法规,监管进出境的运输工具、货物、行李物品、邮递物品和其他物品,征收关税和其他税费,查缉走私,并编制海关统计和办理其他海关业务。"

根据各国立法,海关执法和监管范围包括关境、边界、沿海领域的一定地带、设关港口、内地的航空港和铁路干线上的枢纽车站。一般规定陆上为20

公里；海上为 12 海里。

（三）关税法规相对独立自成体系

海关法是规定进出口监督管理制度，调整海关与进出境活动有关的行为人之间、海关与相关国家机构之间以及海关机构监管行为的行政权利义务关系法律规范的总称。同时也是我国海关法律体系的立法依据和执法宗旨。

我国关税法律体系以《海关法》为主，包括《进出口关税条例》、《海关进出口税则》、《海关稽查条例》、《海关法行政处罚实施细则》、《海关审定进出口货物完税价格办法》等，形成一个相对独立的法律法规体系。

《海关法》第五章"关税"明确规定了关税的征税对象、征收机关、征收依据、纳税义务、纳税期限、完税价格、海关估价、减免措施、保税和暂时进出口免税、补税和追税、纳税争议复议等程序。因此，《海关法》是关税制度及征收监管的基本法。

（四）关税有较强的涉外性

形式上看关税只是对进出关境的货物和物品征税，故而，关税税则制定、税率高低只是影响本国的国际贸易。但是随着世界经济一体化及贸易全球化的发展，世界各国的经济联系越来越紧密，国际贸易关系日趋成为一种新型的政治关系，关税政策也与经济政策、外交政策、地缘政治政策紧密地结合起来，在国际政治舞台上发挥着重要作用。关税的涉外性日趋突出。因此，关税政策的制定不仅要尊重本国的实际情况，要以国内法为依据，而且还要兼顾世界各国的利益，尊重国际条约和国际惯例，这样才有助于国际间理解和交往，有利于建立互利友好的国际贸易关系。

关税也是国际经济竞争的一种有效手段。高关税必然会提高纳税人的经营成本，直接影响其利润水平，反之则降低成本增加利润。因此，利用关税与其他国家签订互惠贸易协定，在对等的条件下，争取友好贸易往来，扩大商品流通，互通有无，实现双方共赢，以加强我国与世界各国的经济联系，同时也要坚决地维护我国的主权和经济利益。

故而，关税税种的设置、税率的调整和征收办法的改变等，都会在不同程度上影响国际间贸易往来，影响贸易各国的政治、外交和经济等方面的关系。

第二节　关税的起源

一、关税起源的追溯

关税是一个古老的税种，关税的起源涉及财政税收的起源，同时也与国家起源有关。一个早期的不完整的国家机器，可以没有海关机构，但完全可以凭借政治权力和政治意志有条不紊地征收关税。因此，当我们站在人类文明的源头，与消失的历史重逢，就会惊讶地发现，关税的出现要远远早于海关机构的出现。这一情形在我国的远古，或在古希腊和古罗马都可以找到踪迹。

关税是一个非常古老的税种。从关税起源角度探讨，早期的"关税"可以界定为"通过税"，而早期的"关卡"却不能解释为"海关"，因为它是典型的"军事要塞"或"检查机构"等，只有政治和军事上的意义。

关税在英文中有一个术语"Tariff"。据说在古代地中海西口，距直布罗陀21英里处，有一个海盗盘踞的港口叫塔利法（Tariffa）。当时因贸易而进出地中海的商船为了避免被抢劫，不得不向塔利法港口的海盗们缴纳一笔可观的买路费。此后Tariff就成为关税的另一通用名称了。这里就有通行费的含义。

据《大英百科全书》解释，关税是由古代商人进入市场交易时，向当地的领主缴纳一种例行的、常规的入市税发展而来的，有通行费或税的含义。

关税在我国远古称作关市税，早期国家在边境要津设关置卡，过往商旅均需缴纳关市税，故亦可作通过税。

1957年4月，我国考古学家在安徽省寿县城东门1公里的邱家花园里出土了战国时期的四件金节，即"货节"。《周礼》郑玄注云："货节，谓商本所发司市之玺节也。自外来者，则案其节，而书其货之多少，通之国门，国门通之司市。"也就是说，货节为官府颁发的一种运输凭证，证明其商货数量的多少。但这出土的四件金节，经研究是楚怀王六年（公元前323年）赐给鄂君启的器物。金节上都有铭文，铭文全用金镂铸成，字形耀目，笔画熟练劲秀。据铭文所载，凭此节"凡所达货贿者以节传出之"，可以免税通行，有效期为1年，但铭文也规定了一些限制，即这些金节只有在指定的路线和区域内才有效。

故而，裴世安先生也认为，关税是一种以出入关隘的货物或船只为征收对象的通过税。

英国 17 世纪的古典政治经济学家威廉·配第在其代表作《赋税论》中也指出："关税是对输入或输出君主领土的货物所课征的一种捐税"，"关税最初是为了保护进出口的货物免遭海盗劫掠而送给君主的报酬。"

马克思、恩格斯在《德意志意识形态》一文中，对关税做了如下阐述："关税起源于封建主对其领地上的过往客商所征收的捐税，客商缴了这种税款就可免遭抢劫。后来各城市也征收了这种捐税，在现代国家出现之后，这种捐税便是国库进款的最方便的手段。"

由此可见，西方国家关税的产生形式上好象多多少少是与海盗的抢劫有关，但实质上就是封建主或领主的最便捷的敛财手段。所谓买路钱、通行费、入市税等，就是关税萌芽时的基本发展轨迹。

二、西方关税的追溯

在西方，关税可以追溯到古希腊时期。由于地中海一带的经济发展十分迅速，由此而成为当时欧洲的贸易中心。当时这一地区的部落联盟及其各领地的领主为了维护各自利益，纷纷增关设卡，对往来的外地商人征收税费。

据记载，古希腊的早期，凡是"应当征收及管理的收入，开始是由属于国家或团体的所有财产之租金而成，这项租金，便是土地，矿山以及其他领地租课，此外，则为使用共同牧场，市场及港口的手续费。从前者征收的，即是牧场费；从后者征收的，即是市场费、关税即港口费"。①

随着古希腊经济的逐渐发展，其"开首国家的收入，在原则上是和私人的收入没有什么区别，他们是依赖其所处理的财产收益而生存的，然而随着文化的向上，及交通的发达，于是收入增加了。关税、港口税以及市场税，都成为重要的税源而开始采用了。"②

大约在公元前 8—前 6 世纪，古希腊出现了一批奴隶制城邦国家，雅典便是这一时期兴起的，此后成为经济文化交流中心的著名城邦。当时的外国人为了取得在该地的贸易权利和享受当地政府的保护，必须向领主进贡礼品。后来，雅典官方以使用港口索取报酬为名，正式对输出入的货物征收 2%—5% 的使用费，拒纳者不得进港。

---

①② 小林丑三郎著，邹敬芳译：《各国财政史》，神州国光社 1930 年 11 月初版。

此时的雅典已经设立了专职的税务官吏,负责管理国家的收入。起初,财政官员只对来往客商征收使用市场和船舶使用港口的手续费,以后发展成为向客商征收市场税和港口税,这可以说是古代欧洲关税的雏形。

关税就是以最方便、最直接地筹集财政收入的手段出现的。

公元前5世纪中期,地中海、爱琴海、黑海一带经济发展迅速,雅典已成为当时欧洲及地中海沿岸的贸易中心,逐步建立起海上贸易的霸权。皮里优斯港更为爱琴海上著名的国际商港,从这里输出的商品有橄榄油、葡萄酒、大理石、金属制品和陶器等;输入的商品有粮食、牲畜、皮革、毛毯、亚麻织物和木材等。根据雅典法典规定,输出或输入阿提卡地区的货物一律从价征收2%的关税。这一性质的关税已属于国境关税了。

古罗马的邃古时代,"罗马自治团体自行设立金库,用其所管理的财产收益,来满足他们的需要。属于自治团体的财产,是他们的公共财产以及公共牧场。凡利用公共牧场的市民,便要缴纳租金。因为这个目的,于是使市民登记在公共牧场以内所饲养的家畜数目,此外市场及街道,都是自治团体的财产,对于市场,则向利用市场的人们(即店铺所有者)征课地金。对于公共场所,则凭罗马自治团体的所有权而在市门或在市门前以及Ostia海滨的登陆场征收关税,以获得收入。"①

古罗马于公元前509年建立共和国的"王政"时代,已对通过境内各交通要道的货物,征收2.5%的过境税。罗马共和国统一了整个意大利半岛后,对外贸易日益发展,过境税的征收同其他税收一样,是由政府财政监察官出包给包税商的。这时国内关税与国境关税并存,关税的税率一般为2.5%。"在西西里方面,开始即在各港口都市设立罗马关税局(除一两个免税都市以外)——能够在自己的计算之下继续征收关税。"② 这有可能是在罗马帝国将近200年的统治中,最初出现的海关机构。不久就将全国划分为10个关税区,由正式的海关机构管理关税。

古罗马的关税较之古希腊的关税更为完善,他们已把关税税率分为四大类,第一类适用于奴隶、牛、马、驴;第二类适用于农产品;第三类适用于皮革制品;第四类适用于其他货物。

古罗马的帝国时代,"关税有输入税、输出税及通过税三种,都是从价征收,大抵是值百抽二点五,但是对于使用最多的物品,大抵上用确定之比例的

---

①② 小林丑三郎著,邹敬芳译:《各国财政史》,神州国光社1930年11月初版。

手续费来代替,关税只课之于商品,因此行旅个人所应需的物品,都是免税的。对于奴隶,以他对于同一主人服务在 1 年以上为限,是不必缴纳关税。"①但对来自印度和阿拉伯的货物征收高达 25% 的关税。

自罗马帝国解体后,新诞生的法兰克王国,其关税带有明显的古罗马痕迹,"对于街道及道路税,河流及港口税,渡船及桥梁税,以及对于使用公共设备之手续费外,还有特别关税。这种特别关税,一是通行关税——关于运输商品由旧习惯上的税关征收;一是市场关税——关于一切商品的购买使之在市场上缴纳。"②但是关税收入却归入"官吏、寺院、贵族及地主等等的财库里去了"③。

大约在公元 4 世纪左右,埃及经济的发展已使其成为一个发达商贸中心,他们与当时欧亚大陆的主要国家和地区都是贸易伙伴关系,埃及对进口货物征收一定的通过税和转口税外,同时对内部各城邦间的贸易也征收一定比例的实物税收。

初始的英国就有了一种"例行的通行税",在商人进入市场时交纳给当地的领主,后来把这种税称为关税。当早期英国还处于盎格鲁凯逊时代,就开始征收皮革和羊毛的"关税"。"关税起先是准许贸易的许可手续费,再有一部分是对于利用公共设备而征的赋税。到 13 世纪为止,国王离开议会而独立行使征收关税的权利。大宪章则努力将这种征收关税的权利加以限制,凡不经议会承认,便禁止征收。"④于是,这场关税归属之争的结果,"旧关税,便作为世袭的国王收入,直接归国王自由处理。新关税则须经议会承认,才能施行"。于是"关税推行到羊毛、皮革,普通的吨税及磅税也加在上面。"⑤对外国商人征税,要比本国商人高些,关税收入十分可观。据记载"亨利七世的伦敦政府时代第 24 年,旧关税有 6355 磅、补助税(关税附加——作者注)有 125892 磅、羊毛关税有 215811 磅;新关税有 96602 磅……合计已达 444662 磅"。⑥

十字军东征时期,欧洲各国的关税制度有了较快发展。特别是中欧的德意志诞生一部重要的关税文献——《关税通则》。萨克逊政府按照这一关税通则的规定,在莱茵河沿岸各处设关置卡征收通过税(关税),通过税以实物形态并按船货的一定比例缴纳。由于税负较轻,各国贸易商也乐于接受⑦。这些收

---

①②③④⑤⑥ 小林丑三郎著,邹敬芳译:《各国财政史》,神州国光社 1930 年 11 月初版。
⑦ (美)汤普森:《世界经济社会发展史》,商务印书馆 1973 年版,第 363—364 页。

入主要用于维持莱茵河的航运,有力地促进了莱茵地区的经济与商业贸易的发展。德意志的开明政策和适当的管理措施使其在西方世界独树一帜,最终实现了成为欧洲大陆一个政治经济强国的梦想。

同一时期,耶路撒冷王国的关税法令规定,该国不仅对每一种进出口货物都课以关税,而且对每一种进出口货物都规定了相应的税率。据史料记载,当时缴纳关税的商品种类已达 114 项之多,涉及生产和流通领域的所有主要商品。另外,该国还进一步把关税区分为运输关税(过境税、桥梁税、货运车税、通行税)与货物关税(货物进行税)两大类,以便进行分类管理。

显然,关税的早期形态,是与出入关隘及市场的货物、车船的通行税、使用费、手续费有关。

最近"关税"有一个惊人的发现。据新华社德黑兰 2005 年 5 月 7 日专电,伊朗《德黑兰时报》7 日报道,伊朗的一个考古工作队最近在南部法尔斯省的一个古文明遗址内发现了 50 余件数千年前的陶制关税凭证。

报道说,这些陶制关税凭证是在位于法尔斯省首府设拉子西部 158 公里处的托勒邦杜遗址处发现的,托勒邦杜文明遗址拥有长达 6000 年的历史。

报道援引考古工作队负责人雅格玛伊的介绍说,新发现的古代关税凭证是一些陶片,外形与现代的赌场筹码相似,像火柴盒一般大小。这些陶片可以证明,在托勒邦杜附近,数千年前就已经出现了完整意义上的贸易往来。这些陶片上刻印着商品的数量和质量描述,托勒邦杜的古代商人依靠这样的凭证来证明其商品为合法流通。

这是一个有关"关税"历史的记载性报道。目前还是一个孤立的史实,有待更多的考古新发现,以便将其整合为完整的"关税文化链"。

三、中国关税及关税制度的起源

(一)关税起源的不同观点

中国的关税最早出现在 3000 多年前的西周时期(公元前 11 世纪—前 771 年),当时货物通过边境的"关卡"就要征税,故有"关市之赋"的记载,这大约要比古希腊早了 1500 年之久。

关税的起源,如同赋税的起源一样,有两个基本条件:一是经济条件,即剩余产品;二是政治条件,即国家的形成(即便是雏形的国家)。

税收产生和发展的逻辑关系,是从直接税到间接税,然后再到直接税。关税作为流转税,属于间接税。在市场经济发展,商品交易兴旺,并扩大到跨国

（实际上是各诸侯领地）贸易时，关税才得以萌芽。

因此，关税产生的最初和最直接的动因是增加赋税收入，并随着国家形态的成熟和扩大，财政需求日趋迫切，其保护费、买路钱、通行费、使用费等应运而生。可见关税"是国库进款的最方便的手段"。

说到关税，就得涉及"关卡"与"海关"，这是两个既有联系又有区别的概念。两者的联系在于，后者是前者发展的必然趋势或结果；两者的区别是，关卡的政治和军事意义高于一切，而"海关"的经济意义是第一位的。因为只要存在着公共权力的施政范围，就必然会有关卡的出现，也就是说"关卡"是两个氏族、两个领地、两个社会实体之间交往或联系的渠道。故而，这两者是不能混淆的。

因此，早期的"关税"可以界定为"通过税"，而早期的"关卡"却不能解释为"海关"了。从这个角度研究关税的起源，或许更符合事物发展的逻辑性。

我国早期社会，商贸往来，入市交易，有无关市税之征呢？据《易经·系辞下》曰："日中为市，致天下之民，聚天下之货，交易而退，各得其所"。这里没有征收关市税之记载。

我国的关税起源于何时，目前有两种不同的观点。

一种观点认为，根据《国语·周语下》说："《夏书》有之曰，关石和钧，王府则有"。意即征收关税和田赋均衡公平，夏王朝国库有用不完的财物。由此可见夏代曾经征收过关税。

另一种观点认为，"古者，……市廛而不税，关讥而不征"[①]。这说明官府确实设置了关卡，但其主要目的只是稽查有无违禁品，过境而不征税，设关在于御敌，维护国家安全和稳定，纯为政治和军事目的。另据《孟子·梁惠王下》曰："文王之治歧也，耕者九一，世者仕禄，关市讥而不征。"这说明西周前期也没有关市之征。

（二）我国关税起源

商代是典型的奴隶社会时期，社会经济发展迅速，商品交换兴旺发达，市场崭露头角。"真正的商业活动从商代开始，'商人'的名称也与此有关"[②]。"从殷墟出土的遗物来看，有昆仑山的玉石、东海的鲸骨、江南的金锡、南海

---

① 《礼记·王制》。
② 王明阁编著：《先秦史》，黑龙江人民出版社1983年版，第135页。

的龟贝。这无疑是商人从远方运输交易而来"①。"商朝早有商业，贝产在海滨，玉产在西方。盘庚称贝玉为'好货'、'货宝'，可见商代用手工业制品和外方交易。周公允许商遗民牵牛车到远方做买卖"②。"成汤之时，号称诸侯三千"③，"殷为大邦，经济和军事实力最为雄厚"④。因此，陈秀夔先生的《中国财政制度史》一书指出，商代经济发展，特别是商业贸易的发展，客观上已具备了开征关市税的条件。

西周是我国奴隶制社会的全盛时期，奴隶制经济高度发达，农业、手工业和商业的迅猛发展，使社会经济日趋活跃。国势强盛和国家政治制度的强化，使国家机构和行政管理制度进一步完善，政治活动也日益频繁和复杂。西周实行分封制，周初共分封71国，分封的诸侯在封国内握有完全独立的统治大权，职位世代相袭。他们与王室间保持臣属关系。因此，在政治上各诸侯国之间已有了设关置卡的要求。

此外，高度发达的奴隶制经济，使商品交换更加活跃，各诸侯国之间、各地区之间的经济联系与交流日趋紧密。由于商品经济的发展，货币和市场随之产生，并有区域化倾向，各诸侯国之间互通有无，虽属地区之间的贸易，但已具有国与国之间贸易的雏形。因此，在经济上设关置卡不仅是必要的，而且是统治者获得财源的主要途径之一。

据史料记载，周代"商品交换发生在诸侯国内，当时称之为'市'；发生在诸侯国之间，或发生在诸侯国与边境外少数民族之间，称之为'关'"⑤。同时，史书上出现了"关"字，还有"关市之赋"、"关市之征"等记录。

如《周礼·地官》记载，西周"以九赋敛财贿，一曰邦中之赋，二曰四郊之赋，三曰邦甸之赋，四曰家削之赋，五曰邦县之赋，六曰邦都之赋，七曰关市之赋，八曰山泽之赋，九曰币余之赋"。

所谓"关市之赋"的"关"是指关税，即对进出关卡的货物征收的税；"市"是指市税，是在领地内商品集市上对进出集市的商品征收的税。关市之赋是我国关税的雏形，我国"关税"的名称也是由此演进而来的。

周代关卡的官制，据《周礼·地官》记载，地官之下设"司关，上士二人、中士二人、府二人、史四人、胥八人、徒八十人"。在司关之下，每关设

---

① 王明阁编著：《先秦史》，黑龙江人民出版社1983年版，第136页。
② 范文澜著：《中国通史简编》，人民出版社1965年版，第113页。
③④ 金景芳著：《中国奴隶社会史》，上海人民出版社1983年版，第89页。
⑤ 王意家等编著：《海关概论》，中山大学出版社1998年版，第13页。

"下士二人，府一人，史二人，徒四人"。（士是官员，府、史是管理征税和文书的官员，胥、徒是工役）。古书中对各关关员还有关人、关户、关令等称呼。由于周代的关一般兼有边境要塞的性质，因而各关除上述管理进出境人员、货物的海关人员外，还根据各关的重要程度，驻有不同数量的军队[①]。

周代征收关税的机关称"司关"，其职责是"掌国货之节，以联门市；司货贿之出入者，掌其治禁，与其征㕓。凡货不出于关者，举其货，罚其人"。"国凶札则无关门之征，犹讥"[②]。也就是说司关职责是，凭商品通行证进行检查，并按规定征税，如有偷逃税收的，不仅要没收其货物，还要对商人罚款。如遇灾荒疾疫之事，则免征关税，只对货物进行稽查。

上述史料一方面说明，"关市之赋"的收入不多，地位也不是很重要，在九赋之中排列第七位。另一方面，也反映了当时经济发展，市场活跃的情况，新辟税源以满足国家日益增长的需要，实属水到渠成。西周关税的财政性目的是十分明确的。当然，也不能否认"关市之征"尚有维护市场秩序，维护正当交易的功能。

（三）我国关税制度的滥觞

前文已述，关卡最初主要置于国家边境，关税之征首先起于边关，是对进出口贸易所征收的。但在西周时期，"关市之赋"的基本特点是关和市相提并论，实际上是关、市、门三者的并立。

《周礼·地官》"司门"职文云："司门掌授管键，以启闭国门。凡出入不物者，正其货贿，凡财物犯禁者举之，以其财养死政之老与其孤。"这就是说，司门者被授权管理对出入关卡者，按其货物多少征税，凡是投机取巧，违犯规定者一律予以处罚。

上引"掌国货之节，以联门市"，贾公彦疏云："司市与关及门三处相连……其远郊近郊虽不置官掌之，亦应有人几问，但无税法，故不言耳。"郑玄注云："司市与关及门三处相连，恐奸滑商人或以多为少，或隐而不出而避税，故相连以检括之也"。惠士奇云："《管子·问篇》曰：'市者，天地之财具也，而万人之所和而利也。关者，诸侯之陬隧也，而外财之门户也，万人之道行也。征于关者勿征于市，征于市者勿征于关，虚车勿索，徒负勿征人，以

[①] 王意家等编著：《海关概论》，中山大学出版社1998年版，第15页。
[②] 《周礼·地官·司关》。

来远人。'此司关联门市之法也。"①

这时的关税还处于萌芽状态，还没有成为市税之外独立的、固定的税种。

但到了东周后期，"政自大夫出"，各诸侯国不但在边境地区增设关卡要塞征税，而且还在内地各城邑附近和交通要道设关置卡增加收入。对有些诸侯国来说，《周礼·司关》所言的与"市"、"门"相连的司关之设和关税之征，则始于春秋时期。因为各诸侯国不但既征于市又征于关，而且还征于门，关、市、门三者皆征，关税、门税成为市税之外的两个独立的、固定的税种。关税制度日趋形成了。

"关市之赋"的税率，因国因地因时而异。据《管子》中记载："关者，诸侯之隧也，而外财之门也，……征于关者，勿征于市，征于市者，勿征于关，虚车勿索，徒负勿入，以来远人"。这里至少可以看出，当时齐国是禁止苛索，主张轻税，以有利于商货的流通。其税率，据《管子·大匡篇》所载，"桓公践位十九年，弛关市之征，五十而取一"，即 2%。其后称霸的晋文公，也采取了轻关税的政策，有所谓"关市平，商贾归之"②。培育市场，加强治安，便利商旅往来。

至于关税的减免规定，据《周礼·司关》记载："国凶札，则无关门之征，犹讥"。郑司农云："凶，谓凶年饥荒也。札，谓疾疫死亡也。……无关门之征者，出入关门无租税。犹几，谓无租税犹苛察，不得令奸人出入。"

征收关税的目的，其一是为了增加国家财政收入。既然关税是获得国库进款的最方便的手段，各诸侯国的政治腐败和统治者生活过于奢侈，关税负担无疑越来越沉重。从"关市讥而不征"到"关市之征"，从设关御敌到设关征税，就是为了满足国家的财政需求。由于大量增设关卡要塞，既征于关又征于市，还征于门，关、市、门三者皆征，层层抽税。更有甚者，齐国都城临淄附近之关，不仅任意课征过往商旅，还夺取过往百姓的行李私物，所谓"逼介之关，暴征其私"就是写照。

其二是严格贯彻重农抑商的政策。我国古代的关税思想具有明确的抑商倾向，可以说在不同时期关税税率的高低基本反映了抑商政策的轻重。商鞅变法旗帜鲜明地提出"重关市之赋"，就是为了推行其"农战"政策，制止百姓弃

---

① 周自强主编：《中国经济通史》（先秦经济卷），经济日报出版社 2000 年 9 月版，第 1371—1372 页。

② 《逸周书·大聚篇》。

农经商。"国以民为本,民以食为天",农业是立国之根本。其后历代王朝制定具体的关税政策时都继承了商鞅的这一关税思想倾向。

其三是我国古代的思想家非常注重关税在商品流通和国家经济中的调控作用。孟子曰:"关市讥而不征,泽梁无禁"①。《管子》主张"征于关者勿征于市,征于市者勿征于关",对同一商品不主张重复征税,以减轻商人负担。继齐桓公之后称霸的晋文公,有所谓"轻关易道,通商宽农"②;"轻关,轻其税也","通商,利商旅也"③;"关市平,商贾归之"④。从而使晋国"政民平阜,财用不匮"。统治者深谙"急关市之税则货不通"⑤,过重的关市之征会严重影响商货的流通和生产的发展。

综上所述,周代设关已由政治、军事的稽查,逐渐演变为兼有财政性征收的目的。不仅如此,关市之赋已列入周代九赋之一,根据《周礼·地官》记载,"关市之赋以待王之膳服",在国家财政支出上还规定了具体的用途,即所谓的"收支对口,专款专用"。

当然这种尚不完备的关税制度,无论对奴隶制国家,还是对封建制国家,只是增加财政收入的重要手段而已。关税在国家经济中并不占有十分重要的地位,因为在自然经济占统治地位的社会中,往往是在国家财政十分困难之时才注意到关税的作用。

第三节 关税的发展

国外的一些关税史专家把关税的发展划分为三个阶段,即使用费时代、国内关税时代和国境关税时代。我们也接受这一观点。

一、使用费时期

所谓使用费,就是因为货物所有人使用了公路、栈道、隘口、桥梁、港口以及其他设施得到了极大的方便,货物和商人也受到了适当地保护,故而就应该向领主交纳一部分费用作为补偿。

---

① 《孟子·梁惠王下》。
②③ 《国语·晋语四》。
④⑤ 《逸周书·大聚篇》。

实际上这是关税的萌芽时期，使用费是缴纳给领主的，为领主所有，故不属于国家行政规费。但这个使用费已经明显地包含了过桥费、过路费和隘口费，因此《大英百科全书》对关税的解释是，例行的入市税，或兼有通行费的含义。

据记载，古希腊的早期，国家或团体对公共牧场征收牧场费，对市场征收市场费，对港口征收的手续费，即为港口费。这些都属于规费性质。

我国专家也认为，早期关税就是以出入关隘的货物或船只为征收对象的通行费。

总之，这是关税发展的第一阶段，当属使用费时期。

二、国内关税时期

所谓国内关税，亦即内陆关税，就是早期国家或奴隶制城邦国家在各自的行政管辖范围或都市领域内所征收使用费。因为它具备了税收的三大形式特征，故而，使用费也就被使用税或通过税所取代。同时，关税的征收也逐渐从实物形态转向货币形态。

如古希腊在公元前6世纪，随着社会经济的发展，财政官吏负责向南来北往客商征收市场税和港口税，以取代原有的市场费和港口费，这就是古代欧洲关税的雏形。

古罗马于"王政"时代所特有的政治结构决定其内部划分为许多关税势力圈，各关税势力圈都普遍地征收转口税及通行税等内部关税。而在我国封建史上，内陆关税则持续了近千年之久。在国境关税诞生之前，我国所谓的关税，就是指内陆关税。

进入封建社会后，随着经济迅速发展，海上和陆地贸易空前繁荣，各地之间的商业往来日趋频繁，关税彻底失去了其原有的规费性质，逐渐成为封建国家筹集财政收入的主要税种。

这一时期还属于独立的内部关税时期，但各国与外界的政治经济交流早已开始并日趋加强，国境关税已在孕育之中。

三、国内关税与国境关税并立时期

所谓内外关税并存，就是一个成熟的国家形态对其境内征收的关税与对进出其国境货物征收的关税是并存的，亦即既征国内关税，也征国境关税。

如古罗马的帝国时代，关税已经细分为输入税、输出税及通过税，不仅课于国内流通商品,同时也课于进出口货物。

罗马共和国统一了整个意大利半岛后,过境税的征收由政府出包给包税商人负责,而各港口都市的进出口税则由罗马关税局征收。另外,古罗马的政治结构决定其内部划分为许多关税势力圈,各关税势力圈都在普遍征收转口税、通行税等内部关税。这时国内关税与国境关税并存。

在我国内陆关税发展的同时,国境关税也在逐渐扩大,两税并立现象更为明显。

秦汉以来,内陆关税不仅收入逐步增长,征收关卡亦步亦趋地渗透到乡村荒山野岭,特别是课征机构由陆关延伸到水关,陆关则由户部管辖的户关扩大到工部管辖的工关,可谓关卡林立,贸易不畅,商民交困。关税税率由5%逐渐上升,最高达到30%。以致贪官污吏竞相私设关卡,形成"尺寸必税"的严重失控局面。内陆关税也由此细分为门税、钞关税、市肆门摊税、过坝税、通过税、牛埭税及桁税等。

隋唐时期对外贸易日渐发达,唐代为此专门设立了对外征收管理机关——市舶司。

所谓"市舶司",据《中国税务百科全书》释义:"市舶司。中国古代管理对外贸易的官署。唐朝于开元二年(公元714年)在广州开始设置市舶使。其任务是:征收出入关税、检查来往船舶有无违禁品,保管进口货物、买进政府禁榷商品保护外商等。"显然,市舶司类似近代海关,市舶司的主要职责有二,其一是检查违禁商物,其二是办理征税和收购事宜。

随着唐代社会经济的发展,对外贸易日趋兴盛,其国境关税制度也逐步建立与健全起来。国境关税始成唐代政府的一大财政收入。

宋代政府对海外贸易的态度十分积极,并在政策上给予扶持,更是促进了海外贸易的兴旺发达。其贸易范围东起日本、朝鲜半岛,西至阿拉伯、非洲东海岸,不下五六十个国家和地区,进出口商品也已达几十种。为加强对海外贸易的管理。宋代政府除颁令于广州设置市舶司外,又在杭州、明州、泉州,密州(山东诸城)、秀州(浙江嘉兴)等地相继设立了市舶司,对进入中国港口的外籍商舶,由市舶使征收30%的进口关税。可见,这时的国境关税已较规范了。

四、国境关税时期

所谓国境关税,就是随着国际贸易的迅猛发展,特别是近代国家出现后,要求废除因封建割据而形成的关卡林立的内陆关税，实行全国统一的国境关税，亦即进出国境的货物在边境口岸统一缴纳一次关税，此后在同一国境内不再重复征收关税。

故而，国境关税的历史迄今也只有二三百年之多。英国是在1648年资产阶级夺取政权后，随即要求废除内地关税的；法国于1660年开始废除内地关税，直至1791年才得以实行统一的国境关税；19世纪初，德国是在1833年成立了普鲁士王国等八个邦的关税同盟，1934年才取消了同盟各邦之间的关税；我国是在1937年正式宣布废除内陆关税，实行统一的国境关税，就此结束了自汉唐以来近2000年的内陆关税和国境关税并立的历史。

因此，随着国内关税逐渐衰亡，近现代国境关税日趋重要。关税除了其固有的筹集财政收入的作用外，更关键的是它已成为国家推行政治经济政策的一种重要手段，特别是用以调节、保护和发展本国的经济和生产的一个强有力的措施。

国境关税仅以进出国境或关境的货物和货品为课税对象，与国内商品流转无关，这是典型意义上的关税。

进入21世纪后，尤其是近年来，科学技术的创新和社会生产力的发展，国际贸易的拓展空间日益扩大。国际贸易数量的急剧增加，国际间的经济斗争和国际间的经济分工与合作的形势日趋复杂，这就促进了国际贸易在形态与形式上的创新和转换。为了减少关税对国际贸易和经济发展的障碍，除了关贸总协定延伸为世界贸易组织外，自由港、保税区、自由区等大量出现，几个国家和地区性的经济一体化以及关税同盟的成立，已成为国际的新潮流。

因此，在这一潮流的波及下，国境关税含义正在逐渐的扩大，严格地说应该称为关境关税了。

第四节 关税的分类

研究关税收入、关税结构及其关税的管理问题，就需要对关税所具有的共同特征或一定的标志进行分类。根据不同的研究目的，可按不同的标准对关税进行分类。

一、按关税课征的目的分类

按关税课征的目的不同,可以将关税分为财政性关税和保护性关税。

(一)财政性关税(Revenue Tariff)

即以筹集或增加国家财政收入为目的所课征的关税。财政性关税在各国关税发展史上曾居于主导的地位,其收入在国家税收收入中所占比重也较大。

财政性关税的税率一般都比较低,正是由于低关税才有助于外国大宗商品的输入,而大量输入外国商品正是增加关税收入的一般途径。

就进口货物而言,其征税商品必须是消费品和工业原料,同时必须是国内不能生产而且代用品只能依靠进口的商品。那么,进口商品越多,关税收入也就越高。

就出口货物而言,其征税商品必须具有一国独占性或具有高技术、高性能、低价格,在国际市场具有较强竞争力的商品。那么,出口商品越多,关税收入也就越高。

各国开征财政性关税,一般都比较注重研究开征的品目和税率的高低。故而其一,税目设置多限于大宗输入商品,以在增加关税输入的同时降低征收成本;其二,对奢侈品从重征税,对生活必需品从轻征税,以维护税负公平的原则;其三,关税税率水平以不应对正常贸易活动产生不良影响为宜,也就是说,以不减少本国所需外国货物输入的程度为原则。

财政性关税的积极意义在于满足国家的财政需求,但是财政性关税是有限度的,一旦超过纳税人的负担能力,不仅滞缓社会生产力的发展,阻碍国际经济的交流,而且会造成政治经济危机,引发社会动荡。因此,不能忽视财政性关税对社会经济发展的不利影响。

随着资本主义的发展和现代经济制度的确立,财政性关税的作用大大地削弱了,代之而起的是保护贸易政策和保护性关税。

(二)保护性关税(Pvotective Tariff)

即以保护本国工农业生产或经济发展为主要目的而课征的关税。

因经济发展和现代化程度不同,各国保护性关税的保护对象也有所不同。发达资本主义国家以保护其垄断资本的出口产品为主,尤其是国际市场上竞争激烈的商品;发展中国家则以保护本国民族工业或幼稚工业的发展为主。

制定保护性关税的一般原则是征收的税额要等于或略高于该商品的国内外差价,即进口商品在征收关税后,其进口成本等于或略高于本国商品的生产成本，以利本国产品与其竞争和发展。从理论上说，这个本国产品成本应以其社会平均成本为准。

当代社会科学技术突飞猛进，社会经济迅速发展，保护性关税已为各国政府所关注。对进口商品征收较高的关税，可以有效地保护本国新兴产业、朝阳产业和有发展潜力的高科技产业，使其免遭先进国家制成品的竞争和打击，保护其本国市场的占有率，从而使这些产业能够平稳协调发展，在关税政策的保护下，优化资源配置，寻求突破，逐渐成长为本国的主导产业。因此，提升和发掘保护性关税的作用，就直接导致财政性关税的衰弱。目前世界各国普遍采用保护性关税。

二、按应税商品的流向分类

按应税商品的不同流向，可以将关税分为进口税、出口税和过境税。

（一）进口税（Import Duty）

即课于输入本国关境的货物和物品的关税。

目前世界各国的关税体系均以进口关税作为关税的主体，一般在对外经济往来、国际税收协定、对外贸易或进出口业务活动中所说的关税，如果没有特别的说明，就是指进口关税。

其实，过境税在世界各国几乎已找不到其踪影，而出口关税因国际市场竞争日趋激烈，其使用范围日趋缩小。相反进口关税，无论是其财政性功能、保护性功能，还是调节性功能都为各国政府所高度重视。无论是发达国家，还是发展中国家，进口关税都是最主要、最关键的一种关税。它在政府的财政收入和宏观经济运行中都占据十分重要的地位。

所以，进口关税是各国政府限制进口、保护本国市场、筹集财政收入的最基本的工具，也是国家执行保护性关税政策的最主要的手段。

进口关税一般包括进口正税和进口附加税。

（二）出口税（Export Duty）

即课于输出关境的货物和物品的关税。目前，世界各国对出口货物一般都不征收出口税，因为关税的经济杠杆作用表明，征收出口关税会增加出口货物的成本，提高出口商品在国外的售价，降低本国商品的市场竞争力，不利于商品输出和本国产业的发展。

但是某些国家，特别是发展中国家仍然征收出口税，其原因是多方面的：其一，确保或增加国家的财政收入；其二，限制某些商品的出口，特别是有效控制本国自然资源的大量外流；其三，作为国际政治和经济斗争的重要手段；其四，是应付各种临时需求的主要调控措施。然而，随着经济的发展和国际交往的迅速扩大，大多数发展中国家已十分关注这一问题。

（三）过境税（Transit Duty）

过境税又称为通过税，即课于通过本国关境的货物和物品的关税。

通过境，是指外国的货物和物品运输的起点和终点都不在本国境内，仅在本国的口岸停留，又原样运出本国的关境。故而，早期的过境税主要目的在于筹集国家财政收入。

一般来说，过境货物在海关的监管下，并不流入本国市场，对本国的生产经营不产生任何负面影响。因此，各国政府对过境货物一般都实行低税政策，以招徕与吸引跨国商人。这一政策可谓一石三鸟，既增加国家财政收入，又拓展了本国的国际贸易，同时也有利于提高就业率，扩大就业面，推动第三产业的发展。但随着世界各国交通运输业的发展，物流渠道的多元化，征收过境税的国家逐渐丧失了其地理位置的优势，过境税日趋衰弱。

过境税税率不高，财政收益有限，而过境货物在过境国的交通运输、银行、保险、投资、商业、仓储、餐饮等方面所创造的利润却令人刮目相看。两者相比，后者的经济意义是不能忽视的。因此，19世纪后半叶起，欧美等发达国家相继废除了过境税。

三、按关税的计税依据分类

按关税的计税依据分类，可以将关税分为从价税和从量税。

（一）从价税（Ad Valorem Duty）

即以货物的价格作为计税依据而课征的关税。从价关税是以海关审定的完税价格作为计税依据，一般采用比例税率，通常能适用所有的货物和物品。从价关税与货物价格同比联动，其关税收入和关税负担随着商品价格的变化而变化，故有利于发挥关税的财政作用和保护作用。

从价税的优点：其一，税负公平。税负与物价成正比，质优价高税重，质次价低税少。其二，普遍实施。因为任何国际贸易都是计价为主，市场经济更是以价格波动的价值规律传递经济信息，从价关税既体现了立法者的意愿，又普遍适用于所有商品。其三，计税方法简单。以商品价格作为计税依据，简单明了，征纳双方易于接受。

从价税的缺点：其一，完税价格不易审定。由于同一商品在品种、规格、质量等方面存在种种差异，其价格就会大相径庭。因此，海关不得不设置一整套复杂的估价制度。随着科学技术的发展，新产品层出不穷，日新月异，商品价格调查费时费力，计税成本甚高，计征手续也过于烦琐。其二，影响通关速度。由于完税价格不易审定，既要防止商人瞒报低报少报，以图减轻税负；又要尊重事实，不得无故加重纳税人负担。工作细致，审价谨慎，通关速度自然就比较缓慢了。

（二）从量税（Specific Duty）

即以货物的计量单位（如重量、数量、面积、容积、长度等）作为计税依据而课征的关税。从量关税一般采用定额税率，其关税收入和关税负担随着商品计量单位数额的变化而变化，计算比较简便，易于为征纳双方所接受。

从量税的优点：首先在于计征关税时，无需审核货物的价格，只需核对货物的名称、计量单位及其数额即可。其税基稳定，手续方便，既可以节约大量的征收费用，又可加速货物通关。其次，从量关税的税额与货物的价格无关，对于进口货物的价格波动，可以发挥适度的保护作用。特别对外国出口商利用廉价方式倾销商品时有一定的抑制作用。

从量税的缺点：第二次世界大战后至今，世界各国的物价普遍呈上涨趋势，因从量关税与物价无关，形成事实上的逆向发展，物价越涨，税款越跌，税负随着物价的提高而相对降低，从而削弱了关税的财政作用和保护作用。

四、按关税的课征方法分类

按照关税的课征方法不同，可以将关税分为复合关税、选择关税、滑准关税和季节关税。

（一）复合税（Compound Duty）

即对同一税目的货物同时采用从价和从量两种计税标准而课征的一种关税。海关实际征收时，或以从价关税为主加征从量关税，或以从量关税为主加征从价关税。一般情况是以从价计征为主，以从量税率调整其税负水平。

复合税有助于弥补从量关税与从价关税的不足，特别是在物价波动时，既能减缓对国家财政的冲击，又能维持适度的保护作用。因此，复合关税具有一定的辅助功能。

（二）选择税（Alternative Duty）

即指对同一税目的货物规定有从价定率和从量定额两种税率，海关可任选一种计征的关税。采用选择税，在物价上涨时，海关从价计税，物价下跌时，海关从量计税。这一课征方法可以有效抵御物价波动，不仅能确保国家财政收入，同时还能更好地发挥保护本国产业的作用。

但是，由于选择税就高不就低，计税标准无法确定，海关计征手续繁杂，纳税人心中无数，征纳双方易生摩擦，有碍于国际经济交流和国际贸易的发展。

（三）滑准税（Sliding Seale Duty）

即按市场商品价格的涨落，对同一税目的货物，按其价格的高低设定不同的税率，进口货物按其价格水平所适用的税率课税。这是一种随时可调整有关货物税率的关税。

一般来说，当物价上涨时，采用较低的税率；而当物价下跌时，采用较高的税率。因此，采用这一关税的目的是为了维护该货物在国内市场上的价格稳定性，免受或少受周边国家和国际市场价格波动的影响。滑准税的特点就是在于它能够平衡物价，保护国内产业的有序发展。

（四）季节税（Seasonable Duty）

即对鲜货、水果、蔬菜等具有鲜明季节特征的农产品，在税则中按其季节性生产周期变化而制定不同税率的一种进口关税。

一般对同一税目的货物，规定两至三种的税率，能够适时调整货物的税率，旺季进口按高税率征收，淡季进口按低税率征收，以此稳定商品价格，维护市场供销平衡。

季节税具有一定的普遍性，欧美与日本等发达国家都有季节税的规定。

（五）差价税（Variable Levy）

差价税又称差额税，其税率是按照进口货物价格与国内同类货物价格之差价来确定的。差价税分为部分差价税、全部差价税、倍数差价税等几种。

部分差价税是对进口货物价格与国内同类货物市场价格之差价作部分征税，以此鼓励进口。

全部差价税是对进口货物价格与国内同类货物市场价格之差价作全部征税，以此平衡进口。

倍数差价税是对进口货物价格与国内同类货物市场价格之差价作倍数征税，以此限制进口。

差价税没有固定的税率，一般依据进口货物之差价逐项进行计征。

欧洲经济共同体（即欧盟）的差价税是最具代表性的。欧洲经济共同体为了促进其成员国的农业发展，对进口的农产品、畜产品一律征收全额差价税，以确保进口产品的价格不低于其共同体成员国市场同类产品价格。可见，欧洲共同体对其农产品的保护是十分严格的。

五、按关税计征有无优惠分类

按照征税性质分类，可以将关税分为普通关税和优惠关税。

（一）普通关税

普通关税又称一般关税，是对与本国没有签署贸易或经济优惠等友好协定的国家原产的货物征收的非优惠性的关税。亦适用于未签订最惠国待遇贸易协定的国家和地区的关税。

（二）优惠关税

是对他国输入产品的全部或一部分以低于普通关税税率的标准所课征的关税。亦适用于签订有最惠国待遇贸易协定的国家和地区的关税。

优惠关税与普通关税相比，税率要低，幅度相差也比较大。

优惠关税一般都是互惠关税，也就是签署优惠协定的双方互相给予对方优惠关税待遇，这是对等和互惠的关系。但是存在单方面的优惠关税，即给惠国只对受惠国给予优惠待遇，而没有反向的优惠。

六、按关税计征的优惠程度分类

按关税计征的优惠程度分类，可以将关税分为特定优惠关税、普遍优惠关税和最惠国待遇。

（一）特定优惠关税

特定优惠关税又称特惠关税，这是指一国对另一国或一些国家对另一些国家在某些方面（领域）所给予的特定优惠关税待遇，而其他国家是不能享受的一种关税制度。

特定优惠关税是殖民主义产物，最早始于宗主国与殖民地附属国之间的贸易往来中。凡是资本主义宗主国都与其拥有的殖民地附属国实行过这种关税，并以此作为宗主国垄断殖民地附属国国内市场和资源的一种手段。

特定优惠关税具有较强的排他性倾向，故而税率明显低于其他优惠关税税率。

最典型、最著名的特定优惠关税是1932年在渥太华会议上签署的英联邦国家特惠制，它是英国保证自己从附属国获取廉价食品和向附属国销售工业产品、垄断殖民地市场的强有力的法律武器。

目前，在国际上最有影响的特定优惠关税是《洛美协定》国家之间的特惠关税。这是由欧洲共同体向参加协定的非洲、加勒比海和太平洋地区的发展中国家单方面提供的特惠关税。《洛美协定》中的特惠关税已具备现代特惠关税的基本特征，与早期特惠关税相比，显然是一种进步，它有助于国际经济的交流，有助于生产力在世界范围的发展。

（二）普遍优惠关税

简称普惠制。是指发达国家对从发展中国家或地区输入货物，特别是制成品和半制成品，普遍给予优惠待遇的关税制度。

普惠制的目的是提升发展中国家的出口效益，增加其财政收入，促进发展中国家的工业化，加速发展中国家的经济增长速度。

普惠制包括三项原则：第一，普遍性、非歧视性和非互惠性。普遍性原则是指所有发达国家应对发展中国家的出口货物给予普遍的优惠待遇；非歧视性原则是指所有发展中国家都能同样地享受普惠制待遇，不受歧视；非互惠性原则是指发达国家单方面给予发展中国家的优惠，而不要求对方反向优惠。

虽然普惠制规定了这三条原则，但具体执行的普惠制方案是由各发达国家自行决定的。发达国家为了维护自己的经济利益，在提供普惠制优惠待遇的同时，又规定了一系列的限制措施，诸如受惠国家或地区的限制、受惠商品范围的限制、受惠商品优惠程度的限制、原产地限制等。这些规则复杂、手续繁琐的措施，在不同程度上抑制了普惠制的作用，使受惠国受到较大的限制。

（三）最惠国待遇

最惠国待遇规定缔约国双方在缔结贸易条约时，任何一方承诺现在或将来给予任何第三国的一切优惠、特权或豁免待遇等，必须同样地适用于缔约的另一方。

在 WTO 的多边贸易谈判机制下，所有成员国之间达成的双边贸易协定，都"立即、无条件地"适合第三国。也就是说最惠国待遇使双边谈判的成果多边适用，各缔约国既享有最惠国待遇权利，也要承担相应的义务。

最惠国待遇源于 17 世纪中叶，最初只适用于关税待遇，其后范围日趋扩大，现在已适用于通商及航海等各个方面，诸如关税、数量限制、航运、港口使用、仓储、转口、营业权、居住权、移民、投资以及专利权、商标权等。但最惠国待遇仍以关税为主。

最惠国待遇是在平等互利原则基础上相互给予、对等享受的。这是发展国际间正常贸易、消除贸易歧视的一种手段，故被誉为"现代商约的基石"。

最惠国待遇分为有条件和无条件的两种。无条件最惠国待遇是缔约国一方现在或将来给予任何第三国的一切优惠待遇，应无条件、自动地适用于缔约国的另一方。有条件最惠国待遇是缔约国一方现在或将来给予任何第三国的优惠待遇有条件地给予缔约国的另一方，而缔约国的另一方必须提供同样的条件，才能享受这些优惠待遇。

目前，世界各国普遍采用无条件的最惠国待遇。

七、按关税征收的依据分类

按关税征收的依据分类，可以将进口关税分为进口正税和进口附加税。

（一）进口正税

即指正常的进口关税，海关依据进出口税则中的法定税率所征收的进口关税。因为进出口税则是由立法程序制定的，故具有相对的稳定性。

（二）进口附加税

进口附加税，是指国家出于某种特定目的，在进口货物或物品征收进口正税之外所加征的关税。进口附加税是一种临时措施，根据需要随时加征或取消。

国家征收进口附加税一般出于以下几个原因：

其一是保护本国生产和市场占有，防止外国商品倾销；

其二是弥补财政赤字和国际收支逆差；

其三是针对某个国家实行歧视政策。

八、按进口附加税的形式分类

按进口附加税的形式分类，可以将进口关税分为反补贴关税、反倾销关税、歧视性关税和报复关税。

（一）反补贴关税

反补贴关税又称抵消关税，是进口国对直接或间接地接受任何形式的出口补贴或奖励的外国进口货物所附加征收的一种进口关税。课征税额应与补贴或奖励的金额相等。

出口国政府为了加强本国商品在国际市场上的竞争力，往往对本国出口商品实行补贴或奖励,以降低出口商品的经营成本,廉价销售于海外市场。而进口国为了维护公平竞争的市场环境,防止国外补贴商品进入本国市场,威胁本国产业的正常发展,就课征与补贴或奖励金额相等的反补贴关税,用以抵消其因补贴或奖励而获得的好处,削弱其竞争优势,保护本国生产和市场免遭进口补贴商品的冲击。

政府补贴就其性质可以分为三类:一是严禁使用的补贴,如出口补贴和生产进口替代品的补贴。二是允许采用的补贴,但对其他缔约国经济利益造成影响和损害时,其他国家可以采取措施抵消和制止这种补贴。三是发展本国经济必要的补贴,这种补贴不可能扭曲国际贸易或损害别国产品的竞争力,对这类补贴不允许采取反补贴措施。

补贴和反补贴历来就是国家参与对外经济活动的主要手段,而发达国家一般都有反补贴税法,反补贴税法直接构成发达国家争夺市场斗争的一个重要武器。然而,补贴究竟是多少,实际上是很难界定的。因此,在国际贸易中补贴和反补贴一直是最复杂、最有争议的难题,以致成为《关税及贸易总协定》以及"东京回合"的主要议题之一,并为此颁布了《补贴和反补贴税守则》,或称《补贴法案》。目前许多国际贸易组织都设有专门机构处理各国之间有关补贴和反补贴的争端。

(二) 反倾销关税

反倾销关税是进口国海关对被认定构成廉价倾销,并对本国相关产业构成损害的进口产品所征收的一种进口附加税。征收反倾销关税是保护贸易政策的主要措施之一。

商品倾销是现代资本主义的产物,是其转嫁危机、争夺海外市场、实行经济扩张的主要手段。反倾销关税的直接目的就是增加进口货物的成本,迫使进口货物提高在本国市场的售价,削弱其竞争优势,有效抵制廉价倾销,保护民族产业和国内市场。

所谓倾销,根据《关税及贸易总协定》第六条规定,是指"用倾销的手段将一国的产品以低于正常价格的办法挤入另一国的市场内,而对某一国已建立的工业造成重大损失或重大威胁"。因此,征收反倾销关税必须具备两个条件,其一是进口产品构成倾销,也就是说进口产品在进口国市场的销售价格远远低于在出口国国内市场的销售价格;其二被认定构成倾销的进口产品对进口国的相关产业构成了损害。故在此情况下就有可能被征收反倾销关税。

商品倾销主要分为三种类型：偶然倾销、短期倾销和长期倾销。

所谓偶然倾销，即为清偿债务而进行的倾销或无意识的倾销等。这类倾销没有挤占他国市场，转嫁危机的目的，一般也不征收反倾销关税。

所谓短期倾销，为扩大国际市场或为了削弱竞争者而实行的倾销，应课征反倾销关税。

所谓长期倾销，为扩大产业规模或为打破国外保护关税而进行的倾销，应课征反倾销关税。

（三）歧视性关税

歧视性关税也称加重关税，是指国家源于某种原因或为达到某种目的，而对某个国家或某种货物的输入加重征收的关税。

歧视性关税一般都有较强的针对性，或针对某个国家，或针对某种货物。比较著名的有国旗加重关税和间接输入货物加重关税等。

国旗加重关税源于17世纪中叶英国所制定的《航运条例》。这是英国政府为发展本国的航运事业，压制他国船舶运输，对悬挂外国国旗的船舶所载的输入货物加重征收关税。这是典型的大国或强国的经济利己主义，害人不利己。这一关税形式已为各国所唾弃。

间接输入货物加重关税是指对间接输入的货物课征高于普通税率的关税。其目的是为了抑制因间接输入而过度增加国内消费者的负担。

目前，大多数国家均采用各种方式限制间接输入，鼓励直接输入。而且，在当前国际经济交流全球化的时代，间接输入方式也已日趋衰弱。

（四）报复关税

报复关税，是指本国输出货物在他国遭受到歧视性待遇时，为了维护本国的经济利益，坚持公正、平等的贸易环境，对该国输入货物加重课征的关税。

报复关税可以根据需要临时设立，也可以在关税法中明文规定报复关税条款，如德国1902年的关税法、日本明治时期修订的关税法，特别是美国所谓的"301条款"、"超级301条款"等都有类似或直接的规定。

报复关税自诞生以来，始终为一些国家所采用，即使今天它在国际贸易中的影响也是不可忽视的。较为著名的案例有1962年美国与欧共体的冻鸡战；1987年美国对日本半导体输入所酿成的报复关税，都说明报复关税在国际贸易中有其一定的地位。

第五节 中国海关的起源

一、海关的概念

研究关税,总是要涉及海关,这里简单地追溯一下海关的起源及其性质问题。

据《辞海》释义,"海关,是根据国家法令,对进出国境的货物、邮递物品、旅客行李、货币、金银、证券和运输工具等进行监督检查,征收关税,并执行查禁走私任务的国家行政管理机关。"

据《经济大辞典·财政卷》释义,"海关,是依法执行进出口监督管理的国家行政机关。其监督管理的对象包括进出口货物、货币、金银、证券、行李物品、邮递物品、运输工具等。其监督管理的内容,包括征税,查禁走私临时保管通关货物和统计进出口商品等。"

王意家先生认为:"海关是国家的进出关境的监督管理机关。海关是依照法令,对进出关境的运输工具、货物、行李物品、邮递物品和其他物品进行监督管理,征收关税和其他税、费,查缉走私,并编制海关统计和办理其他海关业务的国家行政管理机关"[①]。上述三个权威性概念几乎是一致的。

海关是对进出境活动实施监督管理的国家行政管理机关。其监督管理职能主要体现在海关监管、海关征税,海关缉私和海关统计等四个方面。

二、海关产生的条件

海关产生必须具备三个条件:

1. 政治条件——即国家的形成(或存在着政治实体)。海关是国家机关的组成部分,没有国家,也就无所谓海关。因此,海关是人类社会发展到一定历史阶段的必然产物,也即是国家发展到一定历史时期的必然产物。正如国家、政党的概念一样,海关是一个历史的范畴。

2. 经济条件——即剩余产品。剩余产品是商品货币经济的前提,商品经济和跨地域商品交换的形成,推动着对外商品交换的发展,这是海关产生的基

---

① 王意家等编著:《海关概论》,中山大学出版社1998年版,第1页。

础条件。而且随着国际贸易的发展和世界市场的形成，商品物资日新月异，海关管理体制和海关法律制度也将日益完善。

3. 地理条件——即设关的地理位置。早期社会设关置卡，一般选择在边境要冲、江津河口、交通要道，主要是便于海关监管。现代社会的发展，新型的交通工具层出不穷，如汽车、火车、轮船、快艇、飞机等，这使海关的设置随之而发展和变化。特别是现代互联网革命，直接冲击着传统的国际贸易方式，网络贸易已经进入了人们的视野，越来越受到世界各国的密切关注，它在缩短贸易流程、节约交易成本、提高贸易效率、增加贸易机会以及提高企业的市场应变能力和竞争能力等方面具有传统贸易无可比拟的优势，是未来国际贸易的必然趋势。但网络贸易是以"比特"形式存在的数字化商品，其跨国交易无需经过海关的监管和检验，这就是海关所面临的前所未有的挑战。

满足了这三个条件，"海关"得以产生，但这还不是近现代意义上的海关，仅仅是关卡而已。因为就关卡而言，首先在于其政治意义和军事意义，《孟子》曰："古之为关也，将以御暴"。也就是说早期国家在边境要津设关置卡，只是稽查有无危及国家和人民的安全的违禁品，过境而不征税，设关在于御敌，纯为政治和军事目的。随着经济的发展，政治军事性的关卡逐渐过渡到现代意义上的海关。正是由于对这个问题的看法不同，使目前学术界对我国海关的起源存在着较大的分歧，主要的观点有三种。

其一是"西周说"，认为3000多年前西周的内陆关卡是中国海关的雏形；

其二是"唐代说"，认为1200多年前唐朝的市舶司才是中国海关的真正雏形；

其三是"清代说"，认为300多年前清朝建立的海关，才算是真正意义上的海关。

正如一个国家划定疆域，必置通道，否则无法与外界联系。通道至边境就得设关置卡，这一关卡是什么性质？是一般关卡，还是内陆关卡，抑或是国境关卡？

正如一个国家的商品流通需要货币一样，石斧石铲、海贝铜币、黄金白银、信用纸币，抑或电子货币，我们怎样界定？

文明史的发展是一个漫长的历史过程，我们追溯事物的本源，只能从该事物演变的内在联系中去发掘其规律性的内涵。

据《辞源》释义，"关：关口、关门。古设关于界上，以稽查行旅。"《现代汉语词典》释义，"关：古代在交通险要或边境出入的地方设置的守卫处所。"《古汉语常用字字典》释义,"关:关口,要塞。"另外,常见的古籍中有不少解释,如"关,界上门"、"关,要塞也"。总的说来,"关"是指进出国境的关口,是国家的门户。

三、海关的起源

海关源于关卡,在讨论海关起源时,首先要了解为什么要设置关卡?在什么地方需要设置关卡?这是解决海关起源的关键问题。

在原始社会绝对没有设置关卡的必要,因为任何一个氏族部落都会恪守自己的生存空间,决不会挑战原始社会的公共道德准则,否则就不叫原始社会。而文明社会的游戏规则却不是这样,私有制所造就的国家暴力机关,是受经济利益的驱动、是以强权政治为前提的。

所谓奴隶制的野蛮、残忍和落后,印证了"奴隶制就是战争"的哲言。早期的国家无一不想突破地域划分观念,突破自己狭小的生存空间,去奴役更多的奴隶,劫获更多的财富。实际上,早期的国家就是用战争的火焰书写着人类历史上最惊心动魄、最悲惨的篇章的。

随着部族冲突的扩大,众多的部落联盟融合为民族,并进一步凝聚成早期的国家。而早期国家之间的防御体系则以关卡为主要形式。我国古代的长城就是最好的例证。孟子说得很明白:"古之为关也,将以御暴"。关卡最初的意义就在于其政治和军事的功能。

夏代,是我国奴隶制社会的草创时期,尽管它刚从原始社会内部脱胎而来,还带着氏族社会的明显痕迹和残余,但它毕竟是一个文明社会。从战争和治水中脱颖而出的夏帝国,其国家机器的设置是非常简陋的,但驻防边境要塞的军队则是必不可少的。

西周实行分封制,周初共分封71国,向周称臣的有600余国。分封的诸侯在封国内握有完全独立的统治大权,职位世代相袭,他们与王室间保持臣属关系。但是,各诸侯国之间在政治、经济、军事等方面的矛盾冲突和利害关系,使其在边境上设关置卡,以维护国家的最高利益。这不仅是各诸侯国社会经济发展的客观要求,也是各政治实体发展的必然趋势。

此外,高度发达的西周奴隶制经济,社会分工及商品区域化特征日趋显著,货币和市场的产生、社会分工及商品区域化生产的特征,促使各诸侯国之间商品交换,互通有无,跨"国"贸易长盛不衰。尽管这些贸易属于地区间的商品交换,但实际上已具备了国与国之间贸易的雏形。因此,在经济上设置关卡不仅是必要的,而且是统治者获得财源的主要途径之一。

因此,早在公元前11世纪的西周时期,我国典章史籍中就出现了"关"、"边关"或"关卡"的记载,国家行政管理机构中也出现了关卡的官制。而早期的关卡主要设于边境,故边关既是国门,又是百姓往返通道,也是诸侯交往必经之地,更是商货流通的主要驿站。于是,增设关卡成为政治经济发展的必然趋势。

有关早期的"关卡"制度,李均明先生认为:"出土简牍之记载及现存遗址的情况表明","关津有一定的建筑形式,设有管理机构及驻防人员,其职能在战时为军事防御,平时则在控制人员往来、检查违禁物品等方面起重要作用。任何人皆须凭证出入关津,常用凭证为符、传、致等,特殊情况以诏令特批。关吏卒例行检查出入人员的证件及物品,逮捕闯关越塞罪犯,按期向上级汇报出入关情况"①。

周代关卡的官制,据《周礼·地官》记载,地官之下设"司关,上士二人、中士二人、府二人、史四人、胥八人、徒八十人"。在司关之下,每关设"下士二人,府一人,史二人,徒四人"。(士是官员,府、史是管理征税和文书的官员,胥、徒是工役)。古书中对各关关员还有关人、关户、关令等称呼。由于周代的关一般兼有边境要塞的性质,因而各关除上述管理进出境人员、货物的海关人员外,还根据各关的重要程度,驻有不同数量的军队。②

一般认为,从西周出现关卡到春秋前期为止,这一时期的关卡只是"讥而不征",诸如历史上著名的"阳关"(鲁国)、"昭关"(楚国)等,只对过往人员、商货进行稽查,以防止本国居民(奴隶)外逃和外敌入侵,维护国家安全与稳定,政治军事方面的功能比较明显。

而春秋中、后期,群雄并起,诸侯割据,各国纷纷在边境隘口和交通要道设关置卡,自是大漠南北、长城东西,雄关林立,隘卡连绵。这时的关卡具有了两重性:一方面,群雄兼并,战祸不断,关卡的政治军事功能不能低估;另一方面,各诸侯国出于财政的考虑,对过往货物课于关市之税,关卡已经凸显其财政性功能。

这里应着重说明的是,关卡从政治军事功能转向财政功能的观点是值得探讨的。因为在冷兵器时代,关卡始终集政治、军事、财政经济功能为一体。从

---

① 李均明:《汉简所反映的关津制度》,载《历史研究》,2002年第3期。
② 王意家等编著:《海关概论》,中山大学出版社1998年版,第15页。

一种功能转向另一种功能的可能性是微乎其微的。郭风学先生认为："'地形者，兵之助也'。无数战争事例说明，险关要隘等地理因素虽然不能确保战争胜利，但也往往在战争中发挥着至关重要的作用。这在科技不发达时代就表现得更为明显"①。没有政治军事的保证，就无所谓财政，"皮之不存，毛将焉附"。这个设关的原则是非常明确的。

上述就是"海关"起源的基本阐述，严格的说应该是"边津"或"关卡"的起源。

第六节 世界贸易组织与中国关税

一、关贸总协定

（一）关贸总协定诞生

关贸总协定的全称是关税与贸易总协定，其英文全称是：General Agreement on Tariffs and Trade，缩写为GATT。它是各国政府间缔结的一项多边国际贸易条约。

关贸总协定是在第二次世界大战结束后的特定的世界经济贸易形势下产生的。

第二次世界大战使全球经济遭到严重破坏，世界各国都面临着物资匮乏、设备短缺，工厂倒闭、商店歇业，开工不足、失业激增，通货膨胀、物价飞涨，债台高筑、社会动荡的严重困难局面。战后的人们更面临着缺衣少食、疾病和死亡的威胁。而美国在第二次世界大战中，其国民经济却有了超前的发展，战争使其积累了巨大的财富，战后的黄金储备竟高达247亿美元，约占当时全世界黄金数量（货币性）的2/3。

政治经济发展的不平衡，打破了全球的均衡态势，美国要求发展对外贸易，开拓世界性市场。而当时其他各主要资本主义国家急欲恢复本国经济，无力于世界经济的发展，故普遍盛行贸易保护主义，对进口设置各种壁垒，采取高关税和严格的外汇管制政策。这和美国的对外扩张、贸易自由化政策发生激烈的冲突。

---

① 郭风学：《中国古代六大雄关》，载《国防报》，2004年5月18日，第6版。

战后众多的发展中国家（也包括西方国家）急需得到物资设备，特别是消费品，以重整经济和重建家园，因此也有扩大对外贸易的要求。

为早日推进贸易自由化，着手纠正从20世纪30年代初遗留下来的大量保护主义措施，1946年在主要的发起国即美国的积极活动下，中国、英国等共23个国家进行了关税谈判，1947年10月30日在瑞士日内瓦签署了《关税与贸易总协定临时适用议定书》，并于1948年1月1日正式生效。

（二）关贸总协定的目标

关贸总协定在当代世界经济贸易所具有的地位和影响力，使其能够致力于实现历史赋予的使命，实现关贸总协定的宗旨，推动经济全球化、贸易自由化的发展，这一目标主要表现在以下几方面。

1. 建立一个为世界各国所普遍接受的共同准则——多边贸易规则。关贸总协定强调，保护一国工业的唯一手段，就是关税，但关税必须大幅度削减。同时，它不允许使用非关税壁垒来保护一国的工业，必须限制非关税壁垒，以保护缔约国因关税减让所带来的收益。

关贸总协定强调减少政府对经贸的干预，倡导国际贸易中的非歧视原则。

关贸总协定力争通过关税和贸易两方面的努力，建立一个为世界各国所普遍接受的共同准则——多边贸易规则，协调各缔约国的贸易政策，实现全球贸易的自由化。

2. 协调缔约国的国内立法。一国在加入关贸总协定后，除了根据"祖父条款"可执行与总协定第二部分不符的法律外，在其他方面都要受关贸总协定的约束。如果其国内立法与总协定不符而考虑改变时，必须按规定与有关的缔约国磋商、谈判，以求达成协议。

所谓"祖父条款"，就是允许总协定缔约国在加入总协定后，继续执行其原来国内法的规定，不受总协定有关规定约束的条款。它是指关贸总协定《临时适用议定书》第一条第二款的规定，即"缔约国应在不违背现行国内立法的前提下最大限度地临时适用关税与贸易总协定第二部分（非关税壁垒与贸易政策）的各项条款规定"。这一所谓"现行立法条款"即称为"祖父条款"。实际就是通常法律中的"不溯既往条款"。

3. 调解缔约国之间的贸易关系。关贸总协定为调解缔约国之间的贸易关系提供了高效的平台和法律依据，使各缔约国能够就贸易等问题及时进行磋商调解，并确保各缔约国在关贸总协定中的法定权利和义务。

（三）关贸总协定的地位

关贸总协定作为国际上唯一调整大多数国家之间关税与贸易政策的多边协定，业已成为世界各国所普遍接受的共同准则，它在世界经济贸易中的地位表现在三个方面。

1. 关贸总协定在当今世界经济贸易中具有的稳固地位。战后萧条的世界经济迫切需要发展和加强国际经济的交流，而关贸总协定的产生正是国际贸易和国际经济交流的必然产物，也是历史发展的必然趋势。关贸总协定从最初的23个原始缔约国发展到108个成员国，他们之间的贸易额占世界贸易总额的90%以上。而且半个世纪以来，关贸总协定在全球范围内推动国际经济贸易的交流和发展，发挥出了巨大的作用，其地位之稳固是毋庸置疑的。

2. 关贸总协定是当今世界唯一能够起作用的国际经贸组织。关贸总协定从缔结至被WTO取代，已走过47年的历程，历经八轮谈判。经过不断地修改、充实、精雕细琢，总协定已形成了一整套内容涉及世界经济贸易中几乎所有领域的规章、制度。而这些规章制度已成为广泛调整世界经济矛盾和解决国际贸易争端的事实上的、唯一的法律依据。也因此，关贸总协定也是当今世界唯一能够真正起作用的国际贸易组织。

3. 关贸总协定在世界经济贸易中具有深远的影响。关贸总协定拥有108个成员国，包括许多尚未正式加入总协定的国家和地区，在国际经济交流中，已经在自觉或不自觉地运作了总协定的规则。因此，关贸总协定的多边贸易规则，实际上已成为世界各国所普遍接受和遵循的共同准则，全球的对外贸易基本上都要受到总协定的制约和调节。正因为如此，关贸总协定在当代世界经济贸易中具有巨大的影响力和生命力，故而才有"经济联合国"的誉称，并与"国际货币基金组织"和"世界银行"鼎足而立，同时被称为调节世界经济金融三大支柱。

二、世界贸易组织（WTO）

（一）从关贸总协定到WTO（世界贸易组织）

关贸总协定的八轮谈判对世界贸易产生越来越深远的影响。特别是乌拉圭回合谈判议题中不仅包括了传统的货物贸易问题，还涉及服务贸易、知识产权保护和投资以及环境等新议题。世界贸易的发展推动着多边贸易体制建设和完善。

关贸总协定毕竟是一个"准国际组织"，而且是依靠着一个《关税与贸易总协定临时适用议定书》来维持着。尽管"临时适用"了近半个世纪，但其稳定性一直受到质疑。特别是世界经济经过这几十年的迅速发展，都在"准国际组织"的关贸总协定的调整下，这就使世界各国深深地感觉到，世界贸易不能永远靠关贸总协定这个第二次世界大战后成立的临时性国际多边条约来调整，必须要成立一个稳定的、永久性的调整国际贸易的国际组织。

因此，关贸总协定自身的发展趋向问题被提升为紧迫的课题。1994年4月15日，在摩洛哥的马拉喀什，109国政府代表签署乌拉圭回合贸易谈判最后文件的同时，97个国家的部长们签署一份附加文件，即《建立世界贸易组织的马拉喀什协议》。该协议结束了关贸总协定的历史使命，世界贸易组织于1995年1月1日诞生了。

（二）世界贸易组织的宗旨及基本原则

世界贸易组织（WTO）是一个致力于"开放、公平、无扭曲竞争"、致力于监督世界贸易和使世界贸易自由化的国际组织。

世界贸易组织的宗旨是："提高生活水平，保证充分就业和大幅度、稳步提高实际收入和有效需求，扩大货物和服务的生产与贸易"；"积极努力确保发展中国家，尤其是最不发达国家在国际贸易增长中的份额，与其经济发展需要相称"；"建立一个完整的、更有活力和持久的多边贸易体系，以包括关税与贸易总协定，以往贸易自由化努力的成果和乌拉圭多边贸易谈判的所有成果"。

世界贸易组织的基本原则包括以下几个方面：

1. 公平竞争原则。以市场经济为基础，公平竞争为原则，价格取决于市场供求关系，各成员国的出口贸易经营者必须采用市场价格参与国际竞争，不得采取不公正的贸易手段，进行或扭曲国际贸易竞争，尤其不能采取倾销和补贴的方式在他国销售产品。总之，世界贸易组织主张自由贸易、开放市场、公平竞争，这一原则体现了市场经济体制的基本要求。

2. 非歧视原则。非歧视原则又叫无差别待遇原则，是WTO最重要的原则之一。非歧视原则要求每个缔约方在任何贸易活动中，都要给予其他缔约方以平等待遇，以保证没有任何成员受到"歧视性"待遇。非歧视原则包括无条件的最惠国待遇和国民待遇。

3. 关税减让原则。"关税减让"一直是多边国际贸易谈判的主要议题。关税减让谈判一般在产品主要供应者与主要进口者之间进行，其他国家也可参加。双边的减让谈判结果，其他成员按照"最惠国待遇"原则可不经谈判而适用。

4. 透明度原则。透明度原则是关贸总协定三个主要目标（贸易自由化、透明度和稳定性）之一。这一原则要求各成员国将其实施的有关对外贸易的各项法律、法规、行政规章、政策制度等应提前加以公布，以使其他成员国政府和贸易经营者加以熟悉；各成员政府之间或政府机构之间签署的影响国际贸易政策的现行协定和条约也应提前加以公布；各成员应在其境内统一、公正和合理地实施各项法律、法规、行政规章、司法判决；成员方发生纠纷时，以公布的贸易政策为解决依据。世贸组织要求其成员国的政策不能随意更改，如必须更改则要经别国同意，并且定期接受政策评审。

5. 保护措施原则。在货物贸易方面，世界贸易组织允许关税保护，但只能利用关税进行保护，不可采用其他非关税壁垒，尤其是以配额和许可证为主要方式的"数量限制"。该原则认可出问题的成员方运用"例外条款"保护自己，包括发展中国家的"幼稚工业"也被允许加以保护。

6. 发展中国家特殊待遇原则。对发展中国家的保护程度大于发达国家——发展中国家关税可较发达国家高；可继续享受普惠制；向世贸组织过渡期长于发达国家；可利用"宽松条款"；可从世贸组织得到特殊援助。

(三) 世贸组织在世界经贸发展中的作用

1. 促进世界范围的经济全球化和贸易自由化。通过关贸总协定以及八个回合的谈判使全世界的关税水平有了大幅度下降，极大地促进了世界范围的贸易自由化。此外，世贸组织还在非关税壁垒、投资、服务贸易、知识产权以及运作机制等方面都作出有利于世界贸易发展的规定。所有这些协定和协议都推动了世界贸易自由化和全球经济一体化的进程，为国际贸易的发展奠定了扎实而稳固的基础，使对外经济交流和对外贸易活动在各国经济发展中发挥出更为重要的作用。

2. 促使各国贸易政策的"双赢"趋向。世贸组织不是一个完全"自由贸易"组织，而是一个致力于"开放、公平、无扭曲竞争"的国际贸易组织，它致力于扩大货物贸易、服务贸易和与贸易有关的投资措施的自由化，同时又致力于加强与贸易有关的知识产权的保护，并允许各成员方对贸易予以必要的保护。而且出于竞争的需要，保护措施又向其他领域发展，如生态环境、社会条款、技术、文化等方面。

世界贸易制度已经改变了传统的贸易政策，各国的贸易政策将建立在"双赢"的基础上，"贸易保护"和"贸易制裁"的作用与含义发生了很大的变化。也就是说，世界贸易制度将进入协商管理贸易时代，而"双赢"就是这个时代的特征。

3. 改变世界市场的竞争方式与竞争手段。市场的传统竞争实际上是粗放式的竞争，主要表现为价格的竞争、数量的竞争、优惠条件的竞争。这些竞争不乏其积极意义，但也不能否认其负面影响。

在世贸组织的推动下，国际贸易迅速发展，现代市场的竞争已由粗放式的竞争完全让位于集约式的竞争，单一式的竞争让位于综合式的竞争。成员方竞争的基础是他们的综合能力，包括生产条件、需求条件、出口产业产品结构的健全、企业开拓国内外市场的战略，以及机遇的运用与政府的管理决策。同时在竞争中把货物贸易、服务贸易、投资、知识产权有机地结合起来。企业金字塔式的组织结构让位于矩阵式灵活实用的组织结构；规模经济让位于规范经济。世贸组织将推动世界市场运作方式和运作手段，促进世界贸易的自由化。

三、我国加入世界贸易组织后的权利与义务

（一）"入世"后中国应享受的权利

1. 享有多边的和稳定的非歧视性待遇。非歧视性待遇包括最惠国待遇和国民待遇，在"入世"前，中国只能通过双边贸易协定在某些国家获得最惠国待遇。这种双边的最惠国待遇是非常不稳定的，容易受到双边政治关系的影响。"入世"后，中国按照关贸总协定第一条第一款规定，可以在所有的130多个成员方享受多边的和稳定的最惠国待遇和国民待遇，这将使中国产品在最大范围内享受有利的竞争条件，从而促进出口的发展。

2. 享有给予发展中国家的一切特殊照顾，包括"普惠制"待遇。"普惠制"是根据关贸总协定的第四部分、东京回合的"授权条款"以及"乌拉圭回合"有关规则对发展中国家出口的制成品和半制成品所给予的单方面减免关税的特殊优惠待遇。

目前世界上有28个给惠国，"入世"后我国在更大范围内和更大程度上享受到这些优惠。这对扩大我国货物出口、提高出口效益，发展国民经济都有一定好处。

3. 充分利用争端解决机制。只要一国参与世界经济活动，参与对外经济交流，争端就不可避免，各种经贸纠纷也会逐渐增多。在双边贸易中，发达国家往往利用强制的和单边主义的手段对发展中国家（包括我国）实行歧视待遇，而发展中国家除了愤慨就是无奈。而"入世"后，则可以通过世贸组织特设的贸易争端解决机构和程序，比较公平地解决贸易争端，维护我国的经济与

贸易利益。

4. 获得在多边贸易体制中制定规则的权利。世贸组织有"经济联合国"之誉称,"入世"后,我国可以参与各个议题的谈判和贸易规则的制定,充分表达我国的要求和关切。"规则的制定者,注定是规则的受益者",这将有利于维护中国在世界贸易中的地位和合法权益,并在建立和维护公正合理的国际经济秩序等方面发挥更大的作用。

另外,我国还能通过世贸组织,积极发展和世界各国的经济合作、贸易和技术交流;还将得到世贸组织汇集的世界各国经济贸易的信息资料等。

(二)"入世"后中国应尽的义务

1. 削减关税。1994年关贸总协定第28条附加第一款规定:各成员方"在互惠互利基础上进行谈判,以大幅度降低关税和进出口其他费用的一般水平,特别是降低那些使少量进口都受阻碍的高关税"。目前发达国家成员方的加权平均进口税已从45年前的40%下降到3.8%左右,发展中国家成员方也下降到11%。我国已调整到10%左右,但仍高于一些发展中国家的平均水平。关税税目逐渐减少,其中农产品税项在5年内减至15%左右,工业品整体平均降至10%左右,其中汽车在6年内降至25%左右(目前为100%)。

中国政府信守自己的庄严承诺,不仅要把关税加权平均水平降到世界贸易组织要求的发展中国家水平以下,并将最高关税一般地约束在15%以下。

2. 逐步取消非关税措施。1994年关贸总协定第11条第一款规定:"不得设立或维持配额、进出口许可证或其他措施,以限制或禁止其他缔约方本土产品的输入,或向其他缔约方输出或销售出口产品",从而为实现自由贸易创造条件。

自关贸总协定成立以来,由于关税减让一直是主要议题,故进口税率一降再降,各缔约方转向求助各种非关税壁垒来达到保护贸易的目的,据估计,当今世界各国的非关税措施已从20世纪60年代的800种增加到目前的2000多种。

我国除了关税外,当然也存在种种非关税措施。1993年以来,我国已清理和逐步取消了300多项与贸易有关的非关税措施。我国承诺停止出口补贴,在2—3年内取消大部分非关税措施,5年内取消所有的配额和数量限制。在贸易政策和管理上向国际惯例靠拢,放宽包括主要农产品在内的国内市场准入。

3. 开放服务业市场。乌拉圭回合达成的服务贸易总协定(GATS),要求各成员方对服务贸易执行与货物贸易同样的无歧视和无条件的最惠国待遇、国民待遇,逐步地降低贸易壁垒。

世贸组织统计的服务行业诸如银行、保险、运输、建筑、旅游、通讯、法律、会计、咨询、商业批发、零售等行业等多达 150 多种,都将属于开放范围。

我国政府承诺开放商业零售中的分销权及售后服务,开放专业服务如法律、会计、医疗等,开放金融业、允许外商全面投资互联网市场等服务贸易领域。

对我国来说,与世界服务贸易市场的开放保持统一取向,有步骤、稳步地开放服务贸易领域,引进竞争机制,可以提高中国服务业的质量,并带动服务业的出口。

4. 扩大知识产权的保护范围。世贸组织实施管理的"与贸易有关的知识产权协定"要求各成员方扩大对知识产权的保护范围。发达国家在先进科技、工艺专利、名牌商标、文化著作及计算机软件等方面拥有很大优势和利益,扩大知识产权的保护无疑是符合他们的愿望的。

中国作为发展中国家,在知识产权管理和法规的执行、行政管理方面与发达国家水准尚有一段距离。我国在知识产权保护方面起步较晚,但在过去的 15 年中已建立了知识产权保护的完整法律体系。为了使中国的知识产权保护制度与国际接轨,尤其是在中美两国签订知识产权保护谅解议定书后,我国又专门修改了《商标法》和《专利法》。中国在知识产权保护方面取得了举世瞩目的成就,也因此成为世界关注的焦点。

5. 增加贸易政策的透明度。透明度原则是关贸总协定和世贸组织的基本原则之一。其目的是为了消除歧视,公平交易,促进贸易的发展。"入世"后,我国将承担该项义务,即按世贸组织的规定,及时公布有关经济贸易方面的政策、法律、条例、规章等。非经公布,措施不得实施;同时也将负责地提供国内经济贸易情况的报告,并定期接受审议。

不言而喻,"入世"后应享有的权利给中国的大经贸发展提供了机遇,"入世"后应尽的义务又对中国的大经贸发展提出了挑战。机遇与挑战并存,善于抓住机遇,全力迎接挑战,是我们今后的一个重大研究课题。

第二章

关税制度的特征及职能

第一节 我国关税制度的特征

随着改革开放的深层次发展,我国于1985年对关税制度进行了一次重大的改革,重新制定了《中华人民共和国进出口关税条例》(以下简称《关税条例》)和《中华人民共和国海关进出口税则》(以下简称《进出口税则》)。这两个法规后来又经过若干次的修订,并融入了我国的对外开放政策,体现了与国际惯例接轨的基本态势,其特征表现在以下几个方面:

一、明确了《关税条例》是关税的基本立法

关税制度改革明确了《关税条例》是关税的基本立法。根据1985年《关税条例》第二条的规定,《进出口税则》是《关税条例》的一个组成部分,改变了过去以《进出口税则》为主,《关税条例》作为《进出口税则》的附属法规的做法。

《关税条例》又于1987年9月12日和1992年3月18日两次经国务院修订,已日趋完善,更为成熟。

二、实行复式税则

关税税则是关税课税范围及其税率的法律规则。复式税则又称多栏税则,是指一个税目设有两个或两个以上的税率,根据进口货物原产国的不同,分别适用高低不同的税率。复式税则是一个国家政治经济政策包括对外贸易政策的具体体现。目前,在世界上除极个别国家外,各国关税普遍实行复式税则。

我国于1992年3月8日，根据《国务院关于修改〈中华人民共和国进出口关税条例〉的决定》，将原来复式税则的普通税率与最低税率修改为普通税率和优惠税率。

三、新税则以国际通用的《商品名称及编码协调制度》目录为基础

我国于1985年实行海关税则改革时，就采用了国际广泛流行的《海关合作理事会商品分类目录》，从而使我国的税则商品分类更加科学、更加准确。此后的两次修订，新的《进出口税则》根据国际上通过的《商品名称及编码协调制度》目录为基础，由原来的《进出口税则》及时地转换而成。

新税则能广泛的适应海关征税、进出口统计、国际贸易管理和国际商品运输等多方面的需要，促进了我国关税制度的健全与完善。

四、完税价格以海关审定的"正常成交价"为基础

长期以来我国海关对进口货物，一直沿用《布鲁塞尔海关估价公约》的"正常批发价格"为基础的到岸价格作为完税价格。为了使我国的关税制度更加符合国际通行惯例，新的《进出口税则》将过去的规定修改为以海关审定的"正常成交价格"为基础的到岸价格作为完税价格。

1992年实行的《中华人民共和国海关审定进出口货物完税价格办法》第二条进一步明确规定："海关以进出口货物的实际成交价格为基础审定完税价格，实际成交价格是一般贸易项下进出口货物的买方为购买该货物向卖方实际支付的价格"。

《中华人民共和国海关法》第五十五条也规定："进出口货物的完税价格，由海关以该货物的成交价格为基础审查确定"。

五、税率适用原则为国际通行的原产地原则

《中华人民共和国进出口关税条例》第六条规定："对原产地与中华人民共和国未订有关税互惠协定的国家与地区的进出口货物，按普通税率征税"。《中华人民共和国海关法》第四十一条也规定："进出口货物的原产地按照国家有关原产地规则的规定确定"。

原产地原则的作用，在于直接鼓励与我国签订了互惠贸易协定的国家和地区，积极参与缔约国之间的直接贸易，并通过关税互惠扩大与这些国家的或地区的贸易往来，促进对外经济的发展。

第二节 关税制度构成要素

关税制度是国家关税法令、条例和征收管理办法的总称,是根据有关立法制定的,对进出境货物和物品征收关税的工作准则和基本章程。关税制度的构成要素包括纳税人、课税对象、计税标准、完税价格、税则税率、纳税环节、减免及罚则等。按《中华人民共和国海关法》、《中华人民共和国进出口关税条例》和《中华人民共和国海关进出口税则》的规定,解释如下。

一、纳税人

纳税人,即税法规定的直接负有纳税义务的单位和个人。按我国《海关法》和《进出口关税条例》规定,关税的纳税人包括进口货物的收货人、出口货物的发货人、进出口物品的所有人或向海关办理报关纳税手续的代理人。

二、课税对象

课税对象,是指国家的征税依据,即征税的目的物,向什么东西征税。课税对象明确关税的课征范围,是确定关税的主要标志。按我国《海关法》和《进出口关税条例》规定,关税的课税对象是进出关境的货物和物品。货物是指贸易性的进出口商品;物品是指非贸易性的物品,包括入境旅客随身携带的行李和物品、个人邮递物品、各种运输工具上的服务人员携带进口的自用物品、馈赠物品以及其他方式进入关境的个人物品。

改革开放后,为了促进我国对外贸易的发展,增强我国商品在国际市场上的竞争能力,我国对绝大部分出口商品不征税,只对极少数盈利特高和少数国内紧俏商品征收出口税。从这一角度说,进出口关税主要指贸易性进口关税。

三、关税税率

(一)税率设计的原则

在现行关税政策的指导下,税率设计所遵循的主要原则有:

1. 对于国内暂时不能生产的或生产数量不足的动植物良种、粮食、肥料、药剂、精密仪器仪表、关键机械设备制定低税率或者免征关税。

2．对原材料制定的税率，要低于半成品、制成品的税率。

3．对国内不能生产或者质量不过关的机械设备和仪器仪表应制定较低的税率；零件、部件的税率要低于整机的税率。

4．对国内已能生产和非国计民生必需的物品，应制定较高的税率。

5．对当前国内需要保护的产品和国内外差价较大的产品，制定更高的税率，以保护我国商品的竞争能力。

6．为了促进我国的对外贸易，对出口货物的生产，实行优惠出口政策，一般出口货物不征出口关税；对国家禁止或限制出口的货物，适当征收出口关税。

（二）关税税率的设计

关税税率是税额与课税对象之比，它是关税制度的核心环节。税率的高低，直接关系到国家税收收入的多少和纳税人的负担水平，体现着国家宏观经济政策的走向。

根据上述原则，可将进口货物分为四大类，即必需品类、需用品类、非需用品类和限制进口类，按此阶梯，税率依次递升，形成差别比例税率。

我国关税税率实行复式税率结构，即同一税目有最低税率和普通税率两种，凡是与我国订有关税互惠条约和协定的国家，对其进口我国的货物，按最低税率征税；凡与我国未订有关税互惠条约和协定的国家，对其进口我国的货物，按普通税率征税。

既然对来源于不同国家的货物适用不同的税率，这就需要明确货物的原产地或来源国。我国现在采用的是原产地规则，这是关税制度所特有的规则。

我国的出口税率，不分最低税率和普通税率，只按单一的差别比例税率征税。

对非贸易性进口物品按进口产品的品种实行差别税率，税率分为免税、20％、50％、100％、200％共计五档。

四、计税依据

计税依据，即指课税对象的计税标准，目前主要有两种：一种是从价，亦称从价税，以课税对象的完税价格作为计税依据，按一定比例征税——俗称"从价定率"；另一种是从量，亦称从量税，以课税对象的计量单位（如重量、长度、容量、数量等单位）作为计税依据，按固定税额征税——俗称"从量定额"。

我国现行关税实行从价计征，是以海关审定的进出口货物的完税价格作为计税标准。即进口货物以海关审定的正常成交价格为基础的到岸价格为完税价格；出口货物以离岸价格扣除出口税为完税价格。如果申报人在申报时未将发票、合同等有效证件交验海关或海关发现申报不实，其完税价格由海关估定。

五、纳税环节

纳税环节就是确定纳税义务人缴纳税款的环节，也是商品在流转过程中应该缴纳税款的环节。纳税环节的选择取决于国家能否及时取得关税收入；海关能否提高关税征管效率。

按《中华人民共和国海关法》和《中华人民共和国进出口关税条例》的规定，关税纳税环节的设定有两种情况：一是通关环节，即纳税人的应税货物在海关结关放行之前缴纳关税；二是稽查环节，即纳税人的应税货物未办海关手续，经海关许可先行通关，但在海关稽查环节则按规定缴纳关税。

六、纳税期限

纳税期限就是纳税义务人向国家缴纳税款的法定期限。

确定纳税期限必须考虑的因素包括：

1. 不同生产经营部门的特点。
2. 征税对象的特点。
3. 纳税人缴纳税款多少和纳税行为（生产经营活动）次数。
4. 确保国家财政收入及时、足额入库。按《中华人民共和国海关法》和《中华人民共和国进出口关税条例》规定，关税应当在进出口货物向海关申报之后、海关放行之前一次性缴纳，即进出口货物的收发货人或者他们的代理人，应当在海关填发税款缴款书之日起15日之内，向指定银行缴纳税款，然后由海关办理结关放行手续。

逾期缴纳的，海关除了追缴应纳税款之外，按规定征收滞纳金。

在某些特殊情况下（如货物易腐、急需等），海关可以在提取货样、收取保证金或者接受纳税人提供的其他担保之后，先办理放行货物的手续，后办理征纳关税的手续。

七、关税减免

关税减免是国家为宏观调控经济政策走向或为了某些特殊需要而制定的减

免措施。我国的关税减免主要有以下三种情况：

1. 关税的法定减免。即指《海关法》和《进出口关税条例》中明确规定的减免，进口货物只要符合法令规定的范围和要求，进口人无需事先向海关办理申请和批准手续，货物进口时，海关人员即可依法办理减免税手续。

2. 关税的特定减免。根据国务院颁布的法令，对特定地区、特定企业或特定用途的进口货物给予的关税减免。一般由国务院拟定法规，海关总署会同其他有关部门根据这些法规订立具体的实施办法并贯彻执行。

凡符合特定减免的货物，在进口前应向海关办理申请手续，经海关审核及批准，即可办理减免关税手续。

3. 关税的临时减免。即指对纳税人由于某些特殊的原因而递交的减免申请，海关总署单独或会同财政部门按照有关规定，予以批准的临时性关税减免。

第三节 关税职能

关税的职能是指关税固有的、内在的、由其本质所决定的功能，关税职能主要体现在三个方面：财政职能、保护职能和调节职能。

一、关税的财政职能

关税的财政职能，即指关税具有组织财政收入的作用。因此也把以增加财政收入为目的而征收的关税称为财政性关税。

关税组织财政收入具有简单、方便和有效的特点。关税在各国财政历史上曾占有重要的地位，在各国财政收入中也占有较大的比重。"在1870年以前，各国关税的财政功能是十分明显的。在17世纪末，很多欧美国家关税收入占全部财政收入的比重都在80%以上。1805年美国联邦政府的财政收入甚至有95%来源于关税。20世纪70年代以前，仍有许多发展中国家40%以上的财政收入依靠进出口关税。据统计，1986年进出口关税占其税收收入20%以上的国家还有41个，主要分布在中东和非洲，例如，1985年乌干达财政收入为1669亿先令，其中，进出口关税达1129亿先令，占全部财政收入的

67.6%。"①

第二次世界大战后,各国社会生产力迅速发展,国民生产总值有了大幅度提高,关税在财政收入中的比重开始逐步下降,关税地位也大为削弱。在关贸总协定和世贸组织精神的倡导下,当前的国际经济合作和全球贸易自由化已是不可逆转潮流,关税被认为是阻碍世界经济一体化和贸易自由化的主要障碍。所以关税的财政性功能下降是历史的必然趋势。

二、关税的保护职能

关税的保护职能,即指关税具有保护本国经济发展的作用。因此,也把以保护国内经济和国内产业为目的而征收的关税称为保护性关税。

对进口货物征收保护性关税是为了限制国外商品的进口,通过征收关税保护本国新兴产业、朝阳产业、有发展前景的高科技产业,使其免遭先进国家工业制成品的竞争,以达到扶植和促进本国产业生存与发展的目的,保护本国同类商品的市场。

关税的保护功能体现在,一方面,运用保护性关税提高进口商品的销售价格,削弱其在进口国市场的竞争能力;另一方面,提高国外进口商品在本国的销售价格,就有可能提高或维持本国同类产品的市场价格。如此,既促进和扶植了本国的生产发展,又保护和调动了本国生产者的积极性。

在出口方面征收保护性关税,主要是限制紧缺性原材料出口,防止本国的自然资源或能源的外流,严格控制其出口量,保护国内的正常生产。

保护性关税在世界各国受到普遍的重视。通过关税的保护,发展本国经济,拓宽产业发展空间,扩大市场占有率,增加就业机会,促进国民财富最大化。现代经济社会,随着财政性关税削弱,保护性关税的作用正日趋增强,并已成为理论研究和实际操作的主要课题(趋向)之一。

三、关税的调节职能

关税的调节职能,是指通过一定的关税政策和制度,影响企业经济活动,从而使整个社会经济资源得以重新组合的功能。其调节职能主要表现在以下几个方面。

(一)调节供求关系

---

① 沈肇章编著:《关税理论与实务》,暨南大学出版社 2000 年版,第 33 页。

价格是资源配置的基本方式,在市场经济的条件下,商品价格的高低变动趋势对商品的供求关系会产生重要的影响。关税作为进口商品价格的主要组成部分,其税额增减变化直接影响到商品价格的大幅度波动,进而影响市场商品的供求关系。

一般情况下,国内市场商品价格发生波动,通过关税对进出口商品流通的干预,调节供求关系,稳定市场物价,满足生产和生活的需要,促进本国经济的发展。

（二）调节经济结构

一国经济结构是由不同产品、不同行业、不同产业、不同经济部门、不同组织形式企业的合理组合。关税不可能也无法决定经济结构,但通过运用关税征收与减免的政策性差别待遇、运用税目税率中的差别比例税率,可以影响产品、企业或行业的成本、利润和价格,从而影响经济结构,提升经济运行的质量。

例如,政府可以运用低关税,适时引进国内市场暂时没有的但又是价廉物美的商品,促进本国产品升级换代,提升本国产品的竞争力,改善本国的产品结构。又如,政府可以运用关税减免,适时引进国内暂时无法生产的但又是必需的生产资料、技术及设备,促进本国新兴产业、高科技企业、有潜力的朝阳产业的发展,以提升本国相关产业的竞争能力,改善本国的产业结构。

（三）调节资源配置

市场经济条件下,政府可以通过运用进出口关税调节市场价格,使自然资源和经济资源得到有效和最佳配置。

例如,政府可以运用关税减免,鼓励进口国内稀缺的原材料和矿产资源,以促进本国相关企业生产的发展;还可以运用出口关税严格控制本国稀缺资源的出口,支持以这类稀缺资源为主要原材料的本国生产企业的发展。

（四）调整贸易格局

贸易格局即指一国进出口商品的结构及其比例关系。进出口商品包括农产品、初级产品、工业制成品、高科技产品以及过渡性产品、替代产品。发展中国家一般是以农产品或初级产品出口,换回工业制成品的进口,其目标是发展本国经济;发达国家则以出口工业制成品,换回农产品或初级产品的进口,其目标是追逐利润最大化。贸易格局为强者恒强,弱者永弱,因为工业制成品与农产品或初级产品交换比价差距太大,农产品和初级产品的市场价格远低于工业制成品。因此,应通过进出口关税适当限制工业制成品进口,增加本国替代工业品的生产，鼓励本国企业产品升级换代，扶植本国工业制成品出口，以达到调整贸易格局发展本国经济的目标。

（五）调节收入分配

关税具有通过影响商品价格，调节社会成员收入分配格局的功能。

世界各国一般都对进口非生活必需品特别是奢侈品课以较高的关税，以调节社会贫富不均现象；反之，为满足人们的基本生活需求，对进口有关国计民生的物品和生活必需品则采取较低的关税，直至免征关税。

通过关税调节高收入者的可支配收入，有利于改变个人分配结构，缩小高收入者与低收入者之间的收入差距，充分发挥关税的再分配作用。

另外，关税的调节功能也有效地限制了对奢侈品的无度消费，有利于引导全社会的理性消费，提高全民族的综合消费水平。

第三章

关 税 政 策

第一节 关税政策的基本形式

关税政策是一国政府在一定的时期内,根据本国政治、经济、外贸和产业政策等,以及有关国际条约、协定的要求,运用关税达到预期目的而制定的行为准则。因此,关税政策是一国社会政策、政治政策和经济政策在对外贸易活动中的集中体现。

关税政策决定着一国关税职能取向和关税制度特征,关税政策是国家对外贸易政策的组成部分,也是国家宏观经济政策的重要内容。

由此,关税政策既是国家调控宏观经济的一个手段,也是国家干预外贸经济活动的一个有效措施。

一国的关税政策是在一定的大政方针指导下实行的,是为国家最高利益服务的。关税政策运用关税手段,通过对进出口货物征税,在组织财政收入、发展国民经济、稳定社会秩序、提高人民生活、调整国际关系等方面达到预期的目的。

关税是一个历史范畴,也是一个经济范畴。一个国家的关税政策是由这个国家的社会制度、经济制度、生产力发展状况、自然资源、统治阶级利益、国际贸易实力对比以及在国际关系中的地位等因素而决定的。因此,关税政策不可能是一成不变的,而应根据不同历史时期国家的社会基本要求随时进行必要的调整。

关税政策属于生产关系,属于上层建筑,如同财政政策、经济政策,它必须适应本国生产力的发展,适应本国的经济基础。超前的关税政策和滞后的关税政策，都会滞缓经济繁荣，阻碍生产力发展，激化社会矛盾，给国家带来政治动荡和经济危机。

历史上，通常把关税政策分为财政性关税政策与保护性关税政策。前者以财政关税为主，后者以保护关税为主。但也有按关税的作用，把关税政策分为财政性关税政策、保护性关税政策、自由性关税政策和社会性关税政策等四种形式。但是，无论怎么分类，征收关税总是和增加收入与调节经济联系在一起的，因此，单一目地、单一功能的关税政策是很少见到的。

一、财政性关税政策

财政性关税政策，是指以筹集或增加国家财政收入为主要目的的关税政策，亦即财政关税。自关税诞生以后，在相当长的一段历史时期内，关税都是以增加财政收入为主要目的的。因此，财政性关税在各国关税发展史上都曾居于主导的地位，其收入在国家税收收入中也占有一定的比重。

财政性关税的税率一般都比较低，正是由于低关税才有助外国大宗商品的输入，而大量输入外国商品正是增加关税收入的主要途径。

一般来说，实行财政性关税必须注意两个方面问题：

其一，就进口货物而言，其征税商品必须是消费品和工业原料，同时必须是国内不能生产而且代用品只能依靠进口的商品。那么，进口商品越多，关税收入也就越高。

其二，就出口货物而言，其征税商品必须具有一国独占性或具有高技术、高性能、低价格，在国际市场具有较强竞争力的商品。那么，出口商品越多，关税收入也就越高。

故而，各国开征财政性关税，一般都比较注重研究开征的品目和税率的高低：首先，税目设置多限于大宗输入商品，以增加关税收入的同时降低征收成本；其次，对奢侈品从重征税，对生活必需品从轻征税，以维护税负公平的原则；第三，关税税率水平以不应对正常贸易活动产生不良影响为宜，也就是说以不减少本国所需外国货物输入的程度为原则。

财政关税之所以引起争论，是因为其不具备保护性政策的力度。可是人们对关税的研究从来就没有忽视关税的财政作用。特别是在现代社会，关税的财政作用几乎是每一个主权国家确立其关税政策的基本出发点，完全的非财政关税是不存在的。

据世界银行公布的材料说明，关税在一国政府财政收入中的地位一般取决于该国经济的发展水平，越是经济落后的国家，关税在政府财政收入中所占的比重就越大；反之，越是发达的国家，关税在政府财政收入中所占的比重就越小。这充分说明关税在发展中国家的财政收入中是不能被忽视的。

财政性关税的积极意义在于满足国家的财政需求，但是财政性关税也是有限度的，一旦超过纳税人的负担能力，不仅滞缓社会生产力的发展，阻碍了国际经济的交流，而且会造成政治经济危机，引发社会动荡。因此，不能忽视财政性关税对社会经济发展的不利影响。

同时，财政性关税与保护性关税在内容与形式上都是难以统一的，随着资本主义的发展和现代经济制度的确立，财政性关税的作用也就大大地削弱了，代之而起的是保护贸易政策和保护性关税。

二、保护性关税政策

保护性关税，是以保护本国工农业生产或经济发展为主要目的而课征的关税。保护性关税源于重商主义时代，为防止本国的黄金白银外流，支持本国的工场手工业、商业和航运业的发展，对外国输入货物一律课以高额关税，以限制其进口。

保护性关税的保护对象，因各国经济发展阶段和社会资源不同则有所不同。发达资本主义国家以保护其垄断资本的出口产品为主，尤其是国际市场上竞争激烈的商品；发展中国家则以保护本国民族工业或幼稚工业的发展为主。

保护性关税按其保护方式可以分为普通保护关税和特别保护关税。普通保护关税以保护国内薄弱民族工业或一般幼稚工业为主，其关税税率以限制有竞争性的进口商品输入为标准；特别保护关税是为了达到某一特定目的而实施的，主要用于抗衡和抵消他国的贸易歧视或其他不正当的贸易手段等。

制定保护性关税的一般原则是征收的税额要等于或略高于该商品的国内外差价，即进口商品在征收关税后，使其进口成本等于或略高于本国生产的商品成本，以利本国产品与其竞争和发展。从理论上说，这个本国产品成本应以其社会平均成本为准。但这仅仅是一般原则，仅仅就"一般"而言，否则绝不能采用"等于或略高于"这个词汇。

保护性关税就是一把双刃的宝剑，它的经济作用表现在五个方面：

其一，保护国内薄弱幼稚的民族工业；

其二，增加就业，增加本国的经济收益；

其三，普及本土产品，刺激本国生产，繁荣本国经济；

其四，防止外国商品倾销；

其五，为国际经济交流和国际贸易谈判提供强有力的筹码。

保护性关税的负面影响也是客观存在的：

其一，随着经济一体化，贸易自由化，最佳资源配置不可能仅仅限于一个国家和一个地区，特别是一个小国。人、财、物、自然资源、科学技术的最佳结合原则是激烈排斥保护性关税的。

其二，保护性关税所要保护的自然是生产的低效益和高浪费，所区别的仅仅是本国与外国。如果都是本国生产的，落后的自然要淘汰，还要保护吗？排斥先进和高效益，排斥价廉物美，其结果当然是愚昧和落后。

其三，保护性关税排斥外国产品；对他国来说，则是排斥本国产品。这就是对等法则。你排斥人家，人家就排斥你，相互排斥，很自然地恶化了国际贸易环境。

这就是保护性关税的双重性，理论探讨是一回事，社会实践则是另一回事。

当代社会科学技术突飞猛进，社会经济迅速发展，保护性关税已为各国政府所关注。对进口商品征收较高的关税，有效地保护本国新兴产业、朝阳产业和有发展潜力的高科技产业，使其免遭先进国家制成品的竞争和打击，保护其本国市场的占有率，从而使这些产业能够平稳协调发展，这也是当今世界的不争事实。

在关税政策的保护下，优化资源配置，扶持幼稚产业，强化本土产业，繁荣本国经济，这是目前各国政府的意愿和责任。所以，即便发达国家也没有完全放弃保护性关税政策，那么发展中国家的保护政策更有存在的必要性，并且还将进一步提升和发掘保护性关税的作用。

因此，当前世界各国普遍采用保护性关税政策。

三、自由性关税政策

自由性关税政策是以降税或免税的方式，自然含有政府不加干预之意，用以促进国际贸易发展的关税政策。国际贸易在经济规律的支配下进行，不受关税与非关税壁垒的限制，故又称为自由贸易政策。

自由贸易政策的特点包括：第一，自由贸易符合世界经济一体化发展的要求，只有在自由贸易的前提下，各国资源才能充分利用，才能获得最大经济利益；第二，自由贸易是建立在自由竞争基础上的，本土企业要与外国企业在竞争中获胜，就必须更新改造，提升技术含量，降低成本，促进企业效益最大化；第三，竞争使价格日趋低廉，商品日趋丰富，自由贸易给消费者带来更多的经济利益和社会福利。

自由贸易政策的理论并不能给所有国家，特别是发展中国家带来任何利益。只有发达国家或经济发展水平比较接近，并有着共同利益的国家才能实行该政策。这是实施自由贸易政策的限定范围，越出这一范围，政策就走向极端。自由贸易政策的前提是自由竞争，自由竞争的法则是优胜劣汰，发展中国家和落后国家在这一法则面前是无能为力的。牺牲发展中国家和落后国家利益，牺牲绝大多数人利益的政策，是值得认真斟酌或商榷的。

四、社会性关税政策

社会性关税政策源于德国 19 世纪著名学者瓦格纳的财政理论。他认为，关税的社会政策表现在一方面，对生活必需品的输入课以轻税或者免税，以确保人民的基本生活需要，确保社会秩序的稳定；另一方面，对高档奢侈品的输入课以重税，以调节社会的贫富差距。

关税的社会政策着重对社会收入进行再分配，调节国民收入的分配格局，以减轻消费者的负担，有效抑制贫富差距，为经济发展创造一个良好的社会环境。这是关税社会政策的基本特点。

第二节 保护关税政策

关税政策决定着一国关税职能取向和关税制度特征。关税政策是国家对外贸易政策的组成部分，也是国家宏观经济政策的重要内容。

从资本主义生产方式建立以来，保护关税政策的作用就被发现和重视起来，逐渐成为各国贸易保护主义的重要手段。保护关税政策是国际贸易政策中最古老的，也是当今世界各国对外贸易政策中最基本的政策。

一、保护关税政策的形成

关税是一个国际公认的经济保护手段，利用关税提高进口商品的成本，既削弱它与进口国同类商品的竞争力，达到保护本国幼稚产业或新兴产业的生存与发展的目的，同时又提高或维持了本国同类产品的市场价格，调动本国产品生产的积极性，对扶植或促进本国生产起到保护作用，从而最终实现保护本国出口产品的生产，保护本国人民的就业，推动本国经济的发展的目标。

早期重商主义最早发现关税具有保护本国生产和市场的作用，也是最早有目的地对外国进口商品设置高额关税，发展本国经济，积累金银财富的。

欧洲资本主义生产方式萌芽时期，由于工场手工业的发展，劳动生产率的提高，直接推动了海外贸易的发展，关税也为国家带来了大量的财政收入。但是地理大发现却使西方列强为争夺和剥削海外殖民地，纷纷将关税用作保障和维护自身利益的手段。

产业革命后，资本主义生产方式得以确立，社会生产力的极大提高和国际贸易的迅速发展，使保护性关税政策在发达资本主义国家盛行起来。

"保护关税制度是制造工厂主，剥夺独立劳动者，使民的生产资料和生活资料变成资本、强行缩短从旧生产方式向现代生产方式的过渡的一种人为手段。"[1]

恩格斯指出："现代工业体系即依靠用蒸汽发动的机器生产，就是在保护关税制度的卵翼之下，于18世纪最后三十多年中在英国发展起来的。"[2]

这时关税不仅成为殖民地体系的基本保障条件，成为列强占领市场和掠夺殖民地国家的重要工具，同时西方列强也利用关税手段，极力保护和扩大自己的势力范围，谋求占领更多的海外市场和原料产地。保护性关税政策得以在全世界确立。

马克思认为："保护关税制度把一个国家的资本武装起来和别国的资本作斗争，加强一个国家的资本反对外国资本的力量"[3]。恩格斯也认为："这种保护关税本身，只不过是最后的、全面的、决定世界市场霸权的工业战争的准备。"[4]

二、保护关税政策的发展

由于国际贸易的迅速发展和各国经济条件的差异，各国越来越重视运用关

---

[1] 马克思：《资本论》第1卷，《马克思恩格斯全集》第23卷，人民出版社1958年版，第825页。
[2] 恩格斯：《保护关税制度和自由贸易》，《马克思恩格斯全集》第21卷，人民出版社1958年版，第414页。
[3] 《马克思恩格斯全集》第4卷，人民出版社1958年版，第284页。
[4] 《马克思恩格斯全集》第4卷，人民出版社1958年版，第544页。

税来维护本国的经济利益，关税的保护性功能不断得到强化，并成为国家经济政策中的一个主要组成部分。

保护关税政策是随着资本主义生产方式的萌芽、确立而发展的。

"如果谈到关税，那就连英国国内也承认，德国和法国的工厂制造出来的几乎所有的下等商品都比英国的好而且便宜，在其他许多商品的生产方面，英国也落后于大陆。一旦取消了保护关税制度，所有这些商品就会立刻充斥整个英国，而英国工业就会因此受到致命打击。"[1]

"法国在将近两百年中，在自己的工业的周围筑起了一道保护关税和禁止性关税的真正的万里长城，并且在一切奢侈品和工艺品的生产方面达到了甚至连英国也不敢不服气的优越地位。"[2]

"在德国尤其需要这样一套保护关税制度，因为那里的工场手工业已经奄奄一息了。如果不规定出一套完整的保护关税办法，工场手工业就经不住英国机器的竞争，而所有到现在为止还靠工场手工业谋生的那些资产者、小资产者、工人也都要遭殃。"[3]

对于美国的保护关税制度，恩格斯肯定地指出："有一个国家，在那里，实行一个短时期的保护关税政策，不仅是正当的，而且是绝对必要的，这就是美国。……这样一个国家，经过20年左右的短期的保护关税政策，就能使它的工业马上达到任何一个竞争者的水平，那么能否设想它会让自己年轻的正在成长的工业去同早就建立的英国工业进行长期的持久的竞争呢？"[4]

保护关税政策随着资本主义发展，不仅逐渐发展完善，而且在历史上曾掀起两次高潮。第一次在19世纪末资本主义进入垄断时期，为了争夺海外市场和转嫁经济危机，各国都制定了税率极高的保护关税壁垒，形成了保护关税政策的一次高潮。第二次是在资本主义世界的经济大危机时期，各国为了维持本国生产和就业，纷纷采取了各种保护贸易手段，特别是运用高关税壁垒限制外国货物进口，继而又一次形成了保护关税政策的高潮。

---

[1] 恩格斯：《国内危机》（1842年11月30日），《马克思恩格斯全集》第1卷，人民出版社1958年版，第548—549页。

[2] 恩格斯：《保护关税制度和自由贸易》（1888年7月），《马克思恩格斯全集》第21卷，人民出版社1958年版，第417页。

[3] 恩格斯：《德国的制宪问题》（1847年3—4月），《马克思恩格斯全集》第4卷，人民出版社1958年版，第61页。

[4] 恩格斯：《德国的革命与反革命》，《马克思恩格斯选集》第1卷，人民出版社1972年版，第508页。

现代社会，保护性关税的作用在发达国家仍然受到普遍的重视。目前，西方发达国家虽然在口头上鼓吹贸易自由化，但它们仍然没有放弃运用关税作为保护本国经济发展的手段。对于发达国家来说，它们正面临着新兴的工业国强有力的挑战，运用关税政策主要是保护本国原有的产业或已经衰落的企业，不至于因为外国商品的竞争而受损或倒闭。

也因此，保护性关税对于发展中国家来说，其保护作用更是十分重要的。许多发展中国家在殖民地、半殖民地时期，都由于丧失关税自主权，遭到帝国主义国家残酷的经济掠夺。所以，这些国家取得政治上的独立以后，都十分重视运用关税的保护功能，保护民族工业的恢复与发展。

恩格斯认为："任何一个民族，如果被剥夺了工业，从而沦为单纯是庄稼汉的集合体，都是不能和其他民族在文明上并驾齐驱的。"[1]"要建立这样一个工业体系就需要有一套完善的、适用于一切受到外国竞争威胁的部门而且经常随着工业状况而改变自己形式的保护关税制度。"[2]

马克思认为："保护关税制度不过是为了在某个国家建立大工业的手段。"[3]

显然，在发展中国家的工业基础十分薄弱的条件下，要建立起独立完整的工业体系，推动本国经济的发展，增强本国产品的竞争力，必须重视保护性关税政策，这一政策"不仅是正当的，而且是绝对必要的"，这是发展中国家保护本国经济发展的手段，是不可忽视的国际经济斗争的强大武器。

三、保护关税政策的转型

20 世纪 60 年代以来，在新技术革命的推动下，经济全球化、贸易自由化浪潮波及世界各国，国际经济交往迅速扩大，经济的国际化趋势更加明显。欧美主要发达国家经济迅速发展，并积极地向海外扩张，在世界范围内进行了激烈的，以占领市场、占有资源为主要特征的大规模的垄断竞争活动，他们所拥有的雄厚的经济实力是其竞争的基点。

---

[1] 恩格斯：《对法国的通商条约》（1881 年 6 月 18 日），《马克思恩格斯全集》第 319 卷，人民出版社 1958 年版，第 290 页。

[2] 恩格斯：《德国的制宪问题》（1847 年 3—4 月），《马克思恩格斯全集》第 4 卷，人民出版社 1958 年版，第 61 页。

[3] 马克思：《关于自由贸易的演说》，《马克思恩格斯全集》第 4 卷，人民出版社 1958 年版，第 458—459 页。

与此同时，20世纪50—60年代取得了独立的大量的前殖民地、半殖民地国家和附属国努力促进本国经济的发展，国家的经济实力不断加强。随着经济的发展，这些后进的国家不仅逐步摆脱了原宗主国对本国经济的控制，而且成为欧美发达国家的强劲的竞争对手。国际市场竞争更加激烈、更加残酷，手段更加诡秘、更加隐蔽，情况更加复杂、更加多变。各国除了实行关税保护外，还实行了一系列的非关税贸易保护措施，如配额制、许可证制、外汇管制、商品倾销等，这些措施进一步加深了国际间的贸易摩擦。

正是由于各国高筑的关税壁垒和非关税壁垒限制了国际经济交流和贸易往来，成为世界经济发展的主要障碍，第二次世界大战以后，旨在协调各国贸易关系和关税事务的关税同盟和关税条约应运而生，而最突出的、最具代表性的就是1948年成立"关税及贸易总协定"。关贸总协定的宗旨是改善国际贸易环境，协调各国的贸易关系，各缔约国在互惠的条件下互相减让关税。1995年关贸总协定发展成为"世界贸易组织"。

目前，保护关税政策已转变为开放型保护关税政策，即在WTO框架下，通过双边、多边谈判来协调、制约各国的关税政策。

第二节 关税壁垒与非关税壁垒

关税壁垒与非关税壁垒是贸易保护主义的主要形式与政策标准，是国际经贸中的主要手段。它与WTO的宗旨、精神与原则是背道而驰、格格不入的，但它又是当今世界经济交流中不可忽视的重大问题。

一、关税壁垒

关税壁垒，是指一国通过提高进口关税的办法限制和阻止外国商品输入本国关境的措施。实施关税壁垒的目的，是为了最大限度地削弱外国商品的竞争能力，用高额进口关税将外国商品和货物阻挡在境外，从而保护本国商品在本国市场的竞争优势。

采用高额关税如同砌起高墙把国内市场保护起来，故称关税壁垒。

自出现国际贸易以来，贸易保护主义和贸易自由主义就一直进行论战和斗争。

资本主义初期，一些国家就曾以高额关税阻止外国货物的输入，以求本国经济的振兴和发展。在资本主义迅速发展时期，发达国家更是采用了贸易保护政策，实行高关税壁垒，以维持对本国市场的垄断。第二次世界大战后，随着生产力社会化和国际分工的深入发展，以及发展中国家经济的崛起，贸易自由主义开始抬头。然而到了20世纪70年代，资本主义国家的"经济滞胀"，促使新的贸易保护主义再度流行，关税壁垒又广泛为一些国家所采用。所以，关税壁垒是资本主义经济发展的产物。

确定一个国家是否实行了关税壁垒政策，或者说一国采用关税壁垒措施对本国经济的保护程度，通常是采用关税水平和关税保护率来衡量的。

（一）关税水平

关税水平是指一个国家进口关税的平均税率，可以用于衡量征收关税对经济整体的保护程度。一般地说，如果平均税率在20%—30%之间，则就有明显的关税保护特征，如果超过30%则可认定是实行了关税壁垒政策。关税水平的计算方法有两种：简单算术平均法和加权算术平均法。

1. 简单算术平均法。是以一国税则中全部税目的税率之和除以税目总数，以求出税率的平均值来表示关税水平。其计算公式如下：

$$关税水平 = \frac{税则中所有的税率之和}{税则中所有税目之和} \times 100\%$$

这种方法计算比较简便，但是它掩盖了相当多的低税率进口商品分担少数高税率进口商品的税负这一重要现实。也就是说，一国可能对其需要大量进口的商品采用很低的税率，而对影响该国经济发展基本方向的进口商品采用高税率，其计算结果显然是不合理的，也是不科学的。因此，大多数国家确定关税水平一般都采用加权算术平均法。

2. 加权算术平均法。是以一国一定时期内进口商品关税收入总额，除以进口商品价值总额，以求出税率的平均值来表示关税水平。其计算公式如下：

$$关税水平 = \frac{进口商品关税收入总额}{进口商品价值总额} \times 100\%$$

进口商品价值总额 = Σ（各种商品进口完税价格×进口数量）

进口商品关税收入总额 = Σ（进口商品价值总额×进口关税税率）

由于加权算术平均法是以各种商品的进口总值作为总数，进口数额大或进口完税价格高的商品所占的比重也较大，因此有效地解决了简单算术平均法的不足，关税水平越高，说明关税壁垒程度越大，能够更加准确地反映一国的关税水平。

关税水平不仅可以比较各国关税的高低,还可以在一定意义上表明贸易保护程度和关税壁垒程度。

(二)关税保护率

关税保护率是用于衡量关税对某种商品或某个行业的保护程度。西方经济学家根据对保护关税的研究,提出关税保护率有名义保护率和有效保护率之分。

1. 名义保护率。是指由于实行关税保护引起的某种商品国内市场价格超过国际市场价格的部分,占国际市场价格的百分比。这个百分比越大,保护程度越高,关税壁垒的作用也越强,这就体现了关税从商品市场销售价格方面提供的保护程度。其计算公式如下:

$$NRP = (P' - P) \div P \times 100\%$$

NRP——关税保护率

P'——商品的国内市场价格

P——商品的国际市场价格

现实经济生活中,影响进口商品国内外市场价格差的因素很多,除关税外,还有诸如供求弹性、外汇汇率、消费需求结构等等。然而,在关税理论研究中,通常假定关税是惟一的保护措施,而忽略其他因素。因此,一国关税税则中某种商品的法定进口税率,就往往被视为该商品的名义保护率。

2. 有效保护率。随着经济全球化的发展,名义保护税率的重大缺陷就凸显出来。因为名义保护率能够比较准确地反映关税保护程度的前提,是商品的生产过程完全发生在一个国家内,进口商品都是直接进入消费的最终产品。显然这一前提条件与现代经济一体化、贸易自由化状况是有很大差别的。

现代科学技术的迅猛发展,以及在生产领域的运用,使各国的生产结构发生了重大变化。国际经济的相互交流、相互依赖、相互分工与互补合作,逐步形成了世界范围内的横向专业化分工生产格局,致使中间产品的贸易量不断扩大,并成为国际贸易商品的主要部分。在这种情况下,一个与进口商品相竞争的行业,不仅受到对进口商品所征收的关税的影响,同时也受到对其所使用的进口原材料、零部件征收关税的影响。

显然,名义保护率不足以说明关税保护的真实程度,有效保护率就油然而生了。

有效保护率也称实际保护率,它表明关税的保护作用和保护程度。一个行业或者一个部门的有效保护率就是征收关税以后,该行业或者该部门单位产品价值的增加程度，又称增加值（增加率），这个值是最终产品的价值减去原材料和中间产品的价值的余额。

换句话说，有效保护率是指一个国家对某个行业的关税保护是否有效，不仅要看该行业最终产品受到保护的水平，而且还要看该行业的进口中间产品是否也受到了保护。

关税的有效保护率的计算公式如下：

ERP = (V – V') ÷ V × 100%

ERP——有效保护率

V'——征收关税前单位产品的附加值

V——征收关税后单位产品的附加值

假定征收关税前电脑的国内市场价格为 5000 元，其中 2500 元是进口电脑零部件的价格，另外 2500 元是国内加工电脑所增加的价值。如果对电脑征收 20% 的进口关税，对进口电脑零部件免税，这里暂不考虑影响电脑价格的其他因素，则电脑的市场价格上升为 6000 元，国内加工电脑的增加值相应上升到 3500 元（即 6000 – 2500），这时关税对电脑的有效保护率为：ERP = 〔(3500 – 2500) ÷ 3500〕× 100% = 28.57%。

在国际经济秩序尚处在不公正、不平等的时候，发展中国家不得不运用关税壁垒来保护和发展本国经济，当然所有的国家都有义务促使经济秩序向着公平的方向发展。

但是，无论怎么说，关税壁垒无疑是生产力发展的人为障碍，它阻碍了国与国之间的经济贸易往来，阻碍了生产力要素的科学结合和现代科学技术在世界经济中的运用，因此关税壁垒将会自然地消亡。

二、非关税壁垒

非关税壁垒是指政府采取的除关税以外的各种直接、间接限制外国商品和货物进口的法律和行政措施的总称。

第二次世界大战后，各国在"关税壁垒"问题上已形成共识，即关税壁垒是限制外国商品和货物输入本国的重要措施，但在更多情况下会引起其他国家的报复。特别是《关税与贸易总协定》签订后，经过多轮谈判，关税税率日益降低，如果继续采用高额关税，显然与关贸总协定所倡导精神相违背，结果会孤立自己，阻碍本国经贸发展。

非关税壁垒措施往往隐藏在政府的行政措施中，有时难以确定其实际影响,也难以通过谈判完全消除,因此它对限制进口商品的作用是较大的。因而各国都不同程度地采用非关税壁垒措施,使非关税壁垒手段得到了迅速的发展,这是战后贸易保护主义盛行的最主要特点。目前,《关税与贸易总协定》统计的非关税壁垒措施达1000多种,基本上可以划分为两大类。

(一)直接限制措施

直接限制措施是指进口国海关直接对进口商品的数量、品种和金额加以限制的措施,主要有以下几种方式。

1. 进口配额制。又称进口限额,即一国政府在一定的时间内对某些进口商品在数量、品种或金额上加以限制,在配额之内的准予进口,超过配额的不准输入或需缴纳高额关税后才能输入。

进口配额又分为单方面配额、多边配额和关税配额三种。

(1)单方面配额是进口国对某种商品和货物的进口额规定最高数量限制或一定金额限制。这些进口配额可以按国别地区分配,称为国别配额;也可以按每个进口商分配,以照顾垄断商的利益,称为进口商配额;如果进口商品配额不分国别地区或进口商,则称为全球配额。

(2)多边配额又称为"协商配额",由出口国家和进口国家或地区举行谈判而达成商品配额协议。

(3)关税配额是对进口商品和货物的绝对数额不加以限制,而在一定时期内,对在规定配额以内的进口商品,给予免税或低税,对于超过配额的进口商品,则征收高额的进口关税。关税配额也分为国别关税配额和全球性关税配额。

关税配额与其他配额不同之处在于:其他配额规定一个最高限额,超过这个限额,进口商不得进口;而关税配额在额度之内可享受免税或低税,超过额度,仍然可以进口,但对超过部分征收高关税。

2. "自动"出口配额制。是指出口国政府在进口国政府的压力下,被迫在一定时期和一定的配额内,"自动"限制本国商品的出口数量。

"自动"出口配额制实际上并不是出口国自动实行的,它往往是被迫的,出口国处于被动地位,带有很大的强制性。

"自动"出口配额制又分为两种形式,其一是出口国政府单方面决定的出口配额;其二是出口国和进口国通过谈判规定的自动出口配额。

3. 进口许可证。是指一国的进口商品必须要事先向政府主管部门申请领取进口许可证,否则不准进口。进口许可证的分类有以下两种。

（1）进口许可证按是否规定限额可以分为：

定额许可证，在预先规定的进口商品限额内，根据进口商的每笔申请签发给进口商的进口许可证。

无定额许可证，没有限额限制，进口商持有该种进口许可证可以连续地、不定量地从事进口业务活动。

（2）进口许可证按许可程度可以分为：

一般公开许可证，对进口国别和地区没有限制，进口国往往1年公布一次，进口商如果申请，一般均可得到。

特殊许可证，一般只适用某些特殊商品的进口，其管制也比公开许可证更严，进口商必须向政府提出特别申请，经审核后才可签发，而且指定进口国别和地区。

（二）间接限制措施

间接限制措施是指进口国对进口商品制定各种严格的标准或条例，间接地限制商品进口的措施，主要有以下几种方式：

1. 外汇管制。外汇管制又称为外汇管理，是一国政府为维护本国经济发展，稳定金融市场，对外汇的收、支、存、兑所采取的限制性政策措施。

在外汇管制条件下，国家外汇管理机构可以直接限制和分配外汇买卖的数量，同时规定出口商必须把出口所得的外汇按官方汇率卖给国家外汇管理机构，进口商必须向外汇管理机构申请，按官方汇率购买外汇，才能进口商品。政府则通过管制外汇，达到控制进出口贸易的目的。

2. 最低限价。是指进口国对某一进口商品规定一个最低价格，如果进口商品价格低于这个限价就不准进口，或必须缴纳进口附加税后才准予进口，附加税额通常是进口价格与最低限价的差额。

3. 进口押金制。进口押金制又称进口存款制，是指进口商在进口商品时必须向指定银行交纳一定金额的押金，作为无息存款。这主要在于加重进口商的负担，从而可以起到限制进口的作用。

4. 歧视性的政府采购政策。是指国家通过法律法令的形式，规定政府机构在采购物品时要优先购买本国产品，从而限制外国货物的进口。

5. 复杂的海关估价制度。在关税税率一定的情况下，进口关税的应纳税额多少，取决于海关估定的进口商品完税价格的高低。但是海关估价往往模糊不清，各国海关就有了相机行事的权力，成为政府干预国际贸易的有力工具，致使海关估价制度变成了一种非关税壁垒措施。

6. 繁琐苛刻的技术标准、卫生检疫规定。制定技术标准和卫生检疫制度是为了维护国内社会的整体利益。但以此作为贸易的障碍时，这些技术标准和卫生检疫规定就会变得相当的繁琐苛刻，令人望而生畏，不仅阻止了外国商品进口，而且出口商也会拒绝向该国出口商品，使其成为限制国外商品输入的重要手段。

7. 商品包装和标签规定。较多的国家为了限制外国商品进口，制定了一系列内容繁杂、手续麻烦的包装和标签规定，这样必然增加进口商品的成本，削弱其竞争能力，影响商品的销路。这是限制商品进口的又一手段。

（三）非关税壁垒的特点与发展趋势

就贸易保护来说，非关税壁垒与关税壁垒相比具有很多特点：

1. 非关税壁垒具有较大的灵活性和针对性。无需通过立法程序，也不受国际协定的约束，随时随地可针对某一国的某一商品制定相应的限制措施。

2. 非关税壁垒的保护作用更加稳定。由于汇率变动的影响会降低关税的保护作用，而非关税壁垒措施与汇率变化不存在任何联系，也不受市场机制的控制。

3. 非关税壁垒措施具有更深的隐蔽性。采用关税壁垒措施容易招致他国报复，并受国际组织和有关条约的约束和监督；而非关税壁垒措施往往是借用某种借口，无需采取公开对抗方式就能达到目的，因而更具隐藏性和歧视性。

然而，非关税壁垒对国际贸易的消极影响是十分明显的，它恶化了国际贸易环境，抑制了国际贸易的发展，增加了各国之间的贸易摩擦。

《关税和贸易总协定》第七轮"东京回合"的谈判，把限制非关税壁垒措施作为主要谈判议题，并取得了重大进展。随着经济一体化、贸易自由化的深入发展，无论关税壁垒还是非关税壁垒都无法阻止世界贸易前进的趋势，但是，目前不妨慎重研究和探讨，因为这是国家和人民利益的需要，谁也无法回避这个问题。

第四章

关 税 税 则

第一节 关税税则概述

一、关税税则的概念

关税税则是根据国家的关税政策和经济政策，通过一定的国家立法程序制定及公布实施的，并按照一定的商品分类目录序列排列的税率表。它是关税制度的重要组成部分，是海关征收关税的法定依据，也是一个国家关税政策的具体体现。

关税税则一般由商品分类目录和税率表两部分组成，前者包括税号和税目，"税号"是商品分类的编号，"税目"是对商品分门别类的科学排列；后者就是税率表。

目前，世界上大多数国家关税税则广为采用的商品分类目录，即《商品列名及编码协调制度》的分类方法为：商品一般按生产部类分成大类，然后再按加工程序、商品的自然属性、用途等分成章和目。

税则中的目就称为税目，税目前面设税号，后面设税率；如税目界定的商品范围较大，就在其下设子目，子目前面设子目号，后面设税率；凡是设有子目的税目是不设税率的，实际使用的是设税率的税目和子目。

税则中各种不同税率之间的高低幅度之差称为"级差"，每一个级差就是一个税级。在税则中，一个商品可以设一个税率（即一栏式税率），也可以设两个税率（即两栏式税率），更可以设两栏以上税率（即多栏式税率）。

税则中税率级差大小、栏式多少，基本反映一个国家的关税政策。

二、关税税则的分类

资本主义生产关系确立之前,由于生产力水平低下,社会经济发展缓慢,海上贸易一般都是物物交换的易货贸易,关税税则都采用一栏式的单式税则,并由各国自主制定。随着垄断资本主义的萌芽,国际贸易的迅速增加,经济全球化趋势日益扩大,各国之间的政治、经济、文化交流迅速加强,关税税则逐渐地由自主税则、单式税则向协定税则、复式税则循序发展。

(一) 单式税则与复式税则

1. 单式税则。即指对一个税目只规定一个税率,对来源于不同国家的货物实施没有差别待遇的关税税则,都按同一税率征税。

单式税则制度比较简单和直观,适用于实行自由贸易政策的国家,其主要目的是为了取得财政收入,课税品目少,税率也不高,不分远近,一视同仁。故单式税则制度不宜实行保护主义政策,既无法体现区别对待的原则,也难以贯彻国家的对外经济政策,目前仅有为数不多的国家仍在使用单式税则。

2. 复式税则。又称为多栏式税则,即指对一个税目同时设置两个或两个以上的税率,对来源于不同国家的货物实行差别待遇的关税税则。

复式税则中的税率可以是两栏的,也可以是多栏的(三至五栏)。两栏式税率通常分为普通税率和优惠税率,前者适用于与本国没有签订贸易互利协定或条约的国家;后者适用于与本国订有贸易互利协定或条约的国家。

实行多栏式税率的国家,其主要目的是为了争夺国际市场,垄断国内市场,不同税率分别适用于不同的国家和贸易集团。

一般来说,对同一税目所设置的税率栏次越多,税则的灵活性和区别对待特性就越强;然而,税率栏次越多,税则的歧视性就越强,最终会影响本国经济的发展。

(二) 自主税则与协定税则

1. 自主税则。又称固定税则,是一国政府根据本国财政经济和社会发展状况自主制定的税则,有利于贯彻实施本国的贸易政策和关税政策。

自主税则的最大特征是税则制定权完全掌握在本国政府手中,无需与他国政府协商,也不受他国的约束,这是主权国家的意志体现。但随着国际经贸事业的发展,跨国经济交流的加强,政府在制定关税税则时就必须考虑到缔约国、协定国、友好国的利益,通过协商谈判确定税率。

自主税则可以采用单一税率,也可以采用两栏或多栏税率。我国目前就是采用两栏式税率的自主税则。

2. 协定税则。这是由本国政府与他国协商制定的税则。它不是由一国政府凭单方意愿制定的，其税则的制定与修改必须受到本国政府与他国缔结的贸易协定或条约的约束。

协定税则中所涉及的商品品目多限在一定的范围之内，所以，这种税则都采用两栏式或多栏式税率，其中较高的一栏为本国自主制定的普通税率，适用于那些与本国没有签订贸易协定或条约的国家；另外一栏为协定税率，适用于与本国缔结贸易协定或条约的国家。

协定税率理论上是由协定双方或多方在平等互利的基础上，通过协商而制定的税率。但在某些时候，则是强权政治的产物，殖民地与半殖民地国家或许都有例证。

根据协定方式，协定税则又可以分为双边协定税则、多边协定税则和片面协定税则。

1. 双边协定税则。这是两个主权国家为促进相互之间贸易的共同发展，通过协商制定的关税税则。

2. 多边协定税则。这是指两个以上的主权国家为促进各自贸易的发展，经过协商谈判，相互降低税率的关税税则。"关税与贸易总协定"就是多边协定税则的典范。

3. 片面协定税则。又称为不自主的协定税则，它是指一国单方面对他国的输入商品降低税率，提供方便，而他国不以同等条件作为回报的关税税则。片面协定税则是强权政治的产物，是缔约一方强迫另一方执行的不平等税则，是一种掠夺和抢劫式的税则。

第二节 商品分类目录

一、国际"商品分类目录"的发展

早年的商品分类目录特别简单，就是按照货物的自然属性、用途以及使用性能等来划分，分类比较粗糙，但对早期的海上贸易还能管用。

随着贸易的扩大，关税税则中的商品分类目录就有必要协调解决了。

初始的关税税则中的商品分类目录，一般都由各国政府根据自己的价值观念、征税需要和对商品的分类习惯制定。由于各国对商品的名称、定义、用途甚至使用方法存在较大的差异，对商品的分类标准更是歧义纷繁，这显然给国际经济交流、各国之间的贸易和关税谈判带来了诸多不便。此外，由于资本主义生产力的高速发展，国民经济日新月异，商品种类日益繁多，新产品层出不穷，分类标准也越来越细；再者，必需品、非必需品和奢侈品，优惠税率的产品与普通税率的产品必须明确划分范围。这些都促使国际间尽快寻求统一关税税则的商品分类目录。

1853 年布鲁塞尔国际统计会议、1913 年布鲁塞尔第二次国际商务统计会议都制定或签署过"商品分类目录"，但都没有成功。

1927 年国际联盟召开的世纪经济会议上又提出这一问题，并于 1931 年正式制定了国际联盟海关税则统一目录，该目录后来被称为日内瓦统一税则目录，它曾被一些国家采用，但没有被普及推广。

1948 年，欧洲海关同盟在日内瓦统一税则目录的基础上，编制出布鲁塞尔税则目录（简称 BTN），于 1959 年正式生效。1976 年该目录改称《海关合作理事会税则分类目录》（简称 CCCN）。到 1986 年，世界上已有 150 多个国家采用了这个目录，我国 1985 年修订的第二部《进出口关税税则》，就采用了这种商品分类目录。

该目录对商品的分类原则是，按照商品的原属性，结合加工程度和用途以及工业部门来划分。按照先农业产品后工业产品，先原料后成品，先简单加工后复杂加工，先具体后一般的顺序排列。将商品分为 21 个大类、99 章、1001 个项目。

该目录的优点是：第一，对任何商品都可以比较方便地确定其适当的税则项目；第二，类、章、税目的排列有规律可循，并附有类注和章注等说明，税目范围比较明确；第三，对使用该目录的国家，可以取得一致性和比较性，这有利于国际经济交往；第四，与联合国国际贸易标准分类目录可以相互参照。

但该目录的最明显缺陷是，设计时只为海关的征税需要服务，不能同时满足其他部门，如统计、贸易、运输、生产厂商及进出口商。而且，CCCN 在一些大国，如美国、加拿大和前苏联等都未被采用。

为此，海关合作理事会为建立一个同时能满足各方面需要的《商品列名及编码协调制度》目录，以利于国际贸易的开展，于 1970 年成立了"协调制度"委员会和各国代表团组成的工作团，负责这项工作。共有 60 个国家和联合国经贸发组织、国际标准化组织、国际商会、国际航运协会、国际航空协会、铁路国际运输组织等 25 个国际性组织派代表参加了工作团。1983 年海关合作理事会通过"协调制度公约",提供各国签署,并在与其他一些国际组织商讨和协调的基础上,于 1985 年编制完成了新的商品分类目录,即《商品名称及编码协调制度》(H.S)。

按该公约规定,所有缔约国家自公约生效之日起,要保证全部采用《协调制度》,并遵守其编号顺序;全部采用它的税目,包括子目,不做任何增添和删改;全部采用它的归类总规则,以及类、章、目的注释,对其分类的范围不做任何更改。但各国可以在其子目项下,加列更加具体的二级子目。至于发展中国家由于行政管理能力不足等原因,可以有 5 年的宽限期。

二、《商品名称及编码协调制度》

《商品名称及编码协调制度》,简称《协调制度》。它是国际 60 多个国家、25 个国际性组织共同协商研究的产物,能适用于国际贸易有关各个方面的需要,是目前国际贸易商品分类的一种"通用语言"。

《协调制度》具有完整、系统、通用和准确的四大优点:

完整,是指它将目前国际贸易所有品种全部分类列出,并且使目前无法预计的新产品,将来也可以在这个分类体系所设置"其他"项目中找到适当的位置。

系统,是指其分类原则既遵循人们所熟悉的生产部类、自然属性和不同用途来分类排列,又考虑到了商业习惯和实际操作的可行性,特别是把一些难以分类的商品专列项目,因而易于归类,便于查找。

通用,是指它不仅适合于海关税则,也适合于统计、贸易、运输、生产厂商以及进出口商等各方面的需要。

准确,是指各税目都有明确说明,为了使各税目或子目之间界限分明,不发生交叉归类的情况,还附有归类总规则、类注、章注、子目注释和一系列的辅助刊物加以说明,使税目范围更加准确无误。

《协调制度》将进出口货物共分为 21 类,97 章,6255 个税目,并包括归类总规则、类注释、章注释、目和子目注释,以及商品子目索引等,其中第 77 章是空白保留章,以备将来税则的发展所用。其税则号列由 4 位数码表示,前两位数字表示税目所在的章,后两位数字表示税目在有关章中的位置。4 位数号列的税目共有 1241 个,其中 930 个税目被划分为 3246 个一级子目,用 5 位数码表示。在这些一级子目中,又有 1108 个被进一步划分为 2258 个二级子目,用6位数码表示。

全部进出口应税21类商品分别是:

第1类:活动物;动物产品。

第2类:植物产品。

第3类:动植物油、脂及其分解产品;精制的食用油脂;动、植物蜡。

第4类:食品、饮料、酒及醋;烟草及烟草代用品的制品。

第5类:矿产品。

第6类:化学工业及相关工业的产品。

第7类:塑料及其制品;橡胶及其制品。

第8类:生皮、皮革、毛皮及其制品;鞍具及挽具;旅行用品、手提包及类似容器;动物肠线(蚕胶丝除外)制品。

第9类:木及木制品;木炭;软木及软木制品;稻草、秸杆、针茅或其他编结材料制品;篮筐及柳条编制品。

第10类:木浆及其他纤维素浆;纸及纸板的废碎品;纸、纸板及其他制品。

第11类:纺织原料及纺织制品。

第12类:鞋、帽、伞、杖、鞭及其零件;已加工的羽毛及其制品;人造花;人造制品。

第13类:石料、石膏、水泥、石棉、云母及类似材料的制品;陶瓷产品;玻璃及其制品。

第14类:天然或养殖珍珠、宝石或半宝石、贵金属、包贵金属及其制品;仿首饰;硬币。

第15类:贱金属及其制品。

第16类:机器、机械器具、电气设备及其零件;录音机及放声机,电视图像、声音的录制和重放设备及其零件、附件。

第17类:车辆、航空器、船舶及有关运输设备。

第18类:光学、照相、电影、计量、检验、医疗或外科用仪器及设备、精密仪器设备;钟表;乐器;上述物品的零件、附件。

第19类:武器,弹药及其零件、附件。

第20类:杂项制品。

第21类:艺术品、收藏品及古物。

自1992年起我国的第三部关税税则,就是采用了《协调制度》商品分类目录,并在目录 6 位数编码的基础上,根据我国进出口商品的实际情况,增列了 1827 个 7 位数子目和 300 个 8 位数子目,共有税目 8827 个,其中实际使用的有 6256 个(即带有税率的税目)。截至 2001 年 1 月 1 日,我国海关关税税目为 7111 个,属于税目发展较快的国家之一。

第三节 我国关税税则的构成及发展

一、我国关税税则的构成

我国现行的关税税则由以下几个部分构成:

1. 国家实施该税则的法令,即该税则的实施细则以及使用税则的有关说明。

2. 税则的归类总规则,即说明该税则中的商品归类的原则。

3. 各类、各章和税目的注释,主要解释类、章和税目商品的确切范围,说明它们各自应包括和不应包括的商品,以及对一些商品的形态、功能、用途等方面的说明。这些注释主要为了消除人们由于理解不同而引起的分歧。

4. 税目表:由商品分类目录和税率栏两大部分组成。

商品分类目录,是将种类繁多的商品加以综合,或按照商品的不同生产部类,或按照商品的自然属性、功能、用途等把商品分为不同的类,类以下分章,章以下分税目,税目以下再分子目(可以按照各国的实际需要)并且将每项商品按顺序排列,分别编号,称为税则号列,即税号。

税率栏,则按商品分类目录的顺序,逐项列出不同商品的征税幅度,即税率。有列一栏式税率,有列两栏式或两栏式以上的税率。

二、我国关税税则的发展

(一)第一部关税税则

建国以来,我国先后制定过三部关税税则。1951 年 5 月 16 日,中央人民政府政务院公布实施的《中华人民共和国海关进出口税则》,是新中国第一部关税税则。

第一部关税税则的特点是:商品分类是根据中国生产和进出口商品的情况,按照商品的自然属性、加工程度、功能和用途编排的,共分 17 类、89

组、939个税号。采用进出合一制的税则，即进口税和出口税都使用同一个税则分类目录，并在同一个税目中列出进口税率和出口税率，进口税设最低税率、普通税率两种，出口税率只有一种。

（二）第二部关税税则

1983年8月开始对《海关进出口税则》进行了全面修订。为了便于国际贸易的分析对比，促进国际贸易的发展，也是为了贯彻对外开放政策和关税政策的需要，以《海关合作理事会税则分类目录》（简称CCCN）为基础，并结合中国进出口商品的实际情况，制定了新中国的第二部关税税则，作为《进出口关税条例》的组成部分，于1985年3月10日起实施。

第二部关税税则的特点是：其分类原则是根据商品的不同性质，分别按照自然属性、加工程度、功能和用途以及生产部门来分类的，共分为21类、99章、1011个税目。新税则的"类""章"标题下写有注释，主要是名称解释、区别商品的技术条件、本"类""章"所包括的商品范围及不包括的货品名称。注释和税目一样具有同等的法律效力。新税则税号采用结构性号列，由4位数字组成，前两位代表章次，后两位代表税目在本章的排列顺序。新的较为科学的商品分类目录更适合我国经济发展的实际情况。

其次是新税则调整了税率，解决了税率偏高的问题和税率结构不合理的问题。根据我国经济发展的现状和可预见的发展水平制定比较恰当的税率，有利于我国对外经济贸易往来和技术交流，有利于利用外国资源，引进先进技术设备，加速国民经济的发展。

（三）第三部关税税则

在这期间，由于海关合作理事会通过了《协调制度公约》，并编制完成了新的商品分类目录，即《商品名称及编码协调制度》（H.S），为了适应国际惯例，我国海关又将商品分类目录从《海关合作理事会商品分类目录》修订并转换为各国广泛使用的《协调制度》税则目录，由此形成了新中国的第三部关税税则。于1992年1月1日生效。

第四节 税则归类制度

税则归类是将众多的应税进出口货物，就其货物的属性，按照税则的规定，归入恰当的税号，并确定其税率。这既是一项政策性很强的工作，又是一项专业性很强的工作,这就要求将政策性、技术性、科学性、国际通行规则有效地结合起来。税则归类制度是海关征收关税的法定依据,也是正确贯彻执行国家关税政策的前提条件。

一、税则归类的基本知识

税则归类基本知识,就是比较熟练地找到某种货品在关税税则中相应的税目或税号,要做好这项工作,就需要有多方面的专业知识。

首先,要充分了解和熟悉关税税则的结构,特别是税则中的商品分类结构。对税则的类、章、目,以及税目的排列顺序、编排结构和分类原则有较完整的了解,确切地掌握每一个税目应包括的商品范围,包括根据我国需要而设立的子目的确切含义。

在进行归类之前,还必须仔细查阅有关类、章、目的注释,这些注释对每类、每章、每目的商品作出一些限定范围,能够指导具体商品归类问题。

其次,必须了解有关的商品知识,要熟悉与了解商品名称、性能、结构、用途等情况;要具备一定的化学、物理、生物学等方面的知识,能够基本了解商品的制造方法和生产流程等方面的基本常识。故而,这是综合性学问,必须具备较高的文化素养、开阔的社会视野和专业性基础知识。

再者,必须熟练地掌握"归类总规则"。"归类总规则"既是制定《商品名称和编码协调制度》时设计的货物分类方法和分类原则,也是对进出口货物归类时应遵循的方法和归类原则。当然这一方面的知识越丰富,对商品归类就越能驾轻就熟,运转如常。

二、税则归类的原则

(一) 税则归类的国内原则

1. 凡国内不能生产的必需品制定低税率或免税。
2. 凡国内不能生产的机电产品零部件进口税率低于整机进口税率。
3. 凡生产性原材料的税率低于成品、半成品税率。
4. 凡国内可以生产的非必需商品制定高税率。
5. 凡影响国内幼稚工业产品发展、世贸组织有关协议又许可的进口品可制定高税率。
6. 对多数出口产品不征税,以示鼓励;仅仅只对限制出口的产品、原材料适当征税。

(二) 税则归类的国际原则

我国第三部关税税则是以国际通行的《商品名称及编码协调制度》为基础重新编排的，包括制定的"归类总规则"，它既可以使各国在商品归类时，与《协调制度》取得一致；又可以使各国在遵循这个制度分类时，统一认识，避免分歧。故"归类总规则"为税则归类的国际原则。

三、"归类总规则"的内容和运用

《协调制度》的"归类总规则"共有六条。六条归类规则必须按顺序使用，即当规则一不适用时，才能使用规则二，规则二不适用时，才能使用规则三，依次类推。

(一) 规则一

类、章及分类的标题，仅为查找方便而设；具有法律效力的归类，应按税目条文和有关类注或章注确定，如在税目、类注无其他规定的条件下，再按余下规则确定。

规则一的运用：

规则一说明了三个问题：其一，各类章及分章的标题只是为了便于查找而设立，不是归类的依据，并不具有法定的约束力；其二，具有法律效力的归类依据是按税目列名、类注或章注规定的税号，也就是说，一般商品可以直接按税目列名进行归类，而类注、章注的作用在于确定类、章和税目的准确范围；其三，在确定商品归类时，应优先考虑税目条文及类注、章注的规定，当使用这些规定仍无法归类时，才按顺序依次使用规则二至规则六。

此项规则为税则归类工作确立了法律程序。

(二) 规则二

1. 税目所列货品，应包括该项货品的不完整品或未制成品，只要在进口时该项不完整品或未制成品具有完整品或制成品的主要特征；还应包括该项货品的完整品或制成品（或按本规则可作为完整品或制成品归类的货品）在进口时的未组装件或拆散件。这就是说，税目所列货品，除包括其完整品外，还包括具有该项货品的主要特征的不完整品或未制成品、未组装件或拆散件。

2. 税目中所列材料或物质，应包括该种材料或物质与其他材料或物质混合或组合的物品。税目中所列某种材料或物质构成的货品，应按规则第三条归类。

规则二的运用：

规则二的第一部分说明,凡税目列出的进出口货物必须符合三种状态:制成品或完整品、具有完整品或制成品主要特征的不完整品和未制成品,仅简单加工即可成为制成品的未组装件或拆散件。

所谓"不完整品"是指具有完整品的主要特征,但还缺少某些部件的物品。

所谓"未制成品"是指具有成品的形态,但还需要经过加工才能使用的物品。

所谓"简单加工"是指剪切、压弯、焊接或用螺丝、螺母和栓钉等紧固件安装等简单装配操作。

规则二的第二部分说明,税目所列的范围可以适当扩大,但扩大是有条件的。加入其他材料或物质的混合物或组合物,则不能失去原来货物的基本特征,不能改变其性质。

如果所添加物质使这种物品失去了该税目所规定的货物的主要特征,并且根据混合物或组合物所含材料或物质可归入两个或两个以上的税号时,则应按规则三进行归类。

(三)规则三

当货品按规则二 2. 或由于其他原因看起来可归入两个或两个以上税目时应按以下规则归类。

1. 列名比较具体的税目,优先于列名一般的税目。但是,如果两个或两个以上税目都仅述及混合或组合货品所含的某部分材料或物质,或零件的成套货品中的某些货品,即使其中某个税目对该货品描述得更为全面、详细,这些货品在有关税目的列名应视为同样具体。

2. 混合物、不同材料构成或不同部件组成的组合物以及零售的成套货品如果不能按照规则三 1. 归类时,在本款可适用的条件下,应按构成货品基本特征的材料或部件归类。

3. 货品不能按照规则三 1. 或 2. 归类时,应按号列顺序归入其可归入的最末一个税目。

规则三的运用:

规则三有三个归类标准,即具体列名、基本特征、从后归类。具体操作时,应按这三个部分的先后顺序,依次加以运用。

1. 具体列名。规则三的第一标准,要求具体列名的税目优先于列名一般的税目。这里又包括三层意思:一是有具体列名的应首先归入具体列名的税目，未具体列名的税目应归入比较详细、比较具体的税目；二是按功能列目的税号优先于按行业列目的税号；三是与进口货物关系最为密切的税号应优先于与其关系间接的税号。

2. 基本特征。规则三的第二标准，要求对进口货物按构成其基本特征的材料或部件归类。这条规定适合以下三类货品，即混合物、不同材料或部件构成的组合物和配套货品。

3. 从后归类。规则三的第三标准，当进口货物不能按照"具体列名"和"基本特征"归类时，应归入其可归入的税目中数序排列最后的个税目。

（四）规则四

根据上述规则无法归类的货品，应归入与其最相类似的货品税目。

规则四的运用：

当今科学技术的迅猛发展，新产品层出不穷，任何商品目录都可能出现跟不上形势发展的需要的情况。规则四明确对不能归入本税则分类目录中任何一个税号的进口货物，应归入最相类似货物的税号。

（五）规则五

除上述规则外，本规则适用于下列货品的归类：

1. 制成特殊形态仅适用于盛装某个或某套物品并适合长期使用的照像机套、乐器盒、枪套绘图仪器盒、项链盒及类似容器，如果与所装物品同时进口或出口，并通常与所装物品一同出售的，应与所装物品一并归类。但本款不适用于本身构成整个货品特征的容器。

2. 除规则五1. 规定的以外，与所装货品同时进口或出口的包装材料或包装容器，如果通常是用来包装这类货品的，应与所装货品一并归类。但明显可重复使用的包装材料和包装容器可不受本款限制。

规则五的运用：

规则五是关于进口货物包装容器和包装材料的归类原则，该条款规定同时符合以下条件的容器，应与所装物品一并归类。

1. 制成特定形状或形式。适合于专门盛装某一物品或某套物品的，专门设计而成，有些容器还制成所装物品的特殊形状。

2. 适合长期使用的。容器的使用期限与所盛装某一物品使用期限是相称的。在物品不使用期间，这些容器还起保护作用。

3. 与所装物品一同进出口，不论它是否为了运输方便而与所装物品分别包装。单独进口或出口的容器应归入其应归入的税目。

4. 通常与所装物品一同出售的。

5. 包装物本身并不构成整个货品基本特征的,即包装物本身无独立使用价值。

(六) 规则六

货品在某一税目项下各子目的法定归类,应按子目条文或有关的子目注释以及以上各条规则来确定,但子目的比较只能在同一数级上进行。除本税则目录条文另有规定的以外,有关的类注、章注也适用于本规则。

规则六的运用:

商品名称在《协调制度》中可以分成两类,一类是税目,税号是4位数,另一类是子目,而子目又可分为一级子目,目号5位数;二级子目,目号6位数。

规则六就是对5位数级、6位数级子目做出的规定。只有进口货物归入适当的4位数级税目后,才可以考虑将它归入合适的5位数级或6位数级子目。

有关类注、章注也适用于各级子目,如果类注、章注与子目条文或子目注释不相一致,应采用子目条文或子目注释。

上述《协调制度》六条归类总规则中,前四条与《海关合作理事会税则分类目录》完全一致,后两条规则即规则五、规则六是《协调制度》税则新增加的。

第五章

原 产 地 规 则

第一节 原产地规则的概念与起因

一、原产地规则的概念

原产地规则，亦称"货物原产国规则"。这是按照国家立法或国际协定确定的原则制定并实施的，用以确定货物原产国的具体规定。

所谓"原产地"，就是指生产或制造某一产品的国家集团、国家或地区。原产地规则主要包括所制定的原则、适用范围、原产地标准、程序规则、管理机制以及争端解决等。

为了实施关税的优惠或差别待遇、数量限制或与贸易有关的其他措施，海关必须根据原产地规则的标准来确定进口货物的原产国。

世界贸易组织（WTO）的《原产地规则协议》在第一部分"定义和范围"中指出：本协议所称的原产地规则应被定义为任何成员方为确定货物原产地而实施的普遍适用的法律、法规及行政决定。这种原产地规则通常被称为"非优惠性原产地规则"，包括所有用于非优惠性商业政策、措施的原产地规则，适用于实施最惠国待遇、反倾销和反补贴税、原产国标记和任何歧视性的数量限制、关税配额等措施时所采用的原产地规则，还包括为政府采购和贸易统计而使用的原产地规则。

原产地规则是关税税则的重要组成部分，也是地区、国别和优惠性贸易的前提条件。世界各国都是依据进口货物的原产地不同而提供不同的待遇，因此，原产地规则也就成为国际贸易的重要规则。

二、原产地规则的起因

前资本主义社会，由于生产力水平低下，国际贸易比较零散，而且一般都是物物交换的易货贸易，关税税则都采用一栏式的单式税则，并由各国自主制定，人们无需也没有必要关注货物产于何处。

随着国际贸易的迅速增加，经济全球化趋势日益扩大，各国之间的政治、经济、文化交流迅速加强，关税税则逐渐地由单式税则向复式税则发展。

首先，一些国家由于政治或经济上的原因，需要对从另一些国家进口的货物采用行政或经济手段加以控制，诸如实行进口配额、许可证制度、禁止进口等措施。

其次，由于世界经济发展不平衡，南北经济的巨大差异，促使发展中国家和落后国家通过长期斗争，迫使发达国家承诺对发展中国家及地区输入的货物实行普遍的优惠制。由于普惠制优惠幅度比较大，适用范围比较广，就必须严格控制在发展中国家范围之内。

再者，随着世界政治格局的动荡、改组和变化，国际经济关系日益复杂化，各国为了促进经贸合作，推动双边贸易关系发展，广泛采用复式税则，即对每一个税目都同时规定两栏式或两栏式以上的税率，对来源于不同国家的货物实行差别待遇，即对与本国未订有关税互惠贸易条约或者协定国家的进口货物，按照普通税率征税；对与本国订有关税互惠贸易条约或者协定国家的进口货物，按照优惠税率征税。不同税率的适用是以货物的原产地为标准的。

最后，在国际贸易中发生争端时，WTO施行协商、仲裁，乃至采取报复性贸易措施，也都是针对有关货物的生产国实施的。

这些因素客观存在，货物原产地标准的协调统一也就势在必然了。

当然，实施货物的原产地规则对于正确选择进口货物的适用税率，准确计算关税的应纳税额，确保关税优惠真正为受惠国生产的产品所享有，防止非受惠国的产品变相取得优惠待遇，进而维护本国的经济利益都有着十分重要的意义。

如何判定进出境货物的原产地是主权国家的内部事务，但各国规则的差异较大，引发了不必要的贸易摩擦。所以，为了协调统一各国的原产地规则，海关合作理事会在欧洲经济共同体原产地规则的基础上，总结了各国的实践经验，制定了一套较为科学、完整，具有一定适用弹性的原产地规则，并做为1973年5月18日签订的《关于协调与海关业务制度的国际公约》（简称《京都公约》）的三个附件，即《关于原产地规则的附件》、《关于原产地证明文件的附件》和《关于原产地证明文件的监管规则的附件》，正式开放供各国签约加入后采用。此后，世界贸易组织（WTO）的《原产地规则协议》也做了进一步的阐述和界定。目前，世界各国在制定本国原产地规则时基本上都要参照这些附件和协议。

第二节 原产地规则

原产地规则就是确定进出口货物的原产国或地区的具体规定，主要包括三个方面的内容，即原产地标准、直接运输规则和书面证明。其中最重要的是原产地标准。

一、原产地标准

原产地标准是具体确定进出境货物的原产国或制造国的基本标准，它是原产地规则的核心部分。

原产地标准主要有两个：一是整件生产标准（或称"完全在一国生产标准"）；二是实质性加工标准（或称"实质性改变标准"）。

（一）整件生产标准

整件生产标准是指进出境货物作为一个整体，从原料到制成品的全部生产过程完全在一个国家境内完成，其中不包含任何他国生产或制造的原材料和零部件，生产国或制造国即为该货物的原产国。符合该标准的进口货物称为"完全原产品"。这一标准比较好掌握，而且一般不会发生质疑。其主要内容有：

1. 在该国领土或领海内开采的矿产品。
2. 在该国领土上收获或采集的植物产品。
3. 在该国领土上出生或由该国饲养的活动物。
4. 在该国活动物上所取得的产品。
5. 在该国领土上狩猎或捕捞得到的产品。
6. 从该国的船只（指在该国注册，航行时悬挂该国国旗的船舶，下同）上卸下的海洋捕捞物，以及由该国船只在海上取得的其他产品。
7. 在该国的加工船上加工以上第5项所列物品得到的产品。

8. 从该国拥有单独开采权的该国领海以外海底或其底土开采的产品。

9. 在该国生产和加工作业中产生并收集的，只适用于回收作原材料的碎料、废料，以及废旧物品。

10. 在该国完全使用上述第1至第9项所列产品加工而成的制成品。

（二）实质性加工标准

实质性加工标准是指经过两个或两个以上国家加工或制造的进口货物，应以最后一个对货物进行经济上可以视为实质性加工的国家作为有关货物的原产国。

所谓"实质性加工"是指用进口的原材料、辅料和零部件加工以后，使其性质和特征发生了某种实质性的改变。由实质性改变标准来判定原产地的方法主要有三个。

1. 改变税则号列及例外情况表。甲国的货物在乙国加工生产后，如果税则归类发生变化，税号随之也改变，那么货物的原产地也应随之改变，应以乙国而不是甲国作为货物原产地。倘若税号不变，那么原产地仍然是甲国。

加工后的产品在《进出口税则》中四位数税目一级的税则归类发生了变化，就视为原产地发生变化。多于4位数的子目号发生变化，不能视为原产地的改变。

改变税则号列方法最大的优点就是确定原产地条件的准确、客观、迅速，生产商和进出口商也容易提供证明货物原产地的资料。其缺点是税则号列是为贯彻本国关税政策而设置的，在很多情况下，号列变化与货物的实质性改变没有必然的联系。因此，在使用这一方法时就必须附加一个例外情况表，用以说明某些产品在国外生产后，即使改变了税号也不改变原产地，或者即使没有改变税号也改变了原产地。然而，从技术角度上说，制定例外情况表是非常困难的。

2. 加工作业表方法。对有关产品加工程度采取列表标示的方法，即规定产品在原产地加工必须达到表列的要求，才能视为原产地产品。如果在外加工程度占新产品的比例超过规定的标准，那么原产地就会发生改变。

加工作业表方法是为了弥补例外情况表不足，即加工后4位数税目一级的税则归类没有改变，则必须根据产品加工程度来判断其原产地。

这一方法比较灵活、实用，但是汇总加工作业表存在一定的难度，特别是品种多、加工精细的产品，几乎不可能一一列出。

3. 从价百分比方法。出口产品在出口国生产中使用的本国原材料或零部件费用和生产费用,在该产品的价格中所占的比例,必须要达到或超过一定的比例(美国规定35%以上);或者说出口产品在出口国生产中使用的外国进口原材料或零部件价值,在该产品的出厂价格中所占的比例,不得超过规定的百分比(加拿大规定40%)。

这一方法准确、简单、便于执行,但是也存在不足之处。首先,如一国加工后接近但没有达到百分比标准规定的产品,不能视为原产地产品,这是不合理的;其次,世界市场价格的涨落会影响百分比标准的波动;最后,发展中国家的原材料和劳动力费用日趋低廉,发达国家高科技含量不断上升,这一情况足以扭曲百分比标准。

上述三个方法有的国家只使用一种,有的国家同时使用三种。即使使用一种的国家,如百分比方法的国家,其规定的百分比也不一样。因此,同一个出口国的同一个商品出口到不同的给惠国时,所享受到的优惠待遇可能也是不同的。尽管《京都公约》和《原产地规则协议》做了各个方面的协调,实际上是很难达到完全统一的。

(三) 其他标准

1. 石油产品以购自国为原产国。
2. 机器、仪器、器材或车辆所用的零件、部件、配件、备件及工具,如与主件同时进口,而且数量合理,其原产地按主件的原产地予以确定;如果与主件分别进口,应按其各自的原产地确定。
3. 对购买复进口的大陆产品和产自中国台湾、香港和澳门的货物,均按优惠税率计征关税。
4. 对溢卸货物或放弃货物,如果不能确定其原产地时,一律按普通税率征税。

二、直接运输规则

直接运输规则,是指产品必须从其原产地直接运输到进口国。直接运输规则是为了保证进口国进口的产品是原产地所生产的原产品,避免其在运输途中经过第三国时,可能发生的任何再加工或调换而采取的一种技术手段。

直接运输规则的例外情况:一是某些内陆国家由于地理位置的限制,货物进出口必须途经其他国家;二是某些国家在采用班轮运输货物时,其目标市场在海运班轮不停靠或者无直接通航的国家,货物也只能经他国中转。

因此,各国对直接运输规则的例外规定是,允许货物经过出口国以外的其他国家领土过境或中转,但必须在途经国海关监管下进行,并不得进入途经国市场或使用,货物除装卸和使其保持良好状态而进行的必要处理外,不得进行任何加工作业。

三、原产地证书

原产地证书就是证明产品原产于某原产地的书面证明文件。原产地证书一般可以由生产商、制造商、供货商、出口商或其他当事人在商业发票或其他单证上做简单的说明即可。但在有些情况下,原产地证书必须由原产地政府指定的公证机构出具才能予以确认。

由于进口货物的原产地是由进口国海关予以确认的,在一般情况下,各国海关并不强调进口申报人交验原产地证明文件,只要求申报人在进口时如实填写报关单上的有关项目。然而,如果海关对申报人所填报的内容真实性有所怀疑时,可以要求进口申报人交验有关外国发证机关的原产地证书。

根据国际惯例,以下进口货物一般不需要提供原产地证书:

1. 个人自用的行邮物品。
2. 少量的寄售物品(一般以不超过60美元为限)。
3. 临时进口货物。
4. 过境、通运和转关运输货物。
5. 国家之间有协定规定无需提供原产地证明的进口货物。

第三节 我国的原产地规则

一、我国原产地规则的建立

1986年12月6日,我国海关总署参照国际惯例,结合我国具体情况,制定了适合我国国情的原产地规则——《中华人民共和国海关关于进口货物原产地的暂行规定》(以下简称《暂行规定》)。由于当时我国的国际贸易在国民经济中所占比重还不是很大,对外经济交流中还缺乏应有的经验,各方面尚不成熟,故《暂行规定》在某些方面还存在一些不足。但对于我国来说,毕竟是一个前所未有的完全独立自主的创举,这是一次有意义的尝试。

另外,由原外经贸部牵头草拟的《中华人民共和国出口货物原产地规则》

（简称《出口货物原产地规则》）、《中华人民共和国出口货物原产地规则实施办法》（简称《实施办法》）和《中华人民共和国含有进口成分出口货物原产地标准主要制造、加工工序清单》（简称《制造、加工工序清单》），经1992年2月28日国务院常务会议通过，并于1992年5月1日正式执行。为了进一步加强原产地证书的签发管理工作，原外经贸部还制定了《关于签发中华人民共和国出口货物原产地证明书的规定（试行）》。

包括进出口两个方面的法律文件的出台，标志着我国的原产地规则已初步建立。

二、我国进口货物原产地规则

《暂行规定》就是我国海关确认进口货物原产地的法律基础。根据这个《暂行规定》，对进口货物按以下四条原则判定其原产地或原产国。

1. 完全在一个国家内生产或制造的进口货物，其生产国或制造国即为该货物的原产国。

2. 经过几个国家加工、制造的进口货物，以最后一个对货物进行可以视为实质性加工的国家作为有关货物的原产国。

3. 石油产品购自国为原产国。

4. 机器、仪器、器材或车辆所用零部件、配件、备件及工具，如与主件同时进口，而且数量合理，其原产地按主件的原产地予以确定；如分别进口，应按其各自的原产地确定。

对于难以确定原产国的进口货物，海关则要求进口商提供原产地证明书。同时海关总署规定，凡以中性包装或裸装形式进口的货物，除了申报时能够提供原产地证明的之外，一律按普通税率计征关税。

对于进口中国香港、澳门、台湾和我国大陆生产的货物，海关按优惠税率征收关税。

目前，我国已与世界上100多个国家和地区在平等互利的基础上签署了关税互惠的贸易条约或协定。因此，我国海关对进口货物基本上使用的是优惠税率。

三、我国出口货物原产地规则

改革开放以前，我国的对外贸易基本上处于半封闭状态，出口规模不大，贸易方式单一，出口货物大多数是初级产品，诸如农副产品和矿产品。因此，判定出口产品的原产地标准比较简单，而且摩擦与纠纷也较少，故原产地问题并不突出。

原产地证书直接涉及到国家利益或地区利益，因此，发达国家历来重视原产地证书的签发和管理，也十分重视建立本国的原产地规则，因为它代表了国家利益。

改革开放以来，我国的对外贸易发展十分迅速，对美欧地区的贸易顺差越来越大，这也使我国的出口产品遭到了越来越多的反倾销威胁，这显然与我国的原产地制度和签发体制有着重要的关系，原产地标准不当是我国与美欧贸易顺差不断增加的一个主要因素。

此后，由原外经贸部牵头，联合国家进出口商品检验局和中国国际贸易促进委员会，经过调查研究和广泛征求意见，草拟了《中华人民共和国出口货物原产地规则》。同时颁布的有《中华人民共和国出口货物原产地规则实施办法》和《中华人民共和国含有进口成分出口货物原产地标准主要制造、加工工序清单》等三个文件，获国务院通过后，于1992年公布执行。自此，我国的原产地规则工作逐步纳入规范化和国际化的轨道。

（一）原产地标准

制定我国原产地标准的既定原则是，既要符合国际惯例，又要适应我国的具体国情；既要有利于改革开放和吸引外资，又要有利于保护民族工业的发展。因此，我国的法规将原产地标准分为两大类，即完全在中国原产的货物和含有进口成分的货物。

1. 完全在中国原产的货物。《中华人民共和国出口货物原产地规则》第六条第（一）款规定，完全在中国原产的货物包括：

（1）从中华人民共和国领土和大陆架提取的矿产品；

（2）在中华人民共和国境内收获或采集的植物及其产品；

（3）在中华人民共和国境内繁殖和饲养的动物及其产品；

（4）在中华人民共和国境内狩猎或捕捞获得的产品；

（5）由中华人民共和国船只或其他工具从海洋获得的海产品或其他产品及其加工制成的产品；

（6）在中华人民共和国境内制造、加工过程中回收的废物和废料及在中华人民共和国境内收集的其他废旧物品；

（7）在中华人民共和国境内完全用上述产品及其他非进口原料加工制成的产品。

2. 含有进口成分的货物。《中华人民共和国出口货物原产地规则》第六条第（二）款规定，部分或者全部使用进口原料、零部件制造的产品，其主要的及最后的制造、加工工序在中国进行，并使其外形、性质、形态或者用途发生实质性改变者，也可视为中国产品。

（二）申请手续

1. 注册登记。《中华人民共和国出口货物原产地规则》第三条规定，申请原产地证书的条件是：在我国境内依法设立，并享有外贸自主经营权的企业，从事"来料加工"、"来件装配"和"补偿贸易"的企业和外商投资企业，均可向所在地签证机关办理注册登记，提交营业执照副本，经签证机关审核验证后，发给"申领员证"。

2. 逐批申领。申请单位最迟应于货物报关出运前3天向签证机关提出申请，提交一般原产地证书一正三副、商业发票副本，含有进口成分的还应提交符合原产地标准的资料。

第六章

海 关 估 价

第一节 海关估价概述

一、海关估价的概念

海关估价,亦称"海关价格"。海关征收关税,其税额计算正确与否,除了对应税商品正确归类和选用税率外,还要正确确定应税商品的完税价格。完税价格即海关价格,就是指进出口关税的计税价格。目前,各国法律一般都规定,进出口货物的完税价格均由海关审定或估定。

因此,海关估价就是一国(地区)海关根据本国关税法令,对进出口货物完税价格的审定或估定工作。海关估价是国际贸易中的一个重要环节,也是关税征收管理工作的主要组成部分之一。

海关估价必须要有一个统一的价格准则,这个价格准则必须包含两个内容:一是价格应该包括哪些费用;二是规定在什么条件下达成的价格和费用是可行的。超出价格准则范围的申报可视为无效,海关则应对其进行调整,或者按规定另行估定商品的完税价格。

海关估价的高低直接影响关税收入,影响国家关税政策的落实与延伸,也影响国家的公正性与信誉度。因为关税完税价格的高低与关税税率一样能影响关税税额的多少和纳税人的负担轻重。有些国家因受制于国际协定或WTO框架的约束,不能随意提高关税税率,但是通过提高完税价格,同样可以得到提高关税税额的目的。

为此,海关对任何一种进出口商品都必须先审核其交易价格的合理性,对伪报虚报的成交价格进行必要的调整，从而确定其合理的完税价格，这就是海关估价。

二、海关估价的特点

海关估价是在商业估价的基础上发展起来的，是以商品估价为基础，但又区别于一般商品估价，具有其自身的重要特点。

第一，海关估价不是为了商品交换，而是为了正确确定海关征税的税基，为贯彻国家的关税政策服务。

第二，海关估价的主体就是海关，其客体是所有进出口的应税商品，包括非交易的物品。而商业估价的主体是买卖双方，甚至包括第三方。

第三，商品估价可以根据买卖双方的利益，运用不同的标准。而海关估价只能在法律规定的范围内，严肃公正地确认完税价格。

第四，商品估价是以买卖双方地位平等为条件的，而海关估价则是强制的，纳税人必须接受的。

第五，海关估价不仅要考虑到某一交易买卖双方的利益，而且要同时考虑到所有类似交易的其他买卖双方的利益。所以，海关估价必须采用统一的估价标准，确保对所有进出口物品公平地征收税款，避免产生不必要的误解与歧视。

三、海关估价基础

国际贸易中的买卖双方，因路途遥远，必须要考虑交货地点和交货方式，这就涉及运输工具、装卸货物、货运保险、临时仓储等，需要支付运费、装卸费、保险费、仓储费以及各种杂项费用，同时还得承担货物在运输途中的风险。另外，同一种商品，在市场进行交易时，因供求关系、付款条件等因素的影响，其价格也有可能高低不一。

因此，双方在洽商价格时，必须明确某种价格所包含的全部内容，包括各种费用由谁承担、怎样承担和承担多少，以便简化洽商的内容，缩短成交过程，节约业务经费。因此，就必须对各种类型的价格进行简单的说明。

（一）内陆交货价格术语

内陆交货，是指卖方在出口国内陆完交货任务。这类价格术语包括：

工厂交货（EXF）、仓库交货（EXW）、矿山交货（EXM）、铁路交货（FOR）、敞车交货（FOT）、农场交货（EXP）等。

采用内陆交货价格术语，卖方只负责将合同规定的货物运至出口国家内陆某指定的交货地点，并承担交货前的一切费用和风险。买方在交货地点受领货物起，承担一切费用和风险。对卖方而言责任风险较小，价格也就相对较低。

（二）装运港交货价格术语

装运港交货，是指卖方在出口国的装运港完成交货任务。这类价格术语包括：

船边交货（FAS）、船上交货（FOB）、飞机场交货（FOA）、货交承运人（指定地）（FCA）、运费付至（目的地）（CAT）、运费及保险费付至（目的地）（CIP）、成本加运费（目的港）（C&F）、成本加保险加运费（目的港）（CIF）等。

采用装运港交货价格术语，一般买卖双方分担的责任与风险适当，因此价格也适中，被广泛运用。

（三）目的港交货价格术语

目的港交货，是指在进口国港口或内地交货。这类价格术语包括：

目的港船上交货（EXS）、目的港船边交货（FOS）、目的港码头交货（EXQ）、完税后交货（DDP）等。

采用目的港交货价格术语，一般卖方负责将合同规定的货物运至进口国目的地实际交给买方，卖方承担的费用和风险直至目的地为止，因此，其责任风险大，价格也就比较高。

此外，尚有供求关系、交易双方的国家关系、客户关系等，都影响价格水平。这些纷繁复杂的价格差异，要求海关估价既要严格贯彻执行国家的关税政策，又要正视国际贸易中价格的实际情况，力求做到公正和统一。

四、海关估价的地位

海关估价一般是针对进口货物而言，它是海关征收进口关税的依据和基础。海关对进口货物估价过高，不仅有可能形成超过正常进口关税的贸易壁垒，而且还有可能影响根据货物价值发放许可证和进口配额的基数。海关对进口货物估价过低，不仅怂恿纳税人低报、瞒报进出口货物价格，藉以偷逃关税，而且还有可能促成进口货物的倾销价格。因此，海关估价是关税征管工作中一个不可忽视的重要环节。

关税税额计算是否正确，取决于三个要素，首先是商品归类是否正确；其次是税率选择是否恰当；再者是商品完税价格确定是否无误。前两者属政府的战略决策，而第三则是海关贯彻落实国家战略决策的具体措施。因此，海关估价在国家制定的关税政策和关税征管工作上占据十分重要的地位。

五、海关估价的作用

海关估价是关税制度的重要组成部分，是海关征收关税的前提之一，其作用主要表现为：

1. 海关估价是正确计征进出口关税的主要依据，是贯彻落实国家的关税政策的主要措施，也是国际经贸谈判或关税协商时借以相互比较的重要资料。

2. 海关估价是国家制止进出口商低报、伪报货物价格，制止偷逃关税，保证正当商业竞争的重要手段。同时海关估价也是认定进口商品是否低价倾销的主要依据之一。

3. 海关估定的进出口货物完税价格，不仅是关税计征的依据，也是海关在进出口环节代征其他税费的计征依据。

4. 海关估价是国家实施（许可证制或配额制等）非关税保护措施的重要依据，因为非关税保护措施一般是以货物价值量作为限制或管理的指标，即以海关估定的进出口货物完税价格为依据。

5. 海关估价是实施国家关税统计的主要来源之一，海关估定的进出口货物完税价格，是国家对外贸易统计和海关进出口商品价值统计的主要计算依据。

6. 海关估价是一国经济政策和外贸政策的体现，是贯彻一国经济政策的一种手段，对国家宏观经济管理具有重要参考价值。

根据海关合作理事会秘书长 T·P·Hayes 在 1991 年关贸总协定估价协议国际会议的开幕式上就海关估价作用所作的演讲，海关估价的重要性已超过了作为税率的被乘数，而且其扩大作用表现在：

(1) 优惠贸易项目中原产地标准的确定；

(2) 对外贸易统计；

(3) 某些税则归类的确定；

(4) 倾销行为的认定；

(5) 运用于为政府部门代征的其他税费。

第二节 海关估价制度的形成和发展

一、海关估价的形成

计征从价关税的基础是商品的交易价格,而交易价格的波动是非常敏感的。同一种商品在同一报关时间完全有可能存在多种交易价格。其原因也是多方面的:

其一,多数商品会因交易时间、交易数量、交易方式、交易条件、付款结算等方面的不同而有很大的价格差异;

其二,国际商业活动中也存在的不当商业行为(包括政治、经济、人际关系等)会影响交易价格的真实性;

其三,跨国商业贸易中的伪报、虚报、低报等欺诈行为;

其四,非商业活动等可能有货物通关时根本就不存在交易价格(包括委托寄售的商品)等。

这就产生了如何确认合理的交易价格,以便海关按从价关税计征进出口关税的问题。

为此,海关当局对任何一种适用于从价关税的进出口商品都必须先审核其交易价格的合理性,必要时对之进行调整,从而确定其最终的、合理的完税价格,这就使海关估价应运而生。

二、战前的海关估价制度及负面影响

(一)战前的海关估价制度

由于国际贸易的迅速发展和各国经济条件的差异,关税的保护性功能不断得到强化,并成为近代各国经济政策中的一个主要组成部分。

为了阻止外国货物进入本国市场,保护本国的经济利益,各国政府用尽了提高关税税率、高筑关税壁垒和非关税壁垒等措施。特别是制定繁琐复杂而又各不相同的海关估价方法更为严重地限制了国际经济交流和贸易往来,成为世界经济发展的主要障碍之一。

故而,第二次世界大战前各国的海关都有自己的估价制度,按本国法令规定的价格准则和价格基础进行估价。各国的海关估价内容很不一致,估价制度

十分混乱。

例如，对于进口货物，有的国家是以货物到岸价格为基础；有的国家以离岸价格为基础；有的国家以货物的产地价格为基础；有的国家是以国内市场价格为基础；尚有出口价格、官定价格、批发价格、零售价格等，不一而足。这些都可以作为确定完税价格的依据。

完税价格的功能与关税税率的作用是有同一性的，税率往往要受税法的制约，而完税价格却有很大的随意性。因此，某些有关税协定约束的国家，不能随意变动税率，但可设法高估完税价格，以达到提高税率或限制外国商品进入本国市场的目的。

尤其是在1929—1933年的资本主义大危机时期，各国竞相实行贸易保护主义政策，把海关估价作为一种非关税壁垒的手段放大使用到极致，复杂的估价制度和武断的价格准则，充分地展示了其威力，不仅严重影响了国际贸易的正常发展，而且也严重地损害了国际经济交流的人文环境。

（二）滥用海关估价制度的负面影响

滥用海关估价不仅严重地阻碍国际贸易的发展，而且会促成关税歧视性政策的恶果。这种负面影响表现在：

1. 如果海关估价采用不同的估价标准、使用不同的估价方法，如同调节关税税率，可以起到提高或加倍征收关税的作用，以达到限制外国产品进口的目的。

就关税的经济杠杆而言，海关估价所产生的影响比单纯提高税率更具隐蔽性。税率的变动惹人注意，不易被国内外接受，而且还会招致对方国家的报复。而改变估价方法却不易发现，奈何不得，谁也无法证明海关估价对关税究竟发生了何种影响。

2. 国家通过规定一整套繁琐复杂的海关估价方法，使人难以理解，也无法操作，造成完税价格的不确定性，出口商举步艰难，估价行为国静观其变，人为地阻碍了国际贸易的发展。

可见，滥用海关估价是一种非关税贸易壁垒。为减少或消除海关估价对国际贸易发展的不利影响和消极因素，世界各国原则上都主张制定一套国际统一的海关估价行为准则。

三、关贸总协定初期的估价制度

许多国家出于自身利益的考虑，纷纷要求统一海关估价，禁止滥用海关估价手段。同时，有关国际会议也曾多次呼吁要有一个国际统一的估价制度。

特别是第二次世界大战以后，旨在协调各国贸易关系和关税事务的关税同盟和关税条约应运而生。同时各国政府也逐渐意识到，不平等的海关估价方法不仅损害了本国的出口利益，同时也削弱甚至抵消了关税谈判的重要成果。于是，1947年在联合国召开的贸易与就业会议上签署了一项包括海关估价内容的多边国际协定，即《关税及贸易总协定》（以下简称《关贸总协定》）。《关贸总协定》第七条是经贸史上第一次就进口货物海关估价这一问题达成了国际协议。

《关贸总协定》第七条规定："海关对进口货物的估价，应以进口商品或相同商品的实际价格而不得以国内产品的价格或者以武断的或虚构价格为完税价格的依据。"这是国际上第一次统一规定的有关海关估价准则。

《关贸总协定》第七条所规定的全体缔约国应当遵守的海关估价原则主要包括以下几个方面：

1. 海关对商品的估价，应以进口商品或相同商品的实际价格，而不得以国产品的价格或者以武断的或虚假的价格作为计征关税的依据。

2. 实际价格是指在进口国立法所确定的某一时间和地点，在充分竞争条件下的正常贸易过程中某一商品出售或兜售的价格。

3. 海关对进口产品的估价不应包括在原产国或出口国对该产品免征或退还的任何国内税额。

4. 若在估价时须将另一国货币表示的价格折合成本国货币，外汇折合率应符合国际货币基金协定有关条款所规定的平价，或者以该协定所认可的汇率为标准；如果没有规定的平价或协定所认可的汇率，则折合率应有效地反映该货币在商业交易中的现行价值。

5. 确定产品价值的根据和方法必须稳定，为商人所熟知，以便他们能准确地估计海关的估价结果。

四、《布鲁塞尔海关估价公约》

《关贸总协定》生效后，1950年西欧各国便在《关贸总协定》第七条的基础上，又制定了更为具体的海关估价文件，即《海关商品估价公约》，也称为《布鲁塞尔海关估价公约》，（以下简称《估价公约》）。

《估价公约》规定各缔约国海关估价，应以进口货物的"正常价格"为依据。所谓"正常价格"是指在进口国口岸缴纳关税时，在买卖双方相互独立的公开市场上任何买方都可能买到这种货物的交易价格。正常交易条件,即在同一时间、同一地点、同一种情况下,任何买方进口相同的货物,只能有一个"正常价格"。

这是海关估价的依据,即海关认定的"正常价格",如果越出"正常价格"范围,海关应按"正常价格"标准估定其货物的完税价格。

《估价公约》的核心就是"正常价格"这个概念。换句话说,海关所确定的完税价格不一定是货物的实际销售价格,也不一定是购销合同中所签署的价格。它只要满足三个条件:即在公开市场上形成的价格;正式出售价格;买卖双方没有特殊经济关系的,即为海关估价所接受的完税价格。所以很多人认为这是一种抽象的价格概念。

《估价公约》的基本估价原则如下:

1. 海关估价应遵循商业要求的平等和简单的原则,尽可能依据商业单据估价。要求海关估价不得使用武断或虚构的价格;要求海关估价过程简单快速,不要妨碍货物验放通关。

2. 海关估价制度应为进口商所理解,使进口商事先可根据海关规定,将海关的完税价格估算出来。

3. 海关估价应保护诚实进口商的正当利益,抵制由于低报、伪报价格等不正当行为而引起的不公平竞争。

4. 如果海关认为所申报的价格可能有误,应迅速核对查实,以便正确执行海关估价规定。如果海关与进口商发生估价争议,解决的程序应尽可能简单、迅速和公平。

《布鲁塞尔海关估价公约》尽管当时有33个国家正式签署,同时也为近百个国家所接受,但却被美国、苏联、加拿大等几个大国所否决,他们拒绝采用布鲁塞尔海关估价准则。因此,仍然没有达到统一国际海关估价制度的目的。

五、《新估价法规》

1979年在关贸总协定"东京回合"谈判中,最终达成了《关于实施关贸总协定第七条的协议》,重新制定了国际统一实施的海关估价规定,亦称为《新估价法规》,并于1980年正式实施。现已成为世界上公认的统一的海关估价制度规范。

《新估价法规》的基本原则是:"进口货物的海关完税价格应为货物的成

交价格，即该货物向进口国出口时买方向卖方实际支付或者应当支付的价格"。《新估价法规》采用了"成交价格"作为海关估价的主要依据，也就是关贸总协定第七条所说的"实际价格"。

所谓"成交价格"是指进口货物在没有经济关系的买卖双方在公开市场上成交的已付或应付的价格，它是以具体商品成交的合同价格或发票价格为准，但该项成交价格必须符合规定的要求。

《新估价法规》规定完税价格可以以到岸价格或离岸价格为依据，由各缔约国根据自己的立法制定。

《新估价法规》认为货物在不同的交易中允许存在不同的实际成交价格，只要符合"成交价格"的条件，海关不一定要求有一个统一的完税价格。这就避免了《布鲁塞尔海关估价公约》的最大分歧点。所以专家们普遍认为，《新估价法规》是两种估价制度互相妥协的产物。

《新估价法规》规定，成交价格除货物本身的价款外，还必须包括四项费用。

1. 应由买方承担，但没有包括在价格中的卖方佣金、经纪费、海关按成本对待的容器费用、包装材料和其他劳务费用。

2. 与生产和销售进口货物有关的，未包括在申报价格中的物品和劳务的价值。

3. 作为该进口货物的一项销售条件，买方必须支付的与该货物有关的专利费、特许权使用费等。

4. 货物进口以后，因为转售、处理或使用，合同规定必须由买方支付给卖方的回归盈利。

买方佣金、商品的进口关税、进口环节课征的其他税费，以及在进口国内的安装、组装、调试、技术协助费（除非与货物价格不能分开计算），都不应包含在完税价格中。

对于与进口货物销售有关的运费、装卸费和保险费，是否全部或部分包含在完税价格中，则由各国立法确定，这主要取决于国家确定完税价格的基础是到岸价格（CIF），还是离岸价格（FOB）。

《新估价法规》规定了依次使用的六种海关估价方法。

1. 成交价格。即以被估货物的成交价格作为其完税价格，这是最基本的一种估价方法。但在较多的情况下，货物却没有获得符合条件的成交价格，诸如关联企业的货物交易价格、进口货物是免费赠送物品、进口货物是寄售物品、进口货物是样品样货等,无法取得成交价格。

2. 相同货物成交价格。即以与被估货物同时或大约同时进口的,相同货物的成交价格(必须是同一个国家生产制造的),作为该货物的完税价格。

3. 类似货物成交价格。即以与被估货物同时或大约同时进口的,类似的货物的成交价格,作为其完税价格。按规定,这一估价方法只是在无法找到货物时才能采用。

4. 市场价格。即以被估货物进口时,在进口国国内市场上,与被估货物无关系的其他商人,以最大批量出售相同或类似进口货物的单价为依据,扣除:(1)进口关税;(2)国内的运费和保险费;(3)销售费用及利润;(4)如果采用FOB为完税价格基础的国家,还应扣除货物从出口国运抵进口国的运费、保险费,其剩余部分作为完税价格。

5. 计算价格。如果上述方法均不能解决估价,则以计算价格为依据,确定货物的完税价格。

计算价格由以下部分组成:(1)生产国在生产加工过程中发生的原材料及各项费用;(2)相当于在出口国制造,并向进口国销售的,与被估货物相同或类似的货物所发生的一般销售费用及利润。(3)如果是以CIF为完税价格的基础,还要加上货物从出口国运抵进口国所发生的运费和保险费。

6. 合理方法或重复使用方法。如果上述方法均不能解决估价,可采用符合关贸总协定第7条规定或《新估价法规》基本原则的其他合理方法,估定货物的完税价格;或者按顺序重复使用五种估价方法,但是适当放宽使用的条件。

同时,该法规明确规定,不能以下列标准确定货物的完税价格:

(1) 进口国自己生产的货物的市场价格;

(2) 海关规定两个或两个以上价格标准,并择其高者使用;

(3) 货物在出口国国内市场上的价格,因为这个价格有时比出口价格还高;

(4) 按计算价格法确定的货物生产成本,超过了相同或类似货物的生产成本;

(5) 向进口国以外的其他国家出口货物的价格;

(6) 对完税价格确定最低标准;

(7) 武断的或虚构的价格。

最后强调的是,《估价公约》与《新估价法规》所规定的海关估价制度是目前国际上有关海关估价的的两大体系。世界各国在制定本国海关估价制度时一般都要参照其估价原则及方法。

第三节 我国海关审价制度

一、我国海关审价制度发展

我国的海关审价制度源于1951年颁布的《海关进出口税则暂行条例》和《海关进出口税则暂行实施细则》。

《海关进出口税则暂行实施细则》中明确规定了海关估价的价格准则,即"进口货物应以该货物运抵我国的到岸价格为完税价格","出口货物的完税价格,为该货物售与国外的离岸价格除去出口税,经海关审查确定者。"同时规定:"到岸价格系指货物在采购地之正常批发价格加上出口税,运抵我国输入地点起卸前的包装费、运费、保险费、手续费等一切费用,经海关审定者。如进口货物在采购地的正常批发价格,海关未能确定时,其完税价格,应以申报进口时国内输入地点的平均批发市价减去进口费用及营业费用作为计算依据。"

尽管这个估价制度比较简单,但与我国计划经济时期的外贸体制和海关管理体制基本相适应的。所以一直沿用到1985年。

改革开放后,我国的政治经济形势发展迅速,国家对海关估价制度也做了多次修改。1985年3月7日国务院颁布了《中华人民共和国进出口关税条例》,其第三章对海关估价制度做了更为详细和合理的规定。

1986年海关总署颁布了《关于审定出口货物完税价格的办法》,进一步增强了海关估价制度的可操作性。

1987年7月1日全国人大常委会颁布了《中华人民共和国海关法》,对海关估价制度做了专门的规定。

1989年1月30日海关总署颁布了《中华人民共和国海关审定进出口货物完税价格办法》(以下简称《审价办法》)。这是根据《海关法》和《进出口关税条例》中有关估价的条款,对海关估价制度所进行的一次重大的修正和调整。

1992年9月1日根据新修订的《进出口关税条例》,认真地参照国际通用的《新估价法规》，海关总署重新修订了《审价办法》，这是我国现行海关审价制度的基本法规。

二、我国现行海关审价制度的内容

现行的《审价办法》是国家根据《海关法》和《进出口关税条例》所确定的海关估价原则而制定的，既参考和吸收了目前国际上通用的《新估价法规》的一些基本内容，又结合了我国的具体情况，符合我国当前估价工作的需要。

现行《审价办法》规定："海关以进出口货物的实际成交价格为基础审定完税价格，实际成交价格是一般贸易项下进口或出口货物的买方为购买该项货物而向卖方实际支付的价格。"

我国海关估价的依据是成交价格，也就是说，确定完税价格必须以货物的实际成交价格为基础；而纳税人申报的价格不一定就是完税价格，只有经过海关审定并接受的申报价格才能作为完税价格。

按现行《审价办法》规定：

1. 进口货物以海关审定的成交价格为基础的到岸价格作为完税价格，出口货物以海关审定的正常离岸价格扣除出口税作为完税价格。到岸价格和离岸价格无法确定时，完税价格由海关估定。

2. 进口货物的到岸价格包括货价，加上货物运抵我国关境内输入地点起卸前的包装费、运费、保险费和其他劳务费用。

3. 进口货物的成交价格经海关审查未能确定的，应当以该货物的同一出口国或者地区买进的相同的或者类似货物的成交价格为基础的到岸价格作为完税价格。

这里的"相同货物"是指在所有方面都相同的货物，包括物理或化学性质、质量和信誉，但允许存在表面上的微小差别和包装差别。

这里的"类似货物"是指虽不是在所有方面都相同，但是同一国家或地区制造的具有类似特性、类似组成材料，并有同样的使用价值，而且在商业上可以相互替换的货物。

4. 如按上述规定完税价格仍无法确定的，则应当以相同或类似进口货物在国际市场上公开的成交价格，作为估定被估货物完税价格的依据。

5. 如按上述规定完税价格还是无法确定的，应当以相同或类似进口货物在国内市场上的批发价格，减去进口关税和进口环节其他税收以及进口后的正常运输，储存，营业费及利润作为完税价格。

6. 遇有特殊情况，货物的完税价格可由海关按照合理方法估定。

现行的《审价办法》明确规定，海关审定进出口货物的完税价格，是为了防止纳税人伪报、瞒报进出口货物价格，藉以偷逃关税的行为，保护公平竞争和维护纳税人的合法权益。具体明确了进出口货物完税价格的定义、海关估价的基本方法和海关和被估方（纳税人）的权利和义务，具有科学性和公开性，既符合国际公认的海关估价的主要精神和基本准则，又体现了我国国情的独特性以及我国坚持按国际惯例来管理对外贸易活动的一贯做法。

第七章

完税价格制度

第一节 进口货物的完税价格

完税价格就是由海关审核确定的用以计算应税商品税款的货物物品价格。

根据2000年7月8日《海关法》修正版第五十五条规定："进出口货物的完税价格，由海关以该货物的成交价格为基础审查确定，成交价格不能确定时，完税价格由海关依法估定。"也就是说，进出口货物的完税价格必须由海关依据国家制定的估价规定进行确认，故而，完税价格亦称为海关价格或海关估价。

1992年9月1日颁布实施的《中华人民共和国海关审定进出口货物完税价格办法》（以下简称《办法》）第三十一条规定："进出口货物的收发货人应当向海关如实申报进出口货物的成交价格，提供包括发票、合同、装箱清单及其他证明申报价格真实、完整的单证、书面资料和电子数据。海关认为必要时，进出口货物的收发货人还应当向海关补充申报反映买卖双方关系和成交活动的情况，以及其他与成交价格有关的资料"，以确认其申报价格的真实性。

因此，完税价格既要扎根于价格实际，又要体现无歧视的公正原则。完税价格作为海关征税的基础，是与海关估价制度密切相关。

完税价格制度包括：一般进口货物完税价格制度、特殊进口货物完税价格制度、出口货物完税价格制度、完税价格中运费和保险费计算规则。

一、一般进口货物的完税价格

我国《海关法》第五十五条规定："进出口货物的完税价格，由海关以该货物的成交价格为基础审查确定，成交价格不能确定时，完税价格由海关依法估定。"《进出口关税条例》第十条规定："进口货物以海关审定的成交价格为基础的到岸价格作为完税价格，到岸价格包括货价，加上货物运抵中华人民共和国关境内输入地点起卸前的包装费、运费、保险费和其他劳务费等费用"。《办法》第三条规定："进口货物的完税价格，由海关以该货物的成交价格为基础审查确定，并应当包括货物运抵中华人民共和国境内输入地点起卸前的运输及其相关费用、保险费。"

根据上述规定，海关审定的完税价格是以申报进口之日所认定的实际成交价格为基础，以到岸价格为标准所进行的海关估价结果。这是我国海关对一般进口货物审价的最基本原则。

（一）成交价格

《办法》将实际成交价格界定为：一般贸易项下进口货物的买方为购买该项货物，向卖方实际支付或者应当支付的价格（不包括租赁、寄售、以货易货等贸易方式）；实际成交价格应为正常的贸易条件下的成交价格，买卖双方应当相互独立，买方支付价款后，对货物的使用和转让不受任何限制。

（二）到岸价格

到岸价格（CIF）即成本、运费加保险费。卖方应承担货物运抵目的港起卸之前的费用。因而到岸价格应包括货物价格，货物运抵我国关境内输入地点起卸前的包装费、运费、保险费和其他劳务费用。如果实际的成交价格为FOB（离岸价格）、C&F（成本加运费）或其他价格标准都应调整为CIF的标准。

（三）海关审价

海关审价主要是确认作为进口货物完税价格基础的成交价格是否准确可靠，因此，其审查包括两个方面：

1. 初步审查基本手续必须符合规定。

（1）审查纳税人交验的单证（包括进口报关单及随附的发票，包装清单等有关单证）。

（2）审阅在查验中批注的进口货物品名、规格、牌号、数量等。

（3）审核申报的货物成交价格是否符合《办法》的规定等。

上述审查如果不符合规定，海关应对成交价格进行必要的调整。

2. 进一步审查成交价格还必须符合下列要求。

（1）买方对进口货物的处置或使用不受限制，但国内法律、行政法规规定的限制、对货物转售地域的限制、对货物价格无实质影响的限制除外。

(2) 货物的价格不得受到使该货物成交价格无法确定的条件或因素的影响。

(3) 卖方不得直接或间接获得因买方转售、处置或使用进口货物而产生的任何收益，除非能够按照《办法》第四条的规定做出调整。

(4) 买卖双方之间没有特殊关系。如果有特殊关系，应当符合《办法》第六条的规定。

上述审查如果不符合规定，海关应对成交价格进行必要的调整。

(四) 海关对特殊经济关系的认定

关联企业之间由于存在特殊的经济利益，有着特殊的交易条件，可以安排特殊的交易价格。为此，海关审价中认定的"关联企业交易"有权拒绝纳税人申报的货物成交价格，并另行估价征税。

《办法》第四十二条规定，有下列情形之一的，应当认定买卖双方有特殊关系：

1. 买卖双方为同一家族成员。
2. 买卖双方互为商业上的高级职员或董事。
3. 一方直接或间接地受另一方控制。
4. 买卖双方都直接或间接地受第三方控制。
5. 买卖双方共同直接或间接地控制第三方。
6. 一方直接或间接地拥有、控制或持有对方5%或以上公开发行的有表决权的股票或股份。
7. 一方是另一方的雇员、高级职员或董事。
8. 买卖双方是同一合伙的成员。

买卖双方在经营上相互有联系，一方是另一方的独家代理、经销或受让人，如果符合前款的规定，也应当视为有特殊关系。

(五) 海关审定完税价格

海关审定完税价格应当包括下列费用和价值：

1. 由买方负担的以下费用：
(1) 除购货佣金以外的佣金和经纪费。
(2) 与该货物视为一体的容器费用。
(3) 包装材料和包装劳务费用。
2. 可以按照适当比例分摊的，由买方直接或间接免费提供或以低于成本价方式销售给卖方或有关方的下列货物或服务的价值：

（1）该货物包含的材料、部件、零件和类似货物；

（2）在生产该货物过程中使用的工具、模具和类似货物；

（3）在生产该货物过程中消耗的材料；

（4）在境外进行的为生产该货物所需的工程设计、技术研发、工艺及制图等。

3．与该货物有关并作为卖方向中华人民共和国销售该货物的一项条件，应当由买方直接或间接支付的特许权使用费。

4．卖方直接或间接从买方对该货物进口后转售、处置或使用所得中获得的收益。

（六）海关无法确认的完税价格

《办法》第七条规定，进口货物的到岸价格经海关审查未能确定的，海关应当依次使用下列方法估定完税价格：

1．相同货物成交价格方法。

2．类似货物成交价格方法。

3．倒扣价格方法。

4．计算价格方法。

5．合理方法。

如果进口货物的收货人提出要求，并提供相关资料，经海关同意，可以选择倒扣价格方法和计算价格方法的适用次序。

所谓"相同或类似货物成交价格方法"，是指以与被估的进口货物同时或大约同时进口的相同或类似货物的成交价格为基础估定完税价格。

所谓"倒扣价格方法"，是指以被估的进口货物、相同或类似进口货物在境内销售的价格为基础估定完税价格。

所谓"计算价格方法"，是指以下列各项的总和估定进口货物的完税价格：其一，生产该货物所使用的原材料价值和进行装配或其他加工的费用；其二，与向境内出口销售同等级或同种类货物的利润和一般费用相符的利润和一般费用；其三，货物运抵境内输入地点起卸前的运输及相关费用、保险费。

所谓"合理方法"，是指根据本办法的估价原则，以在境内获得的数据资料为基础估定进口货物的完税价格。

二、成交价格调整

成交价格是买方实际支付或应当支付给卖方的货物价格，但成交价格还应包括一些其他费用。诸如佣金、价格折扣、特许权使用费或软件费、罚款和其他费用，应一并计入货物的完税价格。如果申报人的货物成交价格未包括这些费用，海关有权对成交价格进行调整。

1. 佣金。《办法》规定，由买方负担的是除购货佣金以外的佣金。所谓"购货佣金"，指买方为购买进口货物向自己的采购代理人支付的劳务费用。

佣金分为买方佣金和卖方佣金。

卖方佣金是卖方为了推销其商品而委托代理人寻找买主，实现销售后付给代理人的劳务费用。

买方佣金是买方为了购买商品，支付给代理人的劳务费用。所以按规定，卖方佣金应计入完税价格；买方佣金则不应计入完税价格。

2. 价格折扣。分为销售折扣与折扣销售。

销售折扣是卖方在销售货物之后，为了鼓励买方尽早支付货款，而给予买方的一种价格优惠。由于销售折扣发生在销货之后，故不得从成交价格中扣除。

折扣销售是指卖方在销售货物时，因买方购货数量较大等原因，而给予买方的价格优惠。因为这种折扣是与货物销售同时发生的，故可以从成交价格中扣除。

3. 特许权使用费或软件费。《办法》规定，"特许权使用费"指买方为获得与进口货物相关的、受著作权保护的作品、专利、商标、专有技术和其他权利的使用许可而支付的费用。但是在估定完税价格时，进口货物在境内的复制权费不得计入该货物的实付或应付价格之中。

4. 罚款。这里所说的罚款，是特指由于卖方违反合同规定而延期交货，或因到货质量、数量与原合同规定不符，而形成的卖方支付的罚款。按《新估价法规》的规定，如果罚款是由买卖双方协议的，可以从货物成交价格中扣除。

5. 其他费用。对于发生在我国关境内，输入地点起卸前的费用，都应计入货物的成交价格；对于发生在我国关境内，输入地点起卸后的费用，则不应计入货物的成交价格。

纳税人申报的货物成交价格，也可能包含有一些不应计入完税价格的费用，则应从成交价格中扣除。

三、海关估价方法

（一）基本估价方法

基本估价方法也称审定成交价格法，就是以经海关审定的进口货物的成交价格为基础的到岸价格，作为其完税价格，并在此基础上，考虑运输费、保险费、其他费用等，将其调整到岸价格的标准，即可以作为进口货物的完税价格。这一估价方法是我国乃至世界各国海关在实际工作中运用最普遍的方法。

运用这一方法，各种不同成交价格的进口货物完税价格的计算方法如下：

1. 以到岸价格（CIF）成交的进口货物，直接以此价格作为完税价格。

2. 以我国境外口岸离岸价格（FOB）成交的进口货物，应当加上该货物从境外发货到运抵我国境内目的地口岸的实际支付的运费、保险费，作为其完税价格。计算公式为：

$$完税价格 = \frac{离岸价格（FOB）+ 运费}{1 - 保险费率}$$

3. 以运抵我国境内口岸的离岸货价加运费（C&F）成交的进口货物，应另加保险费作为其完税价格。计算公式为：

$$完税价格 = \frac{C\&F 价格（货价 + 运费）}{1 - 保险费率}$$

如果上述运费和保险费的实际支付额符合国家的有关规定，则可直接按实际支付额，计算进口货物的完税价格。如果实际支付额无法确定，则按主管机构规定的运费率、保险费率计算调整运费和保险费。

按《办法》规定，进口货物的运输及其相关费用、保险费应当按照下列方法计算：

（1）海运进口货物，计算至该货物运抵境内的卸货口岸，如果该货物的卸货口岸是内河（江）口岸，则应当计算至内河（江）口岸。

（2）陆运进口货物，计算至该货物运抵境内的第一口岸。如果运输及其相关费用、保险费支付至目的地口岸，则计算至目的地口岸。

（3）空运进口货物，计算至该货物运抵境内的第一口岸。如果该货物的目的地为境内的第一口岸外的其他口岸，则计算至目的地口岸。

1. 陆运、空运和海运进口货物的运费，应当按照实际支付的费用计算。如果进口货物的运费无法确定或未实际发生，海关应当按照该货物进口同期运输行业公布的运费率(额)计算。

2. 陆运、空运和海运进口货物的保险费,应当按照实际支付的费用计算。如果进口货物的保险费无法确定或未实际发生,海关应当按照"货价加运费"两者总额的3‰计算保险费。

3. 邮运的进口货物,应当以邮费作为运输及其相关费用、保险费。

4. 以境外边境口岸价格条件成交的铁路或公路运输进口货物,海关应当按照货价的1%计算运输及其相关费用、保险费。

(二) 其他估价方法

进口货物的成交价格如果经海关审查无法确定的,应当按上述《审价办法》规定的其他五种依次顺序使用的估价方法,确定其完税价格。

1. 相同或类似货物成交价格法。采用以被估货物相同或类似的进口货物的成交价格,作为估定被估货物的完税价格的依据。

2. 国内价格倒扣法。采用以与被估货物相同或类似的进口货物在国内市场上的批发价格,扣除进口关税和进口环节的其他税费,以及进口后的运费、保险费、营业费用和利润等,作为作为估定被估货物的完税价格(我国将进口后的各项费用确定为完税价格的20%)。计算公式为:

$$完税价格 = \frac{国内市场批发价格}{1+进口关税优惠税率+20\%}$$

如果该项货物在进口环节征收了增值税、消费税及其他税费,还应将这些税费扣除,计算公式为:

$$完税价格 = \frac{国内市场批发价格}{\frac{1+关税税率}{1-消费税率} \times (1+增值税率) + 20\%}$$

3. 合理方法。上述方法仍然不能确定进口货物的完税价格,则由海关按合理的方法估定其完税价格。"合理方法"一般即指构成该项进口货物所必须支付的价格总和。我国政府对海关可以采用的合理方法没有具体规定,一般由海关依据掌握的被估货物的基本情况,进行综合估价,以计算被估货物的完税价格。

第二节 特殊进口货物的完税价格

所谓"成交价格",是一般贸易项下进口货物的买方为购买该项货物,向卖方实际支付或者应当支付的价格。但有时货物在申报进口时尚未发生销售，诸如租赁或样货进境等，没有成交价格可作为海关估价的依据。

为此，《中华人民共和国海关审定进出口货物完税价格办法》规定。

1. 对加工贸易进口料件及其制成品需征税或内销补税的，按照下列规定审定完税价格。

（1）进口时需征税的进料加工进口料件，以该料件申报进口时的价格估定。

（2）内销的进料加工进口料件或其制成品（包括残次品、副产品），以料件原进口时的价格估定。

（3）内销的来料加工进口料件或其制成品（包括残次品、副产品），以料件申报内销时的价格估定。

（4）出口加工区内的加工企业内销的制成品（包括残次品、副产品），以制成品申报内销时的价格估定。

（5）保税区内的加工企业内销的进口料件或其制成品（包括残次品、副产品），分别以料件或制成品申报内销时的价格估定。如果内销的制成品中含有从境内采购的料件，则以所含从境外购入的料件原进口时的价格估定。

（6）加工贸易加工过程中产生的边角料，以申报内销时的价格估定。

2. 从保税区或出口加工区销往区外、从保税仓库出库内销的进口货物（加工贸易进口料件及其制成品除外），以海关审定的价格估定完税价格。

3. 运往境外修理的机械器具、运输工具或其他货物，出境时已向海关报明，并在海关规定期限内复运进境的，应当以海关审定的境外修理费和料件费以及该货物复运进境的运输及其相关费用、保险费估定完税价格。

4. 运往境外加工的货物，出境时已向海关报明，并在海关规定期限内复运进境的，应当以海关审定的境外加工费和料件费以及该货物复运进境的运输及其相关费用、保险费估定完税价格。

5. 租赁方式进口的货物，按照下列方法估定完税价格：

（1）以租金方式对外支付的租赁货物在租赁期间以海关审定的租金作为完税价格。

（2）留购的租赁货物以海关审定的留购价格作为完税价格。

（3）承租人申请一次性缴纳税款的，经海关同意，按照《办法》第二章的规定估定完税价格。

6. 对于境内留购的进口货样、展览品和广告陈列品，以海关审定的留购价格作为完税价格。

7. 对于经海关批准的暂时进境的货物，应当按照《办法》第七条至第十一条的规定估定完税价格。

8. 以易货贸易、寄售、捐赠、赠送等其他方式进口的货物，应当按照本办法第七条至第十一条的规定估定完税价格。

第三节　出口货物完税价格

我国《海关法》第五十五条规定："进出口货物的完税价格，由海关以该货物的成交价格为基础审查确定，成交价格不能确定时，完税价格由海关依法估定"。

《进出口关税条例》第十六条规定"出口货物应当以海关审定的货物售与境外的离岸价格，扣除出口关税后，作为完税价格。离岸价格不能确定时，完税价格由海关估定"。

《办法》第二十一条规定："出口货物的完税价格由海关以该货物向境外销售的成交价格为基础审查确定，并应包括货物运至中华人民共和国境内输出地点装载前的运输及其相关费用、保险费，但其中包含的出口关税税额，应当扣除。出口货物的成交价格是指该货物出口销售到中华人民共和国境外时买方向卖方实付或应付的价格。"

我国对出口商品实行鼓励的政策，鼓励出口制成品，减少出口原材料；鼓励盈利较高而且比较稳定的大宗商品出口。同时也有意识地控制一些国际市场容量有限、价格波动较大，而国内又十分紧缺物资的盲目出口。既有利于改革开放，又要搞活经济，促进整个国民经济的发展。

一、成交价格

海关审定出口货物完税价格时遵循的估价准则，与审定进口货物完税价格是基本一致的。成交价格是指一般贸易项下出口货物的买方为购买该项货物，向卖方实际支付或者应当支付的价格，可作海关审定出口货物完税价格的基础。这一价格应为正常的贸易条件下的成交价格，不应包括租赁、寄售、以货易货等贸易方式，买卖双方应当相互独立，无特殊的经济关系。

二、离岸价格

离岸价格（缩写为 FOB），即船上交货，即卖方只负担货物在指定装运港装船前的费用和风险，其价格包括货物价格和指定装运港装船前的包装费、运费、保险费和其他劳务费用。不包括货物装船以后发生的一切费用。如果实际的成交价格为 CIF（到岸价格）或 C&F（成本加运费），则应调整为 FOB 的标准。

三、海关审价完税价格

成交价格是出口货物完税价格的基础，但必须由海关审定认可。

海关审价的内容和上述进口货物审价一样。

如果出口货物的成交价格经海关审查无法确定，海关对纳税人申报的货物成交价格不予承认，并有权另行估价征税。

一般情况下，国家为了出口创汇，增强本国出口商品在国际市场上的竞争能力，对绝大部分出口货物都不课征出口关税，即使为了确保国内市场供应，对少数出口货物征收关税，税率通常也不高。因此，对出口货物完税价格的审定要简单得多。

下面对各种不同成交价格的出口货物完税价格的换算：

1. 出口货物是以离岸价格（FOB）成交，则应扣除出口关税作为其完税价格。其计算公式为：

$$完税价格 = \frac{出口货物离岸价格}{1 + 出口关税税率}$$

2. 出口货物是以到岸价格（CIF）成交的，则应扣除货物离境后的运费和保险费，并扣除出口关税作为其完税价格。其计算公式为：

$$完税价格 = \frac{到岸价格 - 运费 - 保险费}{1 + 出口关税税率}$$

3. 出口货物是以货价加运费（C&F）成交的，则应扣除货物离开我国关境后的运费，再扣除出口关税作为其完税价格，其计算公式为：

$$完税价格 = \frac{C\&F - 运费}{1 + 出口关税税率}$$

成交价格中如包含支付给境外的佣金，并与货物的离岸价格可以分列，应予以扣除；未单独列明的，则不予扣除。运费、保险费，如果能确定其实际支付额，并符合国家规定，可以按实际支付额计算扣除。如果实际支付额无法确定，应按有关主管机构规定的运费率（额）、保险费率计算运费和保险费。

四、海关无法确认的完税价格

当出口货物的成交价格不能确定时，完税价格由海关依次使用下列方法估定：

1．同时或大约同时向同一国家或地区出口的相同货物的成交价格。

2．同时或大约同时向同一国家或地区出口的类似货物的成交价格。

3．根据境内生产相同或类似货物的成本、利润和一般费用、境内发生的运输及其相关费用、保险费计算所得的价格。

4．按照合理方法估定的价格。

第四节 进口物品的完税价格

一、进口物品关税

进口物品，一般是指入境旅客随身携带的行李和物品、个人邮递进口物品、各种运输工具上的服务人员携带进口的自用和馈赠物品等。进口物品属于非贸易性质，数量小、品种杂、验放时间较短、监管工作烦琐、政策性又特别强。这是进口物品征管工作的最大特征。

对进口物品所征收的关税，亦称行李和邮递物品进口税，或简称行邮税，是一种特殊形式的关税。

进口物品关税的实施范围，根据海关总署1994年7月1日颁布的《中华人民共和国海关关于入境旅客行李物品和个人邮递物品征收进口税办法》（以下简称《办法》）规定，包括以下几个方面：

1．所有入境旅客携带的应税个人自用物品。

2．运输工具服务人员携带的应税个人自用物品。

3．个人邮递进口的自用物品。

4．其他方式进口的应税个人自用物品。

该《办法》所强调的应税个人自用物品不包括汽车、摩托车及其配件、附件。对进口应税个人自用汽车、摩托车及其配件、附件，应按《中华人民共和国海关进出口税则》和其他有关税法、规定征收进口税。

二、进口物品的完税价格

根据《海关法》第五十五条规定:"进出境物品的完税价格,由海关确定。"《中华人民共和国海关关于入境旅客行李物品和个人邮递物品征收进口税办法》第五条进一步规定:"进口税从价计征"。由于入境旅客行李物品和个人邮递进口物品来自世界各地,相同物品的到岸价格大不相同,情况错综复杂。其完税价格的审定就十分困难。我国海关总署为了简化计税手续和统一各口岸海关审价尺度,编制了《进口旅客行李物品和个人邮递物品完税价格表》,将常见的行李、邮递物品的完税价格列于表中,由全国海关统一实施。

该《完税价格表》将应税非贸易性进口物品划分为十三类,即:

1. 电器用品。包括电视机、电冰箱、洗衣机、音响设备、录像设备、空调器等十三种。
2. 照相机。
3. 车辆。包括摩托车、自行车。
4. 打字机。
5. 缝纫机、纺织机。
6. 钟、表。
7. 日用品。包括家具、厨房用品、化妆品等。
8. 文体用品。包括乐器、文具、体育用品。
9. 纺织、服装、鞋帽。包括纺织品、服装、鞋类。
10. 仪器、仪表。包括医疗器材、科学仪器、仪表。
11. 药品。
12. 食品。
13. 烟酒。

对表中十三类商品,分别制定其完税价格,并根据市场价格变动情况,不定期地进行调整。

考虑到进口物品实际价格与表中所列的完税价格相差较大,或者某些进口物品未列于表中,海关可以根据纳税人提供的价格资料或根据实际情况估定物品的完税价格,并上报海关总署,以便作将来调整完税价格时的参考。

海关总署1999年6月1日对入境旅客行李物品和个人邮递物品完税价格做了调整与修订,主要只涉及六种商品,范围不是很大,故在此省略。

三、进口物品的税率运用

《中华人民共和国海关关于入境旅客行李物品和个人邮递物品征收进口税办法》第六条规定:"应税个人自用物品由海关按照填发税款缴纳证当日有效的税率和完税价格计征进口税。"

该办法说明除另有规定外,进口个人自用物品一律由海关按照《入境旅客行李物品和个人邮递物品进口税税率表》征收进口税(见表7-1)。附表为1994年1月1日实行。

表7-1　入境旅客行李物品和个人邮递物品征收进口税税率表

税　号	物品名称	进口税率
1	书报、刊物、教育专用的电影片、幻灯片、原版录音带、录像带、避孕用具和药品、金、银及制品、食品	免税
2	纺织品和制成品、电器用具(不包括微机、摄像机)、照相机、自行车、手表、钟表及其配件、附件、化妆品	50%
3	摄像机	100%
4	烟、酒	200%
5	以上号列没有包括物品	20%

国务院关税税则委员会于1996年8月1日重新修订了《入境旅客行李物品和个人邮递物品征收进口税税率表》,并海关对外公布(见表7-2)。附表为1996年8月1日实行。

表7-2　入境旅客行李物品和个人邮递物品征收进口税税率表

税　号	物品名称	进口税率
1	书报、刊物、教育专用的电影片、幻灯片、原版录音带、录像带、金、银及制品、食品、饮料 本表2、3、4税号及备注中所不包括的其他商品	10%
2	纺织品和制成品、电器用具(不包括摄像机)、照相机、自行车、手表、钟表(含配件、附件)	30%
3	化妆品、摄像机	80%
4	烟、酒	100%

四、进口物品应纳关税的计算

《中华人民共和国海关关于入境旅客行李物品和个人邮递物品征收进口税办法》第六条规定:"进口税税额为完税价格乘以进口税税率,纳税义务人应当在海关放行应税个人自用物品之前缴纳税款。"

在进口物品完税价格确定以后,按照规定的适用税率,就能计算应纳税额。应纳税额计算公式如下:

进口物品应纳关税税额 = 关税完税价格 × 进口关税适用税率

进口物品的纳税期限为物品放行前,故而个人物品不存在征收滞纳金问题。个人邮递物品的进口关税,由海关委托邮局按《海关委托邮局代收税款办法》处理。

第八章

关税减免制度

第一节 关税减免概述

一、关税减免界定

一般情况下，各国对进出口货物依法征收关税，是为了保护国内企业的发展，同时也是为了取得财政收入。但是，由于进口国政治经济等方面的原因，包括根据国际条约和惯例，必须减免某些纳税义务人或某些进出口应税货物的纳税义务。因此，关税减免就成了各国关税制度的重要组成部分。

关税的纳税义务可以是全部免除，也可以是部分免除。全部免除纳税义务称为免征关税，部分免除纳税义务称为减征关税。

关税减免是根据国家产业政策按进出口商品的种类实施的，不针对特定个人或特定单位。关税减免依然遵循了关税的三大职能，即保护职能、财政职能和调节职能。

关税减免有其漫长的历史，有对特权阶层的减免，有对特殊商品的减免，但现代关税减免基本都是出于国家政治因素或经济政策的需要，或者是实行对等原则。

二、关税减免的意义

关税减免制度是对符合海关法律规定条件的进出口货物，经海关审查确认，减免其纳税人应履行关税义务的制度。

关税减免制度作为关税制度的一个重要组成部分，是关税政策和对外贸易政策灵活性的具体表现，也是国家实现经济政策目标的一项重要的政策工具。

关税减免直接影响着关税制度的正常运行、关税负担的合理分布和关税政策的实际效果，对生产经营和国际贸易的发展都有不可忽视的推动作用。

关税减免的现实意义在于：

1. 有利于实现国家的经济政策目标。现代社会的保护性关税政策，决定了征收关税不仅是为了取得财政收入，更主要的是为了调控社会经济，为了实现一定的经济政策目标。关税政策作为一项特殊的调控措施，在经济领域中发挥着重要的杠杆作用。

关税的减免措施是其调节职能的一部分，灵活地运用这一措施可以刺激企业的生产积极性，推动产品升级换代，促进企业引进先进技术设备，提高综合经济效益，调节商品的进出口和国内外市场供给等，从而更为充分地发挥其大的调控作用，既体现了国家的政策方向，又能引导了市场经济走向。

2. 促进了国际间经济文化交流。国际经济交流有效地促进了各国之间的贸易友好往来。关税减免会极力提升国际间的持续合作和长期发展，带动各国之间科学、文化、教育、卫生事业的交流与互惠，能营造一个发达国家与发展中国家共同发展的契机。

3. 有利于资源在国际间的有效配置。资源有效配置是市场经济的一大功能，各国之间的政治经济发展不平衡，自然资源、人口素质、劳动力配备、资本投入等方面存在巨大的差异，国际经济交流有助于各国的发展扬长避短。关税减免就是各国充分展示资源配置的架构示意图，通过关税减免体现各国对进出口贸易的政策方向，调节经济资源在全球范围内流动，保护本国产业的发展，以追求经济效益最大化，这是人类所追求的希望。

三、关税减免的调整

关税减免的政策性较强，涉及面较广，对减免措施的运用不当所产生的负面影响也是不能低估的。

首先，政策性的特定优惠措施很难做到各行各业、方方面面的利益趋同。既是"特定"，就不可能"普遍"，那么，完全就有可能造成各地区之间、各行业之间、各企业之间的不公平竞争，影响了国内生产经营的积极性，也影响了正常进出口贸易秩序的建立。

其次，关税优惠政策越多，关税制度就越复杂。审核进出口货物是否符合享受关税优惠的条件、通关后的大量后续管理工作、减免税货物是否按规定用于指定的用途等等，都需要耗费海关大量的人力物力，这样的审核监管工作究竟能坚持多久。

最后，关税的减免与优惠，自然会缩小关税的税基，直接影响国家财政收入。特别是形成关税名义税率与实际关税收入背离趋势，既削弱了关税的调节功能，也不利于国家对外经贸活动。

因此，关税的减免和优惠必须慎而慎之，经常性的清理和调整应该成为一项制度。

我国的关税优惠减免措施基本都是在改革开放以后逐步出台的。截至1992年我国实行的优惠减免政策有五十多项，涉及一百多个法规性文件，主要都是针对特定地区、特定企业和特定用途的减免。如对经济特区、经济技术开发区、高新技术产业开发区以及14个沿海开放区的优惠；对部分沿边、沿江和内陆省会城市的优惠；对边境贸易优惠、对国际金融组织贷款和外国政府贷款项下的进口货物的优惠；对来料加工、来样加工、来件装配和补偿贸易的优惠；对外商投资进口的机器设备和物资的优惠；对企业因技术改造进口的技术设备和一些重大项目的技术设备引进的优惠等。

随着社会主义市场经济体制的不断完善，优惠减免政策逐渐地显现出一系列的问题，为了充分发挥关税的宏观调控作用，体现国家的产业政策和公平竞争的原则，特别是1994年后为了适应我国市场经济体制建设和争取加入世贸组织的需要，我国在降低关税税率，调整关税结构的同时，清理和调整了相当一批政策性特定优惠减免，使我国目前的减免优惠政策日趋合理，并逐步与国际惯例接轨。

根据《海关法》及《海关进出口税则》和《进出口关税条例》的规定，我国的关税减免制度主要分为三大类型，即法定减免、特定减免和临时减免。

第二节 法定减免

一、法定减免的含义

法定减免税是指在《海关法》、《海关进出口税则》、《进出口关税条例》等法律法规中明确规定准予免税或者减税的进出口货物。凡是这类货物在进出境时，无需事先特别提出申请，海关只要确认其符合法律规定的条件，即可依法予以减免，放行的货物也无需进行后续管理。

二、法定减免的范围

1. 下列在规定数额内的货物可以免征关税：
（1）不满关税起征点，即人民币 10 元以内的一票货物；
（2）一次税额不足 50 元的进口邮包予以免税放行；
（3）对入境旅客携带限量内的物品予以免税。
2. 无商业价值的广告品和货样：
（1）没有商业价值和其他用途的广告宣传品；
（2）没有商业价值，仅在进出口活动中，专供订货参考的货物样品；
（3）分析、化验、测试品质并在上述过程中消耗掉的货样；
（4）属于来料或去样加工的货物。
3. 在海关放行前就遭受损坏或者损失的货物，海关可以酌情减免关税。
（1）在境外运输途中或者在起卸过程中，遭受损失或者损坏的货物。
（2）起卸后海关放行前，因不可抗力而遭受损坏或者损失的货物。
（3）海关检查时已经破漏、损坏或者腐烂的货物，经查证不是保管不慎所造成的。
4. 外国政府、国际组织无偿赠送的物资。
5. 进出关境运输工具所载途中必需的燃料、物料和饮食用品。
6. 因故退回中国的出口货物，由发货人或他们的代理人申报复进口，并提供原出口单证：经海关审查属实的，可以免征关税，但已经征收的出口关税不予退还。同样，因故退回境外的进口货物，由原收货人或者他们的代理人申报出境，并提供原进口单证，经海关审查核实，可以免征出口关税，但是已征收的进口关税不予退还。
7. 我国政府缔结或者参加的国际条约规定的减征、免征关税的货物、物品，海关应按照规定予以减免关税。
8. 经海关核准暂时进境或者暂时出境并在 6 个月内复运出境或者复运进境的货样、展览品、施工机械、工程车辆、供安装设备时使用的仪器和工具、电视或者电影摄制器械、盛装货物的容器以及剧团服装道具，在货物收发货人向海关缴纳相当于税款的保证金或者提供担保后，准予暂时免纳关税。
9. 无代价抵偿的进口货物，符合无代价抵偿的规定，并且原进口货物已征收进口关税的，可以免征进口关税。

所谓无代价抵偿进口货物，是指出口货物在征税放行以后，发现货物残损、短少或品质不良，而由国外发货人、承运人或保险公司免费更换或补偿的同类货物。

（1）纳税人的原进口货物已退运国外，或者已被放弃交由海关处理，而已纳税款又未退还，则其进口的抵偿货物免征进口关税和进口环节增值税、消费税。

（2）纳税人的原进口货物发生短缺，而对短缺部分的已纳税款又未退还，海关对其重新补充进口的短缺部分的货物免于征税。

（3）纳税人的原进口货物如不退运国外，已缴纳的税款又未退还，其进口的无代价抵偿货物应分别按下列规定征免关税：

①机器、仪器或其零部件残损或品质不良，其进口的抵偿货物，可免于征税。

②机器、仪器或其他货物残损或品质不良，国外同意削价并补偿进口部分货物，但必须是同类货物，补偿价值必须与削价金额相等，对此抵偿货物可免予征税。

③车辆、家用电器、其他耐用消费品及其零部件，残损或品质不良，对这类抵偿进口货物可以免征关税，但对留在国内的原进口货物，应视其残损程度估价征税。

第三节 特定减免

一、特定减免含义

我国《海关法》第五十七条规定："特定地区、特定企业或者有特定用途的进出口货物，可以减征或者免征关税。特定减税或者免税的范围和办法由国务院规定。依照前款规定减征或者免征关税进口的货物，只能用于特定地区、特定企业或者特定用途，未经海关核准并补缴关税，不得移作他用。"

这是我国政府为支持改革开放、鼓励利用外资、引进先进技术、扩大对外贸易，而特别制定的政策性优惠措施。

特定减免大多数是针对特定地区，特定企业和特定用途货物实行的减免。所谓"特定地区"是指经济特区、经济技术开发区、沿海开放地区以及高新技术产业开发区。所谓"特定企业"是指外商投资企业。所谓"特定用途"是指教学科研用品，或国外无偿向我国提供的技术资料和物资设备等。

一般来说，特定减免是在法定减免之外，国家对特定地区、特定企业或特定用途的进出口货物给予的关税减免。特定减免受到企业性质、纳税人所在地区和进出口货物用途等的限制，不具有普遍性。

二、特定减免的范围

特定减免的范围变动比较大。改革开放之初，为了适应形势发展的需要，国家制定了几十种特定减免关税的办法和措施。这在当时是完全必要的，也是不可避免的。党的十四大后，市场经济体制向纵深发展，类似特定减免式的深层次问题逐渐显露。

为了确保改革开放的大政方针不受影响，根据国务院指示，海关总署要求坚持"一次清理，分步到位"的原则，对特定减免进行了彻底的清理。1994年废除特定减免税文件27个、调整特定减免税文件9个。1995年废除特定减免税文件81个。1996年4月废除了大部分特定减免税的优惠政策。

特定减免税政策虽经清理，但由于规定多，涉及面广，特别纷繁复杂，故下文做简单的归纳性介绍。

改革开放以来，我国的特定减免措施主要分为以下几个方面：

（一）对特定地区进口货物的关税减免

改革开放以来，我国实际上已经形成了一个"保税区——经济特区——经济技术开发区——沿海开放地区——内地"的多层次的综合型的开放格局。海关对这些特定地区的进出口货物按照不同的开放层次在一定的范围内实行减免关税的优惠政策，这有利于发展和巩固我国多层次的对外开放格局，有利于完善我国的社会主义市场经济体制。

1986年4月国务院批准实施的《中华人民共和国海关总署对进出经济特区的货物、运输工具、行李物品和邮递物品的管理规定》、1989年4月实施的《中华人民共和国海关对沿海开发区进出境货物的管理规定》、1984年5月，中共中央、国务院批转的《沿海部分城市座谈会纪要》、1988年4月海关总署发布的《中华人民共和国海关对经济技术开发区进出境货物的管理规定》、1988年国务院批准的《北京市新技术产业开发试验区暂行条例》、1988年8月国务院批准的《关于动员和组织科技力量为沿海地区经济发展战略服务的决定》等文件中大量予以免征关税的规定，于1996年国家调整和清理关税优惠政策时基本废除。

（二）对特定企业进口货物实施的关税减免

为了鼓励吸引外资、引进先进技术、促进外商投资企业的迅速发展，全国人民代表大会完成了《中华人民共和国外资企业法》、《中华人民共和国中外合资经营企业法》、《中华人民共和国中外合作经营企业法》的立法。海关总署1992年颁布实施的《中华人民共和国对外商投资企业进出口货物监管和征免税办法》，具体规定了对外商投资企业在投资总额以及追加投资额内的进口货物给予关税减免的主要内容。

按照《进出口关税条例》第三十一条规定："为境外厂商加工、装配成品和为制造外销产品而进口的原材料、辅料、零件、部件、配套件和包装物料，海关按照实际加工出口的成品数量免征进口关税；或者对进口料、件先征进口关税，再按照实际加工出口的成品数量予以退税。"

1. 国家对对外加工装配和补偿贸易进口的物资，给予关税优惠。加工装配业务就是来料加工、来样加工和来件装配，即由境外客商提供全部或部分原材料、辅料、零件、部件、配套件和包装物料，及至提供必要的设备，由我方按客商要求加工装配产成品交于外商销售，我方收取工缴费。

补偿贸易是指由境外客商提供或国内单位利用国外出口信贷进口生产技术或设备，由我方企业进行生产，以返销产品方式分期偿还外商的技术设备价款的交易形式。

加工装配和补偿贸易所进口的货物，按下述原则给予关税优惠：

（1）进口的料、件，海关免征关税。

（2）来料加工贸易项下的进口外商不作价设备，比照外商投资企业的免税规定执行。

2. 进料加工，给予关税优惠。进料加工与来料加工主要区别在于，前者动用了外汇购买料、件进口，所有权属于我方，盈亏由我方负责；后者料、件由外方负责，所有权属于外方，盈亏由外方负责。

进料加工所需的料、件，海关按照实际加工复出口的数量，免征进口关税。但内销的料、件或产品则依法征税。

（三）对特定用途的进出口货物的关税减免

1. 对企业技术改造项目，引进先进技术、设备的关税减免。根据国务院的有关决定，为了支持对现有企业进行技术改造，引进国外先进技术，促进产品升级换代，国家对这些企业改造项目所引进的技术、设备予以关税优惠。

2. 对国产化项目进口仪器设备的关税减免。对国产化难度较大,进口的关键零部件的比例在20%以上、40%以下的,其进口关键零部件在《海关进出口税则》上未单列税率的,按有关整机税率的50%计征;如有单列税率而不到整机税率的50%的,按单列税率计征;若税率超过整机税率的50%,按整机税率的50%计征;进口关键零部件比例在20%(含20%)以下的,减按整机税率的1/3征税。

对没有列入国家重点支持的国产化项目的其他国内不能生产的机器设备及仪器仪表的样机,经国家主管部门批准进口,可按法定税率减半征税。

3. 对"863计划"项目进口货物予以关税减免。凡是列入国家科委"863计划"项目内所进口的仪器、仪表、机电设备、化学试剂,予以免征关税和国内流转税。

4. 对利用国外贷款项目进口设备、材料实行关税减免。对国内单位直接使用国际金融组织的项目贷款进口的机器设备、货运车辆以及安装、加固机器设备所必须进口的材料;利用外国政府中低利息贷款进口的设备、材料;使用国际商业贷款自建旅游饭店;利用中国农业银行转贷国际金融组织农村信贷项目贷款购进的种子、种苗、畜(食)、饲料、动植物保护药物;利用外国政府和国际金融组织的贷款,以国际招标方式采购设备,国内企业中标后对为生产中的设备所需进口的关键零部件和配件等,给予减免关税和进口环节国内流转税。

(四)对进口科学教育用品的关税减免

为了促进科学教育事业的发展,海关对科研机构及高等院校进口以下物品予以免征关税:

1. 为科学研究和教学用的分析、测试、检查、计量、观测、发生信号的仪器(表)及其配套设备和附件。
2. 科学研究和教学提供必要条件的实验室设备。
3. 科研、教学用的微型计算机系统。
4. 教学专用的电影片、幻灯片、原声录音带。
5. 科研、教学实验用的医疗仪器。
6. 化学、生化和医疗实验材料。
7. 实验用动物。
8. 教学专用闭路电视及其配件。
9. 化学试剂。

10. 书籍、刊物、图表、讲课稿、讲座稿及科技交流资料。

11. 标本、模型。

12. 专业级乐器和音像资料（限于艺术类院校）。

13. 特殊需要的体育器材（限于体育类院校）。

14. 教练飞机（限于飞行类院校）。

15. 教学实验船舶所用关键设备（限于航运类院校）。

16. 科学研究用的汽油、柴油动力样车（限于院校汽车专业）。

（五）对进口残疾人专用物品的关税减免

国家规定进口残疾人专用物品，予以下列关税优惠：

1. 进口下列残疾人专用品，免征关税。如肢残者用的肢辅具、假肢及零配件、假眼。假鼻、内脏托带、矫形器、矫形鞋、非机动助行器、代步工具（不包括机动车）、生活自助具、特殊卫生用品；

视力残疾者的盲杖、导盲镜、助视器、盲人阅读器；

语言、听力残疾者的语言训练器；

智力残疾者用的行为训练器，生活能力练用品。

2. 康复、福利机构、假肢工厂和荣誉军人康复医院进口国内不能生产的残疾人专用品，免征进口关税。

按《进出口关税条例》第三十五条规定，所有"依照国家法律、法规的规定给予特定关税减免优惠的进口货物，在监管年限内经海关核准出售、转让或者移作他用时，应当按照其使用时间折旧估价，补征进口关税。监管年限由海关总署另行规定"。

第四节 临时减免

一、临时减免的含义

《海关法》第五十八条规定："本法第五十六条、第五十七条第一款规定范围以外的临时减征或者免征关税，由国务院决定。"即临时减免是指法定减免和特定减免之外的形式减免，国务院及其授权部门基于某些纳税人面临的特殊情况或特殊困难，或基于某个时期、某个单位、某批进出口货物的特殊情况所予以的关税减免。临时减免是一案一批，专文下达，海关执行。

由于法定减免和特定减免的对象十分明确，而《海关进出口税则》所定的税率又不可能面面俱到，很难照顾到各个方面，这就需要通过临时减免税来做适当的调节。因此，临时减免与法定减免、特定减免相比较，就具有非常显著的三个特征，即集权性、灵活性和特殊性：

1. 集权性。临时减免的审批权集中在中央政府一级，具体事项由海关总署统一筹办，各地政府和海关无权越级干预临时减免的审批。

2. 灵活性。临时减免于法定减免和特定减免之外，由特殊情况造成，只要具备充足的理由可以由国家在关税减免上予以特事特办。

3. 特殊性。予以临时减免的对象，或是特殊时期、或是特殊单位、或是特殊进出口货物等，都由于特殊情况造成。而中央政府也是针对特殊情况给予一事一议，一案一批。

二、临时减免的范围

临时减免是由于特殊情况造成，则海关受理临时减免申请范围如下：

1. 从发展中国家或其他国家进口的货物，由于政治性照顾、国别政策变化或其他特殊原因，造成经营亏损或税负过重的。

2. 进口用于救灾的专用物资。

3. 老、少、边、穷地区进口必需的生产资料或特殊生活资料，因进价过高而难以承受的。

4. 为救援病人而进口的药品。

5. 外方无偿提供的科研专用仪器、设备和科研材料。

6. 因其他特殊原因，国家需要予以专门照顾或扶持的。

《进出口关税条例》第三十四条规定："收发货人或者他们的代理人，要求对其进出口货物临时减征或者免征进出口关税的，应当在货物进出口前书面说明理由，并附必要的证明和资料，向所在地海关申请，所在地海关审查属实后，转报海关总署，由海关总署或者海关总署会同财政部按照国务院的规定审查批准。"

对于取得临时减免而进口的货物，凡指定使用部门或指定用途的货物要加以管理，如转作他用，需报海关总署批准，并补缴关税。其他货物一般就不需要进行后续管理了。

第九章

税率的运用

关税税率是关税制度的核心部分,是一国关税政策的具体体现,也是关税职能发挥作用的基本形式。

关税税率的高低及其调整,体现了国家的经济政策、产业政策和对外贸易政策;同时还影响一国对外贸易的发展及其国际收支的平衡,影响进口国的市场供求关系,影响国家之间的政治经济关系。因此,关税税率调整是我国关税制度改革的最重要内容之一。

目前,我国的关税税率分为三个部分:即进口货物关税税率、出口货物关税税率和进口物品关税税率。

第一节 进口货物关税税率

我国的进口货物关税设有普通税率和优惠税率,《进出口关税条例》第六条规定:"对原产于与中华人民共和国未订有关税互惠协议的国家或者地区的进口货物,按照普通税率征税;对原产于与中华人民共和国订有关税互惠协议的国家或者地区的进口货物,按照优惠税率征税。"

一、新中国第一部海关税则的税率

1951年5月16日,中央人民政府政务院公布实施的《中华人民共和国海关进出口税则》,这是新中国的第一部关税税则。政务院还同时颁布了《中华人民共和国海关进出口税则暂行实施细则》,作为关税税则的一部分,与税则同时实施。

根据政务院制定的六条原则，在具体制定税率时把所有进口商品划分为必需品、需用品、非必需品和奢侈品四大类。

必需品类，即国内不能生产或生产较少的货品，如天文、航海及其他科学仪器和国内生产较少的原料，具体诸如农作物种子，农药、铜、飞机、教育用电影片、机床、电子管、柴油等，同时规定把最低税率定在0—20%之间，分为免税、5%、7.5%、8%、10%、12%、12.5%、15%、17.5%、20%共10级；

需用品类，即非必需品但仍需要用的货品，如小麦、木材、麻、普通钢材、计算机、汽油、纸张等，同时规定把最低税率定在25%—40%之间，分为25%、30%、35%、40%共4级；

非必需品类，即国内已经大量生产或非国计民生所必需的货品，如皮毛、瓷器、豆类，咖啡、可可、木制品、糖、水果、饮料等。最低税率定在50%—100%之间，分为50%、60%、70%、80%、100%共5级；

奢侈品类，即非生活所用豪华奢侈品，如毛皮、化妆品、烟、酒、巧克力、衣饰等，适用的税率最高，税率分为120%、150%、200%共3级。

第一部海关税税则算术平均关税水平为52.9%，其中，农产品的算术平均关税水平为92.3%，工业品的算术平均关税水平为47.7%。

第一部海关税则制定后，到1985年全面修订关税税则前，随着经济发展情况的变化，我国先后对税率进行过23次局部调整。

二、新中国第二部海关税则的税率

从1951年实施新中国第一部关税税则到1985年，特别是改革开放以后，随着国民经济的迅速发展、对外经济交流的不断扩大，这一税则已经不能适应形势发展的需要。首先，税率高低不适应当时进出口商品结构的变化；其次，与当时世界上大多数国家相比，我国的关税总体水平偏高；再者，关税对消费类机电产品保护相对不足，严重影响了国内生产的发展；最后，税率结构不尽合理，不利于我国加工工业的发展。

1985年，我国对《海关进出口税则》进行了全面修改，制定了新中国的第二部关税税则。本次全面修订税则主要是调整税率，调整的基本轨迹是注意从大处入手，宏观性与全局性问题放在首要位置，重点是解决税率偏高和税率结构不合理的问题。

（一）关税税率调整重点情况

一方面，降低了进口关税总体水平。计有1151个税目降低了税率，约占总税目的55%。税率调整后，国家关税总收入下降约了19%。另一方面，调整了税级结构。最低税率包括零税率共18级，最高为150%；普通税率也设18级，最高为180%。

调整中贯彻了税率低差幅小、税率高差幅大的原则，以体现合理税负。同时注意了税率结构的平衡，既保持纵向平衡，即从原料、半成品、制成品之间的税率结构平衡，又保持横向平衡，即类似或同类的原料之间的平衡。

（二）第二部海关《进出口税则》的税率设置情况

第二部海关《进出口税则》的进口税率设最低税率和普通税率两栏，进口税率除免税外，最低税率从3%—15%共有17级，普通税率从8%—180%共16级。

进口免税的品目有：种子、小麦、玉米、大米、鱼苗、书刊、教育（学）用语言录音带、录音片、幻灯片、电影片、贵金属、金属矿砂等。

进口最低税率自3%—20%的品目有：豆油、花生油、鱼粉、麦类谷物、黄豆、原油；核反应堆、32位字长及以上的计算机及其外围设备、计算机用磁带、磁盘、大规模集成电路、粒子加速器、导航设备、光学仪器、自动控制用仪器、天文仪器、医疗仪器；化肥、农药、无机化工原料、有机化工原料；生铁、钢铁废料、铁合金、合金钢锭、铜、镍、部分钢材、钢板、钢铁管、光导纤维、水泥、工业用钻石；数控机床、普通机床、装卸机器、采矿机器、食品制造机器、起重机、钻探机、采油机、推土机、平土机、农业机器、钨丝、钼丝、针织和纺织机器、部分内燃机、印刷制版用照相机、船舶、飞机、铁道车辆；部分新药、医药用品及医药制剂、牛皮纸、包装纸、纸板、胶合板、软木、木材、纸浆、羊毛条、柴油等。

进口最低税率自25%—40%的品目有：硫酸、烧碱、纯碱、有机合成染料、颜料、印染助剂、合成树脂、人造树脂原料、材料、动物药料、工业用淀粉；人造纤维、玻璃板（片）、玻璃纤维；金属箔、锅炉、机动车辆用内燃机、印刷机、金属轧机、电动机、工业用冷藏设备、工业用缝纫机、32位字长以下计算机外围设备、办公室用机器、摄影机、放映；黑白电视机的零配件、部分水果、食糖等。

进口最低税率自50%—80%的品目有：合成纤维短纤、锦纶加工丝、涤纶加工丝；32位字长以下计算机、金属制品、大型客车、8吨以下载重卡车；复印机、乐器录音带、录像带、家用缝纫机、黑白电视机、彩色电视机的部件、手表、玩具、文具、家用空调器、彩电整套散件、家用电冰箱、洗衣机、彩色电视机、摄像机、自行车、照相机、录像放像机、家具、娱乐用品；高级海产品等。

进口最低税率为100％、120％的品目有：小轿车、吉普车、工具车、其他机动小客车、摩托车、机器脚踏两用车；丝织物、化纤织物、毛纺织物、衣服；首饰、留声机、电唱机、化妆用品等。

进口最低税率为150％的品目有：酒类饮料、烟草制品。

1985年全面修改税则后，从1986年4月至1991年8月31日，我国又根据各种情况变化，调低了83种进口商品的税率。调高了140种进口商品税率。至此我国关税的算术平均税率为47.2％。

三、新中国第三部海关税则的税率

我国于1992年颁布实施了第三部关税税则。第三部关税税则是第二部关税税则的升级版，税率变化并不大，但在这期间我国有过二次大幅度自主降税的重大变化，故使关税平均税率显著下降。

（一）1992—1995年关税调整

在第三部关税税则的基础上，我国开始了自主降税过程。1992年12月31日，我国降低了3371个税目的进口关税，降税幅度为7.6％，使算术平均关税水平降到39.3％。1993年12月31日再次降低2898个税目的税率，降税幅度8.8％，使关税平均水平降为36.4％。1994年1月1日，我国对小汽车的进口关税进行了大调整，取消了对"三资"企业小轿车的进口免税政策，同时也大幅度降低了汽车的进口关税，从原来的220％和180％，降到了150％和110％，使关税平均水平降为35.9％。1995年，我国又对部分商品降低关税，如烟酒、录像带、旅行车。这是我国1996年前先后四次自主降低关税，使关税平均水平降为35.6％。

（二）1996年关税税率大幅度降低

1996年4月1日，我国大幅度降低关税。此次降税，涉及4900多个税目，占税则税目总数的76.3％，降幅达到35％，是1992年乃至建国以来我国降低进口关税涉及商品范围最广、幅度最大的一次。

为了建立和完善与国际经济通行规则相衔接的对外经济体制，我国继续降低关税率。到1997年算术平均关税水平降至17％，2002年算术平均关税水平降至12％。而当"十五"结束时，我国关税水平已降至10％左右了。

（三）第三部海关《进出口税则》的税率设置情况

第三部海关《进出口税则》的进口关税仍设优惠税率和普通税率，优惠税率从3%—150%，共17级；普通税率从8%—180%，也是17级，优惠税率比普通税率一般低20%—30%。

第三部海关《进出口税则》的税率设置情况介绍如下：

1. 必需品类。诸如粮、棉、原木、肥料、饲料、畜牧业产品、能源、先进仪器、除汽车外的交通运输设备等。

优惠税率有：免税、2%、3%、5%、6%、7.5%、9%、12%、12.5%、15%等10级。

普通税率有：免税、8%、11%、14%、17%、20%等6级。

2. 需用品类。诸如棉纱、酸、碱、印刷机、塑料、橡胶、金属制品、放映机等。

优惠税率有：20%、25%、30%、35%、40%等5级。

普通税率有：30%、35%、40%、45%、50%等5级。

3. 非需用品类。诸如录音带、纺织品、服装、家具、文教体育用品、自行车、照相机、复印机等。

优惠税率有：50%、60%、70%、80%等4级。

普通税率有：70%、80%、90%、100%等4级。

4. 限制品类。诸如烟、酒、饮料、小轿车等。

优惠税率有100%、120%、150%等3级。

普通税率有130%、150%、180%等3级。

第二节 出口货物关税税率

《海关进出口税则》对出口关税税率只设一栏正常税率，没有普通税率和优惠税率之分。为了鼓励企业出口创汇，发展对外贸易，我国政府只规定了对少数几项出口商品征税，其余一律免征出口关税。此后随着经济形势的发展，对这几项应税商品免征或停征了。

改革开放后，在我国经济体制转型过程中，出现有的商品出口盈利过大；有的部门和单位对内提价抢购、对外削价竞销等一系列异常情况。为了促进企业加强经济核算，保护国内资源，增加国家财政收入，调节国内外市场的商品差价,国务院决定从1982年起对34种商品征收出口关税。经过几年的调整,1988年又增加到56种商品。

出口关税税率实行的是差别比例税率,没有普通税率和优惠税率之分。

依据1992年我国颁布实施的第三部关税税则,仅规定对47种货物征收出口关税,最低税率为10%,最高税率为100%,共分为8个档次。1997年取消了12种,仅对35种商品征收出口关税。

1992年第三部关税税则实施,规定对鳗鱼苗、栗、锑、未锻轧镍、苯、生铁、锰、铬、硅、钢铁废料、绢、铅、锌、铝及废料等47种货物征收出口关税,最低税率为10%,最高税率为100%,分为8级。后经调整,我国取消了一部分商品的出口关税,只保留了35种商品的出口关税。详见表9-1。

表9-1　　　　　　　　1997年出口关税税率表

序号	税则序号	货品名称	税则税率	暂定税率
1	03019210	鳗鱼苗	20	
2	05060000	骨、角柱及其粉末	40	
3	26070000	铅矿砂及其精矿	30	5
4	26080000	锌矿砂及其精矿	30	10
5	26090000	锡矿砂及其精矿	50	20
6	26110000	钨矿砂及其精矿	20	
7	26159000	钽铌精矿	30	
8	26171010	生锑	20	
9	28047000	磷、黄磷	20	
10	28269000	氟钽酸钾	30	
11	29022000	苯	40	
12	41031010	山羊板皮	20	
13	72011000	非合金生铁,按重量计含磷量0.5%及以下	20	
14	72012000	非合金生铁,按重量计含磷量0.5%及以上	20	
15	72015000	合金生铁	20	
16	72021000	锰铁	20	
17	72022000	硅铁	25	
18	72023000	锰硅铁	20	
19	72024000	铬铁	40	
20	72040000	钢铁废碎料;供再熔的碎料钢铁锭	40	

续表

序号	税则序号	货品名称	税则税率	暂定税率
21	74020000	未精炼铜，电解精炼用的铜阳极	30	
22	74030000	未锻轧的精炼铜及铜合金	30	
23	74040000	铜废碎料	30	
24	74070000	铜条、杆、型材及异型材	30	
25	74080000	铜丝	30	
26	74090000	铜板、片及带，厚度超过0.15毫米	30	
27	75020000	未锻轧镍	40	
28	75089010	电镀用阳极镍	40	
29	76010000	未锻轧铝	30	
30	76020000	铝废碎料	30	
31	76040000	铝条、杆、型材及异型材	20	
32	76050000	铝丝	20	
33	76060000	铝板、片及带，厚度超过0.2毫米	20	
34	79010000	未锻轧锌	20	0
35	81100010	未锻轧锑，锑废碎料，粉末	20	

第三节　非贸易性进口物品关税税率

非贸易性进口物品，是指入境旅客、运输工具服务人员携带的应税行李物品、个人邮递物品、馈赠物品以及其他方式带入境的个人物品。

非贸易性进口物品的关税税率只设一栏，没有普通税率和优惠税率之分。

由于入境旅客行李物品和个人邮递物品的数量零星，品种繁多，涉及面广，政策性强，而1962年以前的《进出口税则》的税目较多，分类特细，办理征免验放和通关手续所需要的时间很长，这与我国日趋扩大的国际往来的形势发展很不相适应。故于1962年颁布了《中华人民共和国海关对入境旅客行李物品和个人邮递物品征收进口税办法》，该办法设有21个税则号列，税率从12%—400%，共13级，与原来《进出口税则》相比已大为简化了。

1978年，我国政府又对非贸易性进口物品征税办法做了重大修改，并公布了《关于入境旅客行李物品和个人邮递物品征收进口税办法》，将进口关税和工商统一税合并征收，统称进口税。简化后的征税办法设有13个税则号列，税率分免税、20%、50%、100%、200%，共5级。

为了适应改革开放形势的发展，海关总署于1991年4月1日修订颁布的《关于入境旅客行李物品和个人邮递物品征收进口税办法》（以下简称《办法》），对入境旅客行李物品和个人邮递物品出口关税的征收范围、纳税义务人、归类、计征方法、纳税争议处理和解释权限等内容做了详尽的规定。同时公布了《旅客行李物品和个人邮递物品进口税税率表》，作为《办法》的组成部分，共设6个税号，税率从免税、20%、50%、100%、150%、200%，共6级。详见表9-2。

表9-2　　　　旅客行李物品和个人邮递物品征收进口税税率表

税号	货品名称	进口税率
1	农作物种子、粮食和粮食粉、书报、刊物、教育专用的电影片、幻灯片、原版录音带、避孕用具和避孕药品、金银及其制品	免税
2	医疗器材、科学仪器、药品、动植物药料和香料、农药	20%
3	纺织品和制成品、电器用具及其配件、附件、照相机、自行车、手表、钟、化妆品	100%
4	录像机、摩托车及其配件、附件	150%
5	烟、酒、汽车及其配件、附件	200%
6	以上号列没有包括的物品	50%

第十章

海关征收进口环节的税费

第一节 概　　述

一、海关"代征"流转税的含义

流转税，即对商品的流转额与非商品的营业额征税，也就是对商品流通中的交易额征税。任何国内商品从生产到销售都要几经征税，增值税理论上是对商品增值额一次征税，但这是对一个（件）商品的全部增值额而言的。

然而，任何商品一次完成增值就销售的可能性几乎是微乎其微的。如一件衬衫，从农业植棉、收购、纺纱、织布、加工成衣到百货公司销售，不可能在一个生产部门完成，每流转一次增值一次，各个生产部门增值额的汇总就是该商品的增值额。增值税尽管道道征税，实际上是对商品增值额的一次征税，一般不会发生重复征税。

流转税的原则是谁消费谁纳税，商品在国外销售应由国外消费者负担税收，在国内销售自然由本国消费者负担税收。而在国际贸易中，任何人都不可能为外国消费者承担税收，因此，商品出口时就必须退还国内已征流转税，这不仅符合税收的公平原则，同时也有利于大幅度降低商品的价格，鼓励本国企业参与国际竞争。同理，进口商品时也不可能由别人来承担本国消费者的税收，出口国尽可以退净国内已征流转税。但是，进口国海关却必须遵循国际惯例和国民待遇的原则，对进口商品除征收关税以外，还要征收进口环节国内流转税，这不仅有利于平衡进口商品和国产商品的价格机制与税收负担，同时也有助于增加国家财政收入。

海关代征的进口环节国内税，主要包括进出口环节增值税和消费税两个税种。

所谓"代征"，是由于我国海关总署在行政上并不隶属财政部，而是直属国务院领导。国内税收本该由财税部门组织征管，但是海关在进口环节代征国内流转税具有低成本、高效率的优势，简捷方便，完全避免了货物入境后税务部门介入可能出现的错征或漏征。因此，将海关征收进口环节国内税收称之为"代征"。

二、海关征收其他税费的内容

（一）海关代征船舶吨税

船舶吨税，在新中国成立后由财政部负责监管。由于当时尚未制定该税种的管理办法，只是简单规定，航行在中国境内的中外船舶一律负有缴纳船钞的义务。

1950年12月，财政部、海关总署联合颁布了《海关代征吨税办法的通知》，文中规定："海关原征船钞（吨税）划入使用牌照税范围，凡原纳船钞之本国船舶，应一律由税务机关改征使用牌照税。唯外国船舶及外商租用的中国船舶……仍课吨税，并由海关代征。"

1952年9月29日经政务院批准，海关总署颁布了《中华人民共和国船舶吨税暂行办法》这是我国征收船舶吨税基本法规，船舶吨税自此作为关税的一种，由海关征收和管理，所征税款全部上缴中央金库。

1986年10月，经国务院同意，将船舶吨税划归交通部管理，由海关代征。

（二）海关代征车辆购置附加费

为了加快公路建设，使公路建设有长期稳定的资金来源，国务院于1985年4月颁布了《车辆购置附加费征收办法》，规定进口车辆的购置附加费由海关在进口环节代征，收入列为交通部专户，作为国家公路发展基金的一部分。1998年后的税费改革中，车辆购置附加费为车辆购置税所取代，并为国家税务局统一负责征收管理。

（三）其他税费

其他税费主要包括海关规费、海关征收监管手续费等。

总之，海关在除了征收关税以外，还在进出口环节代征或课征的税费包括：进口环节增值税和消费税、船舶吨税和车辆购置附加费，以及海关规费、海关监管手续费等其他费用。下面逐一分述。

第二节 进口环节增值税

一、增值税及其特点

（一）增值税概念

增值税属流转税系，是以商品和劳务的法定增值额作为课税对象的一种税。

所谓法定增值额，是指在生产经营过程中新创造的那部分价值，即相当于一定时期内商品和劳务的销售收入大于购进商品和劳务所支付金额的差额，为本期新创造的价值。从价值理论上说，即产品价值 $C+V+M=W$ 中的 $V+M$ 部分。

法定增值额是相对理论增值额而言的，理论增值额要求凡是转移价值都属于扣除项目，从商品价值中扣除，但是由于各国增值税法规定的扣除项目不同，增值额的内容亦不尽相同，这就决定了计税增值额不是理论增值额，而是法定增值额。诸如，有些国家为了推动经济发展，鼓励扩大投资，对购进固定资产的价值，允许一次性扣除，使增值税税基相应缩小，纳税人负担趋向减轻，这种增值税称之为消费型增值税。

有些国家鉴于财力限制，不主张过快地更新设备，于是规定购进固定资产的价值不允许扣除，使增值税税基相应扩大，纳税人负担趋向加重，这种增值税称之为生产型增值税。

（二）增值税特征

增值税具有五个主要特征：

1. 增值税是以增值额作为课税对象，而不是以销售收入作为课税对象，这是增值税的最基本的特征。

2. 增值税实行普遍征税原则，即对从事商品生产经营和提供劳务的所有单位和个人征税。

3. 增值税属于价外税，即以不含增值税税款的价格作为计税依据。销售商品时，增值税专用发票上要同时注明增值税税款和不含增值税的价格。

4. 增值税实行多环节征税，即在生产、批发、零售、劳务提供和进口等各个经营环节分别征税。

5. 实行增值税税款抵扣制度，即以上一环节购进货物或获取应税劳务支付款额时得到的增值税专用发票上注明的税款，在计算本环节销售货物或提供应税劳务应纳税款时予以扣除，以避免出现重复征税的现象。

（三）增值税优点

增值税的特征决定了它所具有的长处：

1. 消除重复征税。周转税按全额并实行多环节征税，因而形成重复征税，商品流转环节越多，重复征税的现象也就越突出。增值税按增值额征税，不会因流转环节变化而影响税负的变化，从而消除了重复征税，税收负担比较合理。

2. 促进专业化协作。周转税由于存在重复征税，税负的变化取决于流转环节的变化，这显然与社会生产力的发展背道而驰。分工和专业化是生产发展的方向，然而分工越细，专业化越宽，流转环节就越多，税负就越重，从而限制了生产的专业化协作发展。增值税不存在重复征税，流转环节变化不影响税负的高低轻重，消除了税负不平衡的现象，为企业专业化、协作化生产的发展扫清了税收上的障碍。

3. 稳定国家财政收入。周转税由于流转环节的变化会影响税负的变化，如可以通过改变协作方式、加工方式、加工流程，从而减少流转环节，减轻企业税收负担，导致国家财政收入失去应有的稳定性和可靠性。增值税不会因生产结构和加工流程的变化，影响财政收入，从而稳定了财政收入。

4. 鼓励国际贸易。周转税按全额征税，并随流转环节的增加而重复征税，在商品抵达出口环节时，已无法核算已纳税收，更无法实行退税。而增值税按增值额征税，各环节已纳增值税等同于按最终销售额计算的总体税负，因此出口时可以实行彻底退税，从而促进了对外贸易的发展。

5. 强化税收制约作用。周转税是按销售额征税，各企业之间是独立的，不存在税收制约关系。而增值税是按增值额征税，采用抵扣的方法，即本道生产环节征税取决于本道生产环节销售额和上道生产环节销售额，在发票抵扣税款的条件下，增值税就形成了各道生产环节企业之间的税收制约，健全了税收核算和征管制度。

二、增值税基本制度

现行《中华人民共和国增值税暂行条例》是国务院于 1993 年 12 月 13 日

颁布，并于 1994 年 1 月 1 日起正式实行的。

下面仅分析进口环节增值税。

(一) 纳税义务人

增值税是对在我国境内销售货物或者提供加工、修理修配劳务，以及进口货物的单位和个人，就其取得的货物或应税劳务销售额，以及进口货物金额计算税款，并实行税款抵扣制的一种流转税。

《增值税暂行条例》规定，进口货物的收货人或委托代理报关手续的单位和个人，为进口货物增值税的纳税义务人。

单位，即包括国有企业、集体企业、私营企业、外商投资企业、外国企业、股份制企业和行政事业单位及社会团体。

个人，即指个体经营者和其他个人，包括中国公民和外国公民。

上述纳税义务人称之为一般纳税人。

而对于从事货物生产或提供应税劳务，并兼营货物批发或零售的纳税人，年应税销售收入在 100 万元以内的；或从事货物批发或零售的纳税人，年应税销售收入在 180 万元以内的，称之为小规模纳税人。

(二) 征税范围

按现行《增值税暂行条例》规定，在中华人民共和国境内销售货物或提供加工、修理修配劳务以及进口货物都属于增值税的征税范围。

按增值税暂行条例实施细则的解释：

"货物"，即指有形动产，包括电力、热力和气体，不包括土地、房屋和其他建筑物等不动产。

"加工"，即指接受来料承做货物，加工后的货物所有权仍归属委托者的业务。

"修理修配"，即指受托对损伤和丧失功能的货物进行修复，使其恢复原状和功能的业务。

就进口货物来说，不论其是外国制造的，还是由我国制造出口又转销国内的货物；不论是进口人自行采购还是委托国外代购；不论是进口自用还是作为商业贸易，在我国海关申报入境时，均应缴纳进口环节增值税，由海关代征。

如果属于来料加工、进料加工贸易方式进口国外的原材料、零部件等在国内加工后复出口的，对进口的料、件按规定给予免税或减税。但这些进口免税或减税的料、件如果最终不能加工复出口，而是销往国内，就应补缴进口环节增值税。对进口货物是否免征或减征增值税，由国务院统一规定，任何地方、部门都无权规定减免项目。

(三) 税率

现行进口货物适用的增值税税率有两种：一般进口货物均适用17%的基本税率；但对于下列进口货物，按13%的低税率计征增值税。

1. 粮食。是指各种主食食料，包括小麦、稻谷、玉米、高粱、谷子、大豆和其他杂粮（如大麦、燕麦）及经加工的面粉、大米、玉米等。但不包括各种速冻制品、熟食制品和副食品。

2. 食用植物油。是指芝麻油、花生油、豆油、菜籽油、米糠油、葵花籽油、棉籽油、玉米胚油、菜油、胡麻油以及以上述食用植物油为原料生产的混合油。

3. 自来水、暖气、冷气、热水、煤气、石油液化气、天然气、沼气、居民用煤炭制品。

4. 图书、报纸、杂志。

5. 饲料。是指用于动物饲养用的某一种动物、植物、微生物产品或其加工品，包括单一饲料、混合饲料和配合饲料，但不包括直接用于动物饲养的粮食和饲料添加剂。

6. 化肥。是指经化学和机械加工制成的各种化学肥料，包括化学氮肥、磷肥、钾肥、复合肥料、微量元素肥和其他化肥（指上述列举以外的其他化学肥料）。

7. 农药。是指用于农林业防治病虫害、除草及调节植物生长的药剂，包括农药原药和农药制剂。

8. 农膜。是指用于农业生产使用的各种地膜、大棚膜。

9. 农机。是指用于农业生产（包括林业、牧业、副业、渔业）的各种机器、机械化和半机械化农具，以及小农具。主要包括：

(1) 拖拉机，是指以内燃机为驱动牵引机具从事作业和运载物资的机械。

(2) 土壤翻耕机械，是指对土壤进行翻耕、整理的机械。

(3) 种植机械，是指将农作物种子或秧苗移植到适于作物生长田地的机械。

(4) 植物保护和管理机械，是指农作物在生长过程中的管理、施肥、防治病虫的机械。

(5) 收获机械，是指收获各种农作物的机械。

(6) 场上作业机械，是指对粮食作物进行脱粒、清选、烘干的机械设备。

(7) 农副产品加工机械,是指对农副产品进行初加工,加工后的产品仍属农副产品的机械,但不包括以农副产品为原料加工工业产品的机械。

(8) 农业运输机械,是指农业生产过程中所需的各种运输机械,包括人力车、畜力车和拖拉机挂车,但不包括三轮运货车、农用汽车。

(9) 农田基本建设机械,是指从事农田基本建设的专用机械。

(10) 排灌机械,是指用于农牧业排水、灌溉的各种机构设备。

(11) 畜牧业机械,是指畜牧业生产中所需的各种机械。

(12) 渔业机械,是指捕捞、养殖水产品所用的机械,但不包括机动渔船。

(13) 林业机械,是指用于林业的种植、育林的机械,但不包括森林砍伐机械、集材机械。

(14) 小农具包括畜力犁,畜力耙,锄头和镰刀等农具,但不包括农机零部件。

10. 国务院规定的其他货物。

(四) 进口环节应纳增值税额的计算

进口货物应纳增值税,应按规定的组成计税价格和适用税率计算,不得抵扣任何进项税额。进口货物的计税价格,为进口货物所支付的全部金额(但不包括支付的增值税),其具体计征应视进口货物是否缴纳消费税而定。

1. 不缴纳消费税的进口货物的组成计税价格。不缴纳消费税的进口货物,其组成计税价格,就是其完税价格加上关税即可,因增值税是价外税,其计税依据是不含税的金额,故进口货物所缴纳的增值税不应包括在组成计税价格中。

其计算公式为:

应纳增值税的组成计税价格 = 关税完税价格 + 关税

进口环节应纳增值税税额 = 组成计税价格 × 适用税率

例题1,某机床厂本月采购进口原材料和零配件到岸价为2000000元,关税为200000元,计算该企业本月进口业务应纳增值税。

(2000000 + 200000) × 17% = 374000 (元)

2. 同时缴纳消费税的进口货物的计税价格。同时缴纳消费税的进口货物,其组成计税价格,就是其完税价格加上关税、消费税即可,因消费税是价内税,其计税价格包括已纳进口消费税的税额。

其计算公式为:

进口货物组成计税价格 = 关税完税价格 + 关税 + 消费税

进口环节应纳增值税税额 = 组成计税价格 × 适用税率

例题2，某大型商厦本月采购进口化妆品一批到岸价为200000元，关税为80000元，消费税为120000元。计算该企业本月进口业务应纳增值税。

$(200000 + 80000 + 120000) \times 17\% = 68000$（元）

（五）增值税的减免

根据现行《增值税暂行条例》第十六条规定，下列项目可免征增值税：

1. 农业生产者销售的自产农产品。
2. 避孕药品和用具。
3. 古旧图书。
4. 直接用于科学研究、试验、教学的进口物资和设备。
5. 外国政府和国际组织无偿援助的进口设备。
6. 来料加工、来件装配和补偿贸易所进口的设备。
7. 残疾人组织直接进口的残疾人专用物品。
8. 销售自己使用过的物品。

（六）进口环节增值税的征收管理

进口环节增值税的征收管理，根据《中华人民共和国税收征收管理法》、《中华人民共和国海关法》、《中华人民共和国进出口关税条例》和《中华人民共和国进出口税则》的有关规定执行。

其具体的纳税地点、纳税期限如下：

1. 纳税义务发生时间。进口货物的增值税纳税义务发生时间为货物报关进口的当天。
2. 纳税地点。货物进口人或者其代理人应向报关地海关申报缴纳增值税。
3. 纳税期限。货物进口人或者其代理人应向报关地海关填写增值税税款缴纳凭证的次日起7日内到指定的银行缴纳税款。

第三节　进口环节消费税

一、消费税概述

（一）消费税概念

我国的消费税是以特定消费品作为课税对象的一种流转税。

1993年国务院颁布了《中华人民共和国消费税暂行条例》，1994年1月1日开始实行的新税种。按条例规定，消费税是对我国境内从事生产、委托加工和进口应税消费品，在普遍征收一道增值税的基础上，选择一部分特定消费品，再征收一道消费税。主要是为了贯彻国家的产业政策和消费政策，合理调整我国的经济结构和消费结构，促进社会主义市场经济机制不断完善，促进我国国民经济的正常发展。

（二）消费税特点

我国现行的消费税有着十分显著的特点：

1. 以特定消费品作为课税对象。我国现行的消费税对11种商品征税，主要涉及的是高档消费品、奢侈消费品、有害人类健康和生态环境的消费品、不可再生的资源性消费品。

2. 单一环节征税。我国现行的消费税，其征税环节一般选择在生产经营的起始环节或最终消费环节，如生产环节、委托加工环节、进口环节、或零售环节，选择单一环节征税，其他各个环节就不再征税。这样做的目的，主要为了加强税源控制，防止税款流失，降低税收的征纳成本。

3. 从价征税和从量征税并存。我国现行的消费税既实行从价定率征税，又实行从量定额征税。大部分应税消费品是以销售额为计税依据，实行从价定率征收，也有少数应税消费品价格难以确定或价格变化较小则以消费品的实物量为计税依据，实行从量定额征收。两种征收方法在同一消费税中共存，这是消费税的又一特点。

4. 实行差别税率。我国现行的消费税对列入征税范围的消费品实行有高有低的差别税率，而且这一差别还是比较大的，也即税率高低悬殊程度十分明显，目的主要是发挥其独特的对社会经济生活的调节作用。

（三）消费税作用

1. 调节消费。消费税体现国家的消费政策，调节和引导消费。消费税的征税对象大多数是需求弹性较大的非必需品，通常采用较高的税率。对一般消费者来说，可有可无、可买可不买的商品，还要承担高额的税负，影响个人的经济利益，这会改变一部分消费者的消费方向，起到限制消费规模的作用。

消费税对有害人类健康和生态环境的消费品征收高额税收，体现"寓禁于征"的精神，如对烟、烈性酒等不良消费品征收高额消费税，自然能起到抑制消费的目的，有利于有限资源的优化配置。

同时，国家还可以根据一定时期的消费政策，调节消费税率，体现国家的消费意图，通过引导消费者消费行为来调节纳税人的经济利益，影响消费者的消费活动和消费内容，起到调控整个社会消费结构的作用。

2. 促进公平分配。消费税的征税范围，就是高税率征收有弹性的消费品，这些都是一般消费者特别是低收入者不消费或很少消费的商品和劳务。而按消费价值额和消费量实行比例税率和定额税率，是具有累进性特征，让高收入者承担更多的税收，有助于整个社会财富的分配趋向公平。

3. 增加国家财政收入。消费税的征税范围虽然较小，但由于采用了较高的税率，其财政意义不可忽视。历史上的消费税其主要目的就是增加国库收入，而现代消费税能确保国家财政收入的稳步增长。

二、消费税基本制度

我国现行的《中华人民共和国消费税暂行条例》是国务院于 1993 年 12 月 13 日颁布的，并于 1994 年 1 月 1 日起正式实行的。

下面仅分析进口环节消费税。

（一）纳税义务人

根据《消费税暂行条例》的规定，在我国境内从事生产、委托加工和进口应税消费品的单位和个人是消费税的纳税义务人。这里所说的"我国境内"是指生产、委托加工和进口应税消费品的起运地或所在地在我国境内；"单位"是指国有企业、集体企业、私营企业、股份制企业、外商投资企业、外国企业、其他企业和行政单位；"个人"是指个体经营者及其他个人。

根据国家税务总局和海关总署 1993 年 12 月联合颁发的《关于对进口货物征收增值税，消费税有关问题的通知》规定，进口应税消费品的收发货人或者办理报关手续有关单位和个人，是进口应税消费品消费税的纳税义务人。

根据《消费税暂行条例》的规定，进口应税消费品，在报关进口时应缴纳进口环节消费税，并由海关代征。

（二）征税范围

消费税的征收范围主要是根据我国现有消费水平和消费政策以及财政需要，并借鉴国外的经验和做法确定的。采取正列举的方法征收，选择的应税消费品大致可以划分为五个大类：

第一类：不利于人类健康和社会秩序、污染生态环境等方面的特殊消费品，主要包括烟、酒、鞭炮焰火等；

第二类：奢侈品、非生活必需品，主要包括贵重首饰及珠宝玉石、化妆品等；

第三类：高能耗及高档消费品，主要包括摩托车、小汽车等；

第四类：不可再生的稀缺资源消费品，主要包括汽油、柴油等；

第五类：有一定财政意义的普遍消费产品，主要包括护肤护发品、汽车轮胎等。

（三）消费税的纳税环节

消费税一般选择生产经营的起始环节或最终使用环节作为纳税环节，具体包括：

1. 纳税人生产的应税消费品在产品销售环节纳税。

2. 纳税人自产自用的应税消费品（用于连续生产的应税消费品除外），在移送使用环节纳税。

3. 金银首饰在零售环节纳税。

4. 纳税人进口的应税消费品，在进口报关环节，由海关代征消费税。

5. 纳税人委托加工的应税消费品，在委托加工收回环节，由受托方代扣代缴。

（四）税目

消费税的税目主要是按照产品品种类别而分别设置，有一个产品品种设置一个税目，即称为一品一目。有几个产品品种设置一个税目，即称为综合性税目。根据《消费税暂行条例》的规定，列入消费税征收范围的税目共有11个。

1. 烟。烟类征税范围主要包括甲类卷烟，乙类卷烟，雪茄烟、烟丝四种。

2. 酒和酒精。酒类征税范围包括粮食白酒、薯类白酒、黄酒、啤酒、其他酒、酒精等。

3. 化妆品。化妆品征税范围主要包括香水精、香粉、口红、指甲油、胭脂、眉笔、唇笔、蓝眼油、眼睫毛、成套化妆品等等。但是戏剧、影视演员化妆用的上妆油、卸妆油、油彩、发胶等，不属于化妆品的纳税范围。

4. 护肤护发品。护肤护发品征税范围包括雪花膏、面油、花露水、头油、发乳、烫发水、染发精、洗面奶、磨砂膏、烟油膏、面膜、按摩膏、洗发水、护发素、香皂、浴液、发胶、摩丝以及其他各种护肤护发品等。

5. 贵重首饰及珠宝玉石。贵重首饰类征税范围主要包括各种金银珠宝首饰和各种珠宝玉石。

6. 鞭炮和焰火。鞭炮焰火类征税范围通常包括十三类，即喷花类、旋转类、旋转升空类、火箭类、吐珠类、线香类、小礼花类、烟雾类、造型玩具类、炮竹类、摩擦炮类、组合烟花类、礼花弹类。但体育上用的发令纸、鞭炮引药线，不征收消费税。

7. 汽油。汽油类征税范围包括车用汽油、航空汽油、起动汽油。但工业汽油主要作溶剂使用，不属于征税范围。

8. 柴油。柴油类征税范围包括轻柴油、重柴油、农用柴油、军用轻柴油。

9. 汽车轮胎。汽车轮胎类征税范围包括轻型乘用汽车轮胎、载重及公共汽车、无轨电车轮胎、矿山、建筑等车辆用轮胎，特种车辆用轮胎、摩托车轮胎、各种挂车用轮胎、工程车轮胎，其他机动车轮胎、汽车与农用拖拉机、收割机、手扶拖拉机通用轮胎等。

10. 摩托车。摩托车的征税范围包括轻便摩托车和摩托车。

11. 小汽车。小汽车类的征税范围包括小轿车、越野车、小客车、微型轿车、普通轿车等。但是各种货车、特种用车（如急救车、抢修车）等不属于小汽车征税的范围。

（五）税率

消费税实行从价定率和从量定额两种计征方法。在应税消费品中，黄酒、啤酒、汽油、柴油实行从量定额计税，其他应税消费品都实行从价定率计税。

现行消费税共设计十四档税率（税额），比例税率为十档。最低为3%，最高为45%；定额税率为四档，最低为每征税单位0.1元，最高为每征税单位240元。消费税税率具体情况见表10-1。

表10-1　　　消费税税目税率（税额）表

税　目	征收范围	计税单位	税率（税额）
一、烟			
1. 甲类卷烟	包括各种进口卷烟		45%
2. 乙类卷烟			40%
3. 雪茄烟			40%
4. 烟丝			30%

续表

税　目	征收范围	计税单位	税率（税额）
二、酒及酒精			
1. 粮食白酒			25%
2. 薯类白酒			15%
3. 黄酒		吨	240元
4. 啤酒		吨	220元
5. 其他酒			10%
6. 酒精			5%
三、化妆品	包括成套化妆品		30%
四、护肤护发品			17%
五、贵重首饰和珠宝玉石	包括各种金、银、珠、宝首饰及珠宝玉石		10%
六、鞭炮、焰火			15%
七、汽油		升	0.2元
八、柴油		升	0.1元
九、汽车轮胎			10%
十、摩托车			10%
十一、小汽车			
1. 小轿车			
汽缸容量在2200毫升以上的（含2200毫升）			8%
汽缸容量在1000毫升—2200毫升的（含1000毫升）			5%
汽缸容量在1000毫升以下的			3%
2. 越野车（四轮驱动）			
汽缸容量在2400毫升以上的（含2400毫升）			5%
汽缸容量在2400毫升以下的			3%
3. 小型客车（面包车）			
汽缸容量在2000毫升以上的（含2000毫升）			5%
汽缸容量2000毫升以下的			3%

（六）应纳消费税的计算

1. 实行从量定额征税的应税消费品应纳消费税的计算。《消费税暂行条例》规定，实行从量定额征税的应税消费品，应按应税消费品的进口数量和规定的定额税率计算应纳消费税税额。同时，还应按进口支付金额为依据来确定组成计税价格计算应纳增值税。其计算公式如下：

应纳进口环节消费税额 = 进口应税消费品数量 × 单位税额

应纳进口环节增值税额

= （关税完税价格 + 关税 + 消费税）× 增值税税率

另外，为了规范不同消费品的计量单位，以准确计算应纳税税额，《条例》实施细则规定吨与升两个计量单位按以下标准换算：

啤酒 1 吨 = 988 升

黄酒 1 吨 = 962 升

汽油 1 吨 = 1388 升

柴油 1 吨 = 1176 升

2. 实行从价定率征税的应税消费品应纳消费税的计算。《消费税暂行条例》规定，实行从价定率征税的进口应税消费品，以进口商品总值为课税对象，按照组成计税价格和规定的税率计算应纳消费税税额。同时，还应按组成计税价格计算应纳增值税。计算公式如下：

组成计税价格 = （关税完税价格 + 关税）÷（1 - 消费税税率）

应纳进口环节消费税税额 = 组成计税价格 × 消费税税率

应纳进口环节增值税税额

= （关税完税价格 + 关税 + 消费税）× 增值税税率

（七）进口环节消费税的征收管理

进口环节消费税的征收管理，根据《中华人民共和国税收征收管理法》、《中华人民共和国海关法》、《中华人民共和国进出口关税条例》和《中华人民共和国进出口税则》的有关规定执行。

其具体的纳税地点、纳税期限如下：

1. 纳税义务发生时间。进口货物的增值税纳税义务发生时间为货物报关进口的当天。

2. 纳税地点。货物进口人或者其代理人应向报关地海关申报缴纳增值税。

3. 纳税期限。货物进口人或者其代理人应向报关地海关填写增值税税款缴纳凭证的次日起 7 日内到指定的银行缴纳税款。

第四节 船舶吨税

船舶吨税,即对进出我国港口的外籍船舶所课征的一种税。

船舶吨税也是世界各国普遍征收一种税,有的国家以灯塔税的名目征收,有的国家以码头税的名目征收。它是以外籍船舶在本国港口行驶,使用了本国的港口设施和助航设备为由,所征收的一种使用费,其性质是属于行为税。

征收船舶吨税的最初动因,是为了限制外国船舶到本国从事运输,扶植本国航运事业的发展。现在则以从事国际航行业务并行驶在本国港口的外籍船舶为课税对象。

船舶吨税在我国可谓源远流长,唐代就已对进入我国国境的外国船舶征收"舶脚",此后还有"水饷"或"船钞"等税名。1883 年后,对外籍船舶改按吨位征收吨税。

船舶吨税,此前属财政部管理,由海关代征。自 1951 年 10 月起,船舶吨税改由海关征收,列入国家预算"关税收入"项目内,作为海关的税收任务之一。1952 年 9 月 29 日由政务院批准,海关总署颁布了《中华人民共和国船舶吨税暂行办法》,这是我国征收船舶吨税基本法规,船舶吨税自此正式由海关征收和管理。

由于我国经济建设的需要,为了确保对公用航标的维护和建设,经国务院同意,于 1986 年 10 月将船舶吨税划归交通部管理,但仍然由海关代征。

一、纳税人和征税范围

船舶吨税的征税范围:
1. 在我国港口行驶的外国籍船舶。
2. 外商租用的中国籍船舶。
3. 中外合营的海运企业自有或租用的中外籍船舶。
4. 我国租用的航行国外及兼营国内沿海贸易的外国籍船舶。

对于我国经营国际航行的船舶不征收船舶吨税;

对于外商以程租形式租用的中国籍船舶,由于程租的船舶一般在租船合同中都规定由船东负担船舶吨税,因而就无需征收船舶吨税;

对于我国台湾省公私企业的船舶，均按本国籍国际航行船舶对待，不征收船舶吨税；

对于我国企业租用的专营国内沿海贸易的外国籍船舶，应由税务部门征收车船使用税，不征船舶吨税。

由于船舶吨税与国内车船使用税的性质相同，凡征收了车船使用税的船舶，不再征收船舶吨税；同样，凡征收了船舶吨税的船舶，也不再征收车船使用税。

船舶吨税的纳税人就是上述船舶的使用人或其招租的外轮代理公司。

二、船舶吨税的税率

船舶吨税以应税船舶的注册净吨位为计税依据。

注册吨位有注册总吨位与注册净吨位之分，注册总吨位是指船舶上所有关闭场所的内部空间计算出来的容积吨位，从中扣除驾驶室、轮机房、船员舱、厨房和运载船舶正常航行必不可少的非营业使用空间，其剩余的客舱和货舱等营业空间就是注册净吨位。

海关在计征船舶吨税时，以吨为计税单位，应税船舶注册净吨位的尾数应四舍五入，即不足 0.5 吨的不计，达到或超过 0.5 吨的按 1 吨计。

船舶吨税采用分类分级定额税率，将应税船舶划分为机动船舶和非机动船舶，又按船舶净吨位大小分等级设置单位税额，每一等级又都分为一般吨税和优惠吨税。对应税船舶的国籍国与我国签有条约或协定，规定对船舶的税费相互给予最惠国待遇的国家，适用优惠税率；其他则适用一般税率。无论是一般吨税还是优惠吨税，又分别按 90 天期和 30 天期制定吨税税额。具体见《船舶吨税税率表》（表 10 – 2）。

表 10 – 2　　　　　　　　　　船舶吨税税率表

船舶种类		净吨位	一般吨税 元/吨		优惠吨税 元/吨	
			90 天	30 天	90 天	30 天
机动船	轮船、汽船、拖船	500 吨及以下	3.15	1.5	2.25	1.2
		501—1500 吨	4.65	2.25	3.3	1.65
		1501—3000 吨	7.05	3.45	4.95	2.55
		3001—10000 吨	8.1	3.9	5.85	3
		10001 吨以上	9.3	4.65	6.65	3.3

续表

船舶种类		净吨位	一般吨税 元/吨		优惠吨税 元/吨	
			90 天	30 天	90 天	30 天
非机动船	人力驾驶船、驳船、帆船	30 吨及以下	1.5	1.5	1.05	0.45
		31—150 吨	1.65	1.65	1.35	0.6
		151 吨以上	2.1	2.1	1.5	0.9

三、船舶吨税的计征

海关在计征船舶吨税时，以吨为计税单位，船舶吨税采用定额税率，计算公式为：

应纳船舶吨税额＝应税船舶的注册净吨位×适用税率

船舶吨税的征收方法分为 90 天期和 30 天期限两种，由纳税人在申请完税时自行选报。船舶吨税的起征点为 10 元人民币，应纳税额以人民币为计算本位币，如果以外汇结算，可按照纳税义务发生之日中国人民银行公布的人民币市场汇率中间价折合成人民币计纳。

四、船舶吨税的征收管理

1. 申报。未持有我国有效船舶吨税执照的进境应税船舶，应在船舶进境地海关办理缴纳船舶吨税的手续，申领船舶吨税执照，同时交验船舶的国籍证书和船舶吨位证书。纳税人在申领船舶吨税执照时，必须向海关声明欲申领的船舶吨税执照的有效期，有效期分为 90 天和 30 天两种。

2. 纳税期限。海关依法审核后，根据纳税人申领吨税执照的期限计征船舶吨税，并填发海关代征船舶税缴款书，交由纳税人受领后缴纳税款。纳税人应自海关填发船舶吨税缴款书之日起 7 日内，向指定银行缴纳吨税。

3. 续纳。船舶吨税执照期满后，如果该船舶仍然在我国境内行驶或在我国港口停泊，应自到期之日起 5 日内向海关申报续领吨税，新吨税执照期限自原执照期满之次日起计算。

五、吨税执照的有效期限

应纳吨税的船舶在到达或驶离中国港口时必须向海关交验吨税执照，如无我国政府签发的吨税执照，则应自申报金库之日起计征吨税。吨税期满后仍未驶离我国港口,则按《中华人民共和国船舶吨税暂行办法》的有关规定,续征船舶吨税。

已完吨税的船舶,具有下列情形之一者,海关得验凭所交港务机关证明文件,按其实际日数,将执照有效日期,批注延长。

1. 船舶驶入我国港口避难、修理者。
2. 船舶因防疫隔离不能上下客货者。
3. 船舶经中央或地方人民政府征用或租用者。

六、船舶吨税的免税与罚则

1. 免征规定。按现行《中华人民共和国海关船舶吨税暂行办法》规定,以下各种外籍船舶免征船舶吨税。

(1) 与我国建立外交关系国家的大使馆、公使馆、领事馆使用的船舶。
(2) 有当地港务机关证明,属于避难、修理、停驶或拆毁的船舶,并不上下客货的。
(3) 专供上下客货及存货之泊定埠船、浮桥宽船及浮船。
(4) 中央或地方政府征用或租用的船舶。
(5) 进入我国港口后 24 小时或停泊港口外 48 小时以内离港并未装卸任何客货的船舶。
(6) 来我国港口专为添装船用燃料、物料并符合上述第 5 条规定的船舶。
(7) 吨税税额不满 10 元的船舶。
(8) 在吨税执照期满后 24 小时内不上下客货的船舶。

2. 罚则。进口应税船舶,凡未在规定的时间内向海关申报纳税,应处以应纳税额 3 倍以下的罚金。纳税人如果在海关填发税款缴纳证次日起 7 日内(星期六、星期日及节假日除外)未交清税款,自欠缴之日起至缴清税款之日止,按日征收应纳税额 1‰的滞纳金。

第五节 海关规费与海关监管手续费

一、海关规费

海关规费是海关为法人、自然人或其他组织提供某种特殊服务而收取的手续费和工本费。

一般海关在其监管区域内执行任务是不收取费用的。所谓监管区域，是指根据海关所在地的港口、车站、国际航空站、国界孔道和国际邮局交换站对进出境货物、旅客行李物品、邮件以及运输工具的实际情况，所规定的区域。

如果海关应进出口货物收、发货人的要求，到其监管区域以外办理海关手续，执行必要的监管任务，可以按规定收取规费。

海关规费计算标准如下：每个关员每个工作日收取人民币50元。每个工作日按8小时计算，不足4小时的按半日计算；超过4小时，不足8小时的，按1日计算。

凡海关在监管区域以外验放旅客行李物品，申请人为单位的，海关按规定减半收取规费；申请人为个人的，海关验放一件行李物品收费5元，两件及两件以上的10元。

国家规定的节假日加倍征收，每次查验由两名以上海关关员共同实施。

海关收取规费后应向货物和物品所有人或其代理人开具收据。

二、海关监管手续费

海关征收监管手续费是海关对经核准予以减税、免税进口货物或保税进口货物，按国家政策规定实施监督管理和提供服务而收取的一种手续费用。

（一）监管手续费的征收范围

海关监管手续费的具体征收范围如下：

1. 供应国际航行船舶、飞机进口时予以免税的燃料、船（机）用物料、机器设备的零件、部件和其他货物。
2. 现有企业为技术改造而进口的减税或免税的机器设备。
3. 科研机构和大专院校进口免税的科研和教学专用设备。
4. 国内机构和企业利用外国政府或国际金融组织贷款进口的减免税货物。
5. 国家鼓励发展的内外资项目进口的减免税货物；三资企业进口用于营业性的物资及进口料件加工后内销，仍予减免税的物资。
6. 进料加工和来料加工项目内的，以及境外客商提供的，准予暂免税进口在国内加工、装配后复出口的进口原料、材料、辅料、零件、部件和包装材料。
7. 在国内保税、寄售的进口减免税货物。
8. 国务院特定的其他进口减免税货物。

9. 经海关总署或海关总署会同财政部按照国务院的规定审查批准的临时减免税进口货物。

（二）免征监管手续费范围

1. 《进出口税则》列名进口免税的货物。

2. 外国政府、国际组织无偿赠送的物资。

3. 外国团体和个人赠送的礼品及华侨、港澳台同胞捐赠的用于公益事业的物资。

4. 用于救灾的物资。

5. 供残疾人专用的设备和物品，以及残疾人福利工厂进口的机器设备。

6. 享受外交特权和豁免的外国机构进口的公务用品。

7. 在海关放行前遭受损坏而准予减免税的进口货物。

8. 向国外索赔的准予减免税的进口货物。

9. 进口后未经加工，保税储存不足90天即转运复出口的货物。

10. 暂时进口货物。

11. 准予免税进口的直接军事订货。

12. 经国务院及海关总署特准免征监管手续费的其他减免税和保税货物。

（三）海关监管手续费的征收标准

1. 进料加工和来料加工中属加工装配机电产品复出口的货物，按照海关审定的货物CIF价格的1.5‰计征。

2. 来料加工中引进的先进技术设备，以及加工首饰、裘皮、高档服装、机织毛衣和毛衣片、塑料玩具所进口的料、件，按照海关审定的货物的CIF价格的1‰计征。

3. 进口后保税储存90天以上（含90天）未经加工即转运复出口的货物，按关税完税价格的1‰计征。

4. 进口免税货物，按照海关审定的货物的CIF价格的3‰计征。

5. 进口减税货物，按照实际减除税赋部分的货物的CIF价格的3‰计征。

6. 其他进口保税货物，按照海关审定的货物的CIF价格的3‰计征。

（四）海关监管手续费的征管

海关监管手续费应当自海关签发缴纳证次日起7天内向海关缴纳手续费。逾期不缴的，海关除依法追缴外，还要自到期之日起至缴清手续费之日止，按日征收手续费总额1‰的滞纳金。

海关监管手续费应在货物进口时由口岸海关征收，特殊情况可由主管海关在审批减免税货物时征收。海关征收手续费后，对纳费人发给手续费缴纳凭证。

第六节 车辆购置税

为了加快公路建设，使公路建设有长期稳定的资金来源，国务院于1985年4月颁布了《车辆购置附加费征收办法》，规定对单位和个人购置车辆（包括进口车辆）征收车辆购置附加费，进口机动车由海关在进口环节代征，同年5月1日起开征。车辆购置附加费的收入，由交通部负责安排使用，作为国家公路发展基金的一部分。

自车辆购置附加费开征以来，15年时间共筹集资金1800多亿元，并吸引了大笔国内外贷款或融资资金投入公路建设，累计建成公路约41万公里，使4000多个乡镇修通了公路，尤其是高速公路在短短十年内超过了1.6万公里，跃居世界第3位，成绩斐然。

1998年10月召开的九届人大常委会通过国务院关于修改公路法，取消公路养路费、公路运输管理费、车辆购置附加费等代之以燃油税和车辆购置税的重大议案。

2000年10月22日，朱镕基总理签署了第294号中华人民共和国国务院令，颁布《中华人民共和国车辆购置税暂行条例》（以下简称《车辆购置税暂行条例》），并于2001年1月1日起施行，最终取代了历时15年之久的车辆购置附加费，并由国家税务局统一负责征收管理。

一、纳税人

《车辆购置税暂行条例》规定，在中华人民共和国境内购置本条例规定的车辆（以下简称应税车辆）的单位和个人，为车辆购置税的纳税人，应当依照本条例缴纳车辆购置税。

所称"购置"，包括购买、进口、自产、受赠、获奖或者以其他方式取得并自用应税车辆的行为。

所称"单位"，包括国有企业、集体企业、私营企业、股份制企业、外商投资企业、外国企业以及其他企业和事业单位、社会团体、国家机关、部队以及其他单位。

所称"个人",包括个体工商户以及其他个人。

二、征收范围

车辆购置税的征收范围包括汽车、摩托车、电车、挂车、农用运输车,具体征收范围依照本条例所附《车辆购置税征收范围表》执行。车辆购置税征收范围的调整,由国务院决定并公布(见表10-3)。

表 10-3 车辆购置税征收范围表

应税车辆	具体范围	注 释
汽车	各类汽车	
摩托车	轻便摩托车	最高设计时速不大于50km/h,发动机汽缸总排量不大于50立方厘米的两个或者三个车轮的机动车
	二轮摩托车	最高设计车速大于50km/h,或者发动机汽缸总排量大于50立方厘米的两个车轮的机动车
	三轮摩托车	最高设计车速大于50km/h,或者发动机汽缸总排量大于50立方厘米,空车重量不大于400kg的三个车轮的机动车
电车	无轨电车	以电能为动力,由专用输电电缆线供电的轮式公共车辆
	有轨电车	以电能为动力,在轨道上行驶的公共车辆
挂车	全挂车	无动力设备,独立承载,由牵引车辆牵引行驶的车辆
	半挂车	无动力设备,与牵引车辆共同承载,由牵引车辆牵引行驶的车辆
农用运输车	三轮农用运输车	柴油发动机,功率不大于7.4kw,载重量不大于500kg,最高车速不大于40km/h的三个车轮的机动车
	四轮农用运输车	柴油发动机,功率不大于28kw,载重量不大于1500kg,最高车速不大于50km/h的4个车轮的机动车

三、计征方法

车辆购置税实行从价定率的办法计算应纳税额,应纳税额的计算公式为:

应纳税额 = 计税价格 × 税率

计税价格根据不同情况,按照下列规定确定:

1. 纳税人购买自用的应税车辆的计税价格,为纳税人购买应税车辆而支付给销售者的全部价款和价外费用,不包括增值税税款。

2. 纳税人进口自用的应税车辆的计税价格的计算公式为：

计税价格 = 关税完税价格 + 关税 + 消费税

3. 纳税人自产、受赠、获奖或者以其他方式取得自用的应税车辆的计税价格，由主管税务机关参照《车辆购置税暂行条例》第七条规定的最低计税价格核定。

车辆购置税的税率为10%。车辆购置税税率的调整，由国务院决定并公布。

车辆购置税实行一次征收制度。购置已征车辆购置税的车辆，不再征收车辆购置税。

车辆购置税由国家税务局统一征收和管理。

四、免（减）税政策

按《车辆购置税暂行条例》第九条规定以及2004年12月17日公布的《国家税务总局关于车辆购置税税收政策及征收管理有关问题的通知》精神，下列车辆可减征或免征车辆购置税。

1. 外国驻华使馆、领事馆和国际组织驻华机构及其外交人员自用的车辆，免税。

2. 中国人民解放军和中国人民武装警察部队列入军队武器装备订货计划的车辆，免税。

3. 设有固定装置的非运输车辆，免税。设有固定装置的非运输车辆是指，挖掘机、平地机、叉车、装载车（铲车）、起重机（吊车）、推土机等工程机械。

4. 防汛部门和森林消防等部门购置的由指定厂家生产的指定型号的用于指挥、检查、调度、防汛（警）、联络的专用车辆（以下简称防汛专用车和森林消防专用车），免税。

5. 回国服务的在外留学人员（以下简称留学人员）购买的1辆国产小汽车，免税。

6. 长期来华定居专家（以下简称来华专家）进口1辆自用小汽车，免税。

7. 有国务院规定予以免税或者减税的其他情形的，按照规定免税或者减税。

五、征收管理

（一）申报

车辆购置税实行一车一申报制度。

按《车辆购置税暂行条例》第十二条规定，纳税人购置应税车辆，应当向车辆登记注册地的主管税务机关申报纳税；购置不需要办理车辆登记注册手续的应税车辆，应当向纳税人所在地的主管税务机关申报纳税。

纳税人办理纳税申报时应如实填写《车辆购置税纳税申报表》，同时要提供车主身份证明、车辆价格证明和车辆合格证明等原件和复印件。

1. 车主身份证明。

（1）内地居民，提供内地《居民身份证》（含居住、暂住证明）或《居民户口簿》或军人（含武警）身份证明。

（2）香港、澳门特别行政区居民、台湾地区居民及外国人，提供其入境的身份证明和居留证明。

（3）组织机构，提供《组织机构代码证书》。

2. 车辆价格证明。

（1）境内购置车辆，提供《机动车销售统一发票》（发票联和报税联）或有效凭证。

（2）进口自用车辆，提供《海关关税专用缴款书》、《海关代征消费税专用缴款书》或海关《征免税证明》。

3. 车辆合格证明。

（1）国产车辆，提供整车出厂合格证明。

（2）进口车辆，提供《中华人民共和国出入境检验检疫进口机动车辆随车检验单》。

4. 税务机关要求提供的其他资料。纳税人购买自用应税车辆的，应当自购买之日起60日内申报纳税；进口自用应税车辆的，应当自进口之日起60日内申报纳税；自产、受赠、获奖或者以其他方式取得自用应税车辆的，应当自取得之日起60日内申报纳税。

（二）征税

按《车辆购置税暂行条例》第十四条规定，纳税人应当在向公安机关车辆管理机构办理车辆登记注册前，缴纳车辆购置税。

主管税务机关应对纳税申报资料进行审核，确定计税依据，征收税款，核发《车辆购置税完税证明》。

征税车辆在完税证明征税栏加盖车购税征税专用章，免税车辆在完税证明免税栏加盖车购税征税专用章。

车辆购置税税款应当一次缴清。

（三）稽征管理

纳税人应当持主管税务机关出具的完税证明或者免税证明，向公安机关车辆管理机构办理车辆登记注册手续；没有完税证明或者免税证明的，公安机关车辆管理机构不得办理车辆登记注册手续。

税务机关应当及时向公安机关车辆管理机构通报纳税人缴纳车辆购置税的情况，公安机关车辆管理机构应当定期向税务机关通报车辆登记注册的情况。

税务机关发现纳税人未按照规定缴纳车辆购置税的，有权责令其补缴；纳税人拒绝缴纳的，税务机关可以通知公安机关车辆管理机构暂扣纳税人的车辆牌照。

免税、减税车辆因转让、改变用途等原因不再属于免税、减税范围的，应当在办理车辆过户手续前或者办理变更车辆登记注册手续前缴纳车辆购置税。

第十一章

关税的征收管理

第一节 概 述

关税征管制度是指国家及海关依据关税法律法规指导纳税人正确履行纳税义务,并对征纳过程进行组织、管理、监督、检查等一系列工作的总称。它是确保国家关税收入及时收缴入库的一项重要的海关管理制度。

关税的征管制度主要包括关税的征收程序、征纳方式、纳税期限、纳税地点、关税缓纳、强制执行措施和关税的退还、补征、追征等基本要素。

一、征管制度的内容

概述征管制度的主要内容包括:

1. 选择管理形式。
2. 规定征收方式。
3. 审核纳税环节。
4. 审核计税依据。
5. 进行纳税鉴定和纳税辅导。
6. 审核生产经营成本或商品流通费。
7. 具体计算应纳税额。
8. 审核纳税义务发生时间。
9. 减税、免税和退税工作。

其中最重要的是管理、检查、征收三个环节。管理是建立健全关税政策宣传、税务登记、纳税申报、征收方式、管理形式、违章处理等一系列基本管理制度；检查是对征纳双方履行税法规定的权利和义务情况进行稽查和检验。征收是组织应纳关税及时足额缴入国库。这三个环节构成一个有机的整体，形成完整的关税征收管理体系。

二、征管制度的法律依据和基本原则

关税征收管理的法律依据，主要包括《中华人民共和国税收征收管理法》、《中华人民共和国海关法》、《中华人民共和国进出口关税条例》和《中华人民共和国进出口税则》等有关法律法规及条例。

关税征收管理的基本原则如下：
1. 依法办事、依率计征的原则。
2. 组织收入与促进社会经济发展相结合的原则。
3. 专业管理与群众协税护税相结合的原则。
4. 依法征税管理与公开办税相结合的原则。

我国的关税征管经过长期的实践取得了丰富的经验，随着社会主义市场经济的发展以及关税制度深层次的改革，其组织、管理、监督、检查等机制不断的发展和完善，征管方法和征管手段日趋法律化、规范化，并逐步建立起现代化的关税征收管理体系[①]。

第二节　关税的征收制度

一、关税征收的原则及依据

我国海关征税工作的原则是"准确归类、正确估价、依率计征、依法减免、严肃退补、及时入库。"这个原则既是我国海关长期工作实践的总结，也是海关征税工作的基本要求。

征收关税的基本法律法规依据是《中华人民共和国税收征收管理法》、《中华人民共和国海关法》、《中华人民共和国进出口关税条例》和《中华人民共和国海关进出口货物征税管理办法》及其他有关法律法规。

《中华人民共和国进出口关税条例》是关税征收制度的基本立法，分为八

[①] 刘志诚、王绍飞主编：《中国税务百科全书》，经济管理出版社1991年12月版，第495页。

章、四十二条。其主要内容规定了进出口关税的纳税义务人、税率的运用原则、完税价格的确定原则、税款的缴纳和退补、减免及审批、申述程序、罚则和附则等。

《中华人民共和国海关进出口货物征税管理办法》是关税征收制度的具体运作程序,分为七章、八十五条。主要内容有:海关征税工作原则、进出口货物税款征收(包括纳税义务人、完税价格、商品归类、确定原产地、适用税率、减征或者免征、补税、退税、滞纳金、确定计征方式以及纳税地点)、特殊进出口货物税款的征收、进出口货物税款的减征与免征、进出口货物的税款担保以及附则等。

二、关税的申报及纳税期限

(一)关税的申报

根据《中华人民共和国海关法》第二十四条规定,进口货物的收货人应当自运输工具申报进境之日起14日内,出口货物的发货人除海关特准以外应当在货物运抵海关监管区后、装货的24小时以前,向海关申报。进口货物的收货人超过前款规定期限向海关申报的,由海关征收滞报金。第三十条规定,进口货物的收货人自运输工具申报进境之日起超过3个月未向海关申报的,其进口货物由海关提取依法变卖处理,所得价款在扣除运输、装卸、储存等费用和税款后,尚有余款的,自货物依法变卖之日起1年内,经收货人申请,予以发还;其中属于国家对进口有限制性规定应当提交许可证件而不能提供的,不予发还。逾期无人申请或者不予发还的,上缴国库。

(二)关税纳税期限

根据《中华人民共和国进出口关税条例》第二十二条规定,进出口货物的收发货人或者他们的代理人,应当在海关填发税款缴纳证的次日起7日内(星期日和法定节假日除外),向指定银行缴纳税款。逾期缴纳的,除依法追缴外,由海关自到期的次日起至缴清税款日止,按日加收欠缴税款1‰的滞纳金。

第二十三条规定,海关征收关税、滞纳金等,除海关总署另有规定的以外,应当按人民币计征。

《中华人民共和国海关进出口货物征税管理办法》第二十条规定,缴款期限届满日遇星期六、星期日等休息日或者法定节假日的,应当顺延至休息日或者法定节假日之后的第一个工作日。国务院临时调整休息日与工作日的,海关应当按照调整后的情况计算缴款期限。

根据《中华人民共和国海关法》第六十条规定，凡由海关征收滞纳金的纳税义务人、担保人，超过3个月仍未缴纳的，经直属海关关长或者其授权的隶属海关关长批准，海关可以采取下列强制措施：

1. 书面通知其开户银行或者其他金融机构从其存款中扣缴税款。
2. 将应税货物依法变卖，以变卖所得抵缴税款。
3. 扣留并依法变卖其价值相当于应纳税款的货物或者其他财产，以变卖所得抵缴税款。

三、关税征收程序

关税的纳税人或代理人应在规定的报关期限内，向货物进出境地海关进行纳税申报，海关在审定并计算出应纳关税税额后，以口头形式或书面形式通知有关纳税人执行。

口头形式通知：适用于关税税款在货物或物品通关时缴纳，通常是对个人行李物品和邮递物品征收关税时采用。海关在征收关税后，应制发关税完税凭证一式三份，其中一份作为收据给纳税人，一份作为海关计账凭证，一份为存根备查。

书面形式通知：一般是在对进出口货物征收关税时采用，征收关税的书面通知，就是制发给纳税人或代理人的关税缴款书。缴款书一式五联，第一联为收据，作为纳税人的完税凭证；第二联为付款凭证；第三联为收款凭证；第四联为回执，作为海关的计账凭证；第五联为存根，以备核查。

纳税人凭缴款书向指定银行缴纳税款后，由银行在各联加盖收讫或转讫章。关税征收程序才结束。完税后的进口货物可以进入国内市场，完税后的出口货物可以装船出境。

四、关税纳税方式

关税的征纳方式是指海关组织税款入库的方式，这是关税征管制度的一个重要内容。其原则就是方便纳税人缴纳税款，有利于税款的及时入库，有利于提高海关的行政效率。

我国关税的征纳方式一般可分为集中纳税方式和口岸纳税方式两种。

（一）集中纳税方式

这是根据我国经济体制和具体情况实施的一种关税征纳方式。

集中纳税，是指进出口货物的关税统一由北京海关负责计征，通过中国银行营业部集中缴入中央金库，作为中央财政收入。也就是说，货物无论在何时何地进入中国关境，经进口地海关监管检验后即可放行，并允许收货人直接提取货物。其应纳关税和其他国内税费由进出口总公司按有关规定统一向北京海关缴纳。

集中纳税方式最初行使于与前苏联和东欧国家经济贸易往来，其后扩大到与各西方国家的货物贸易。当时集中纳税方式的税款要占全部关税总额的80%左右，显然，这成了我国关税的主要征收方式。

改革开放后，海关总署对集中纳税方式几经修订，逐步适应形势发展的需要。主要按规定凡是外贸进出口总公司及其所属经海关批准的子（分）公司负责向国外订购并承付货款的进口货物实行集中纳税方法。不属上述范围的进口货物，均不能按集中纳税方式纳税，而由进口地海关办理征税手续。

由于对外开放和外贸体制的改革，集中纳税方式的税款占全部关税总额的比重下降到25%左右，并有进一步下降的趋势。而口岸纳税比重呈大幅度上升态势。

集中纳税方式的主要优点如下：

1. 简化纳税手续。进出口总公司的进口合同一般数量规模都比较大，执行期也比较长。货物在各口岸分次分批进口，而各口岸逐一签发完税凭证，其手续不胜麻烦。实行集中纳税，简化了手续，有利于海关严格把关，同时也节约了大量的人力、物力和财力。

2. 加速货物验放。外贸总公司是我国进口货物的主渠道之一，其进口货物占沿海口岸的比例甚高，如果由各口岸海关监管检验，会严重影响货物的验放速度，造成港口货运积压与堵塞。实行集中纳税，减轻了海关的压力，提高了海关行政效率。

3. 避免税款的往返调拨。如果进口货物在各口岸逐一签发纳税，外贸总公司则将所需税款从北京汇至各口岸银行，而各口岸银行又必须将税款解缴北京中央金库，如此往来，不仅手续麻烦，而且成本较高。实行集中纳税，在北京海关集中划拨，直接解缴中央金库，效率自然最佳。

集中纳税方式虽然有其优点，但其弊端也不少，特别是海关监管与海关征税相脱节、欠缴税款难以追缴入库，以及集中纳税只局限于少数几家专业外贸公司等缺陷，虽经海关多次改革，但一时难以圆满解决。因此，海关总署征得财政部同意后，于1993年1月1日取消了集中纳税办法。

（二）口岸纳税方式

这是随着我国市场经济体制的发展，为适应外贸深层次改革形势的需要，所强化实施的一种关税征纳方式。

口岸纳税方式，一般是指进出口货物在进出口地，由进出口人向海关申报，经当地海关对货物进行监管查验后，计算其应纳关税和其他国内税费，填发关税缴款书，交由纳税人在规定的时间内向指定的银行缴纳税款，并由银行汇入中央金库。完税后的进出口货物，经海关放行，可以进入国内流通市场或装船出境。简单地说就是海关对应税货物在口岸实行一票一税的征税方法。

口岸纳税的最大优点是海关的关税征收与监管查验有效结合，制度设计比较严密，一般不会出现漏征、错征、重征税款现象。在统一的口岸纳税方式下，具体分为以下几种征纳方法：

1. 一般征纳法。即指海关受理纳税人的货物通关申请，并按照纳税人提供申报材料，审定货物进出境情况，开出关税缴款书，纳税人按规定向指定银行缴纳税款后，海关凭银行回执联办理结关放行手续。这是我国目前海关征税的基本方法。

一般征纳法的优点是关税现场结清，有利于税款的及时足额入库。

2. 关税后纳法。即指海关允许某些纳税人在办理了担保手续后，先放行货物，再办理征税手续的方法。

先放行后征税是关税计征的一种变通措施，适用于某些易腐变质货物，或国内急需使用，或由于海关查验时间较长而造成港口货物积压等情况。

实行关税后纳法，既考虑到纳税人的特殊情况和特殊需要，又可使海关人员从容审慎地处理大量货物的查验计税工作，同时还有利于防止口岸货物积压。

3. 定期汇总征纳法。即指海关对纳税人报关的进出境货物逐一依率计算应纳关税税额，纳税人则定期统一缴纳税款。

纳税人欲采用定期汇总征纳方法，必须具备三个方面条件：

其一，纳税人拥有进出口经营权；

其二，年进出口货物总额在 1 亿美元以上的，或进出口批量小品种多，年经营额在 5000 万美元以上；

其三，具有良好资信，无偷漏税记录者。

由此，纳税人可向所在地海关提出书面申请，并提供担保，经国家有关部门批准方可执行。

实行定期汇总征纳法的优点是简化了通关手续，节约了通关时间，降低了通关成本，大幅度提高了海关的行政效率。

五、关税缓纳

关税收入属于中央财政，是国家财政收入的重要组成部分，确保关税收入稳定、足额、及时入库，是海关征税的主要原则。但对于确有实际困难一时无法按规定纳税者，可以考虑关税缓纳。

关税缓纳，是指纳税人由于种种原因造成资金暂时周转困难，不能在关税法定缴纳期限内履行纳税义务，即向海关申请缓纳关税，海关根据有关政策规定，批准关税纳税人将其部分或全部应纳税款的缴纳期限适当延长的一种制度。

申请缓纳关税者必须在货物申报进口之日起 7 日内（星期六、星期日和法定节假日除外），向主管海关提出书面申请，并递交关税缴纳计划及其开户银行或其上级主管机关出具的纳税担保书。海关对关税缓纳的申请应进行审核，并以书面形式做出决定，同时签发《海关核准缓缴税款证明》。

经海关批准缓纳关税的纳税人，应按海关批准的关税缴纳计划如期缴纳关税，并按月支付 10‰ 的利息，计息时间应从海关批准缓纳关税后的第 31 日开始，至纳税人缴纳税款日为止。不足 1 个月的按 1 个月计算。

缓税期限一般不得超过 3 个月，特殊情况可以酌情延长 3 个月，超过半年以上的缓税项目应上报海关总署审核批准。

海关根据以下权限审批缓纳关税：

1. 每案缓税（包括关税和进口环节税费）人民币 30 万元及以下者，由局级海关审批。

2. 每案缓税（包括关税和进口环节税费）人民币 20 万元及以下者，由直属处级海关审批。

3. 每案缓税（包括关税和进口环节税费）人民币 10 万元及以下者，由非直属处级海关审批。

4. 超过批准权限的缓税项目应报上级海关或海关总署审批。

六、关税滞纳金

滞纳金，是指纳税人在法定缴纳期限内未能按期履行纳税义务，同时也未获批准缓纳关税者，即构成滞纳。海关则按其应纳税额课征一定比例的货币给付金,这就是滞纳金或称滞纳税。

根据《中华人民共和国进出口关税条例》第二十二条规定,进出口货物的收发货人或者他们的代理人,应当在海关填发税款缴纳证的次日起7日内(星期日和法定节假日除外),向指定银行缴纳税款。逾期缴纳的,除依法追缴外,由海关自到期的次日起至缴清税款日止,按日加收欠缴税款1‰的滞纳金。

对超过3个月仍未缴纳税款的纳税人,海关则采取强制性措施以直接取得应征税款。其形式主要有两种:一是通知纳税人的开户银行从其存款中强行扣缴税款;二是拍卖纳税人的被扣货物,以拍卖收入抵缴其应纳税款。

海关在采取强制措施前,按规定应通知纳税人,以便给其一次履行纳税义务的机会。

课征滞纳金为了促使关税纳税义务人按期履行纳税义务;同时,也是弥补滞纳税款给国家财政造成损失的必要补救措施。

滞纳金的计算公式为:关税滞纳金=关税应纳税额×1‰×滞纳天数

第三节 关税的退还和补征、追征制度

一、关税的退还制度

关税退还制度是指关税纳税义务人按海关核定的税额缴纳关税后,因某种法律规定或其他方面的原因,海关应将已征收的部分或全部税款退还给纳税人的关税管理制度。

(一)《京都公约》所确定的关税退还范围

由于各国对退还关税的制度不尽一致,为了最大限度在世界范围协调统一这一制度,海关合作理事会于1973年所通过的《关于协调和简化海关业务制度的国际公约》(简称《京都公约》)中三个附约对涉及关税退还的情况分类做了规定。

1.《关于货物按原状复进口的附约》——复进口退税。这一附约规定,对暂准出口货物、国外索赔退货货物、国货复进口等原出口货物,按原状复进口规定应当准予退还其出口时已征收的出口关税。

简单地说,就是由于某些原因,使出口纳税人已经运出境外的货物不得不

按原状复运进境，该货物在出境时已缴纳了出口关税，故准予退还其已缴纳的出口关税。

2.《关于退税的附约》——复出口退税。这一附约规定，已征进口关税的进口货物，在进口国生产、加工或修理后出口，以及进口后由于某种原因按原状复运出口的货物，海关准予退还其已缴纳的全部或部分进口关税。

3.《关于退还溢征进口各税的附约》——溢征退税。这一附约规定，由于海关、纳税义务人和其他有关人员的失误或差错，造成实征关税超过应征关税，以及货物放行前由于事故或不可抗力而遭受损坏或灭失，征税后发现而应当退还其溢征关税的各类情况。

这类情况主要包括：多报货物价格、税则归类错误、计算错误、短装或短卸进口货物、不符合合同规定标准的货物等。

《京都公约》颁布后，虽然对推动各国在关税退还制度方面协调一致和尽可能给予纳税人公平税负等方面起了很大的作用。但是目前各国的退还制度仍然存在较大的差异。我国尚未加入这一公约，但也尽可能地参照《京都公约》的基本精神。

（二）我国关税退还的范围

我国现行的关税退还制度主要是溢征退税，退税范围包括：

1. 因海关误征而多纳税款的。
2. 纳税人申报关税时因疏忽而错报多报的税款。
3. 海关认定事实不当，适用法律错误而多征税款。
4. 海关核准免验进口的货物，在完税后，发现有短缺情况，经海关审查认可的。
5. 已征出口关税的货物，因故未装运出口，申报退关，经海关查验属实的。
6. 已征出口关税的货物，因品质或者规格原因原状退货复运进境。
7. 已征进口关税的货物，海关放行前发现货物在国外运输或起卸过程中遭受损坏或损失的。
8. 已征进口关税的货物，因品质或者规格原因原状退货复运出境的。
9. 进口货物起卸后，海关放行前，因不可抗力遭受损坏或损失，经海关查验属实的。
10. 进口货物索赔退货，不再复进口的。
11. 符合特定减免规定的货物，因纳税人未办妥或已办妥免税手续，但申报进口时没有交验免税证明的，征税后迅速补交批准证明的等等。

根据《中华人民共和国海关法》第六十三条规定，海关多征的税款，海关发现后应当立即退还；纳税义务人自缴纳税款之日起1年内，可以要求海关退还。

办理关税退还的手续为纳税人向原征税海关递交《退税申请书》，同时附上原税款缴款书和可以证明应予退税的材料。海关应当自受理退税申请之日起30日内查实并通知纳税义务人办理退税手续或者不予退税的决定。纳税义务人应当自收到海关准予退税的通知之日起3个月内办理有关退税手续。

二、关税的补征和追征制度

关税的补征和追征制度，是指海关在纳税人按海关核定的税额缴纳关税后，发现核定征收税额少于应征税额时，责令纳税义务人补缴税款差额的关税管理制度。根据造成少征关税的原因不同，可分为关税的追征和关税的补征。由纳税人原因造成短征的，称为追征；非因纳税人原因造成短征的，称为补征。

补征和追征的期限，根据《中华人民共和国海关法》第六十二条规定、《中华人民共和国海关进出口货物征税管理办法》第六十八条规定，海关发现少征税款的，应当自缴纳税款之日起1年内，向纳税义务人补征税款；海关发现漏征税款的，应当自货物放行之日起1年内，向纳税义务人补征税款。

第六十九条规定，因纳税义务人违反规定造成少征税款的，海关应当自缴纳税款之日起3年内追征税款；因纳税义务人违反规定造成漏征税款的，海关应当自货物放行之日起3年内追征税款。海关除依法追征税款外，还应当自缴纳税款或者货物放行之日起至海关发现违规行为之日止，按日加收少征或者漏征税款万分之五的滞纳金。

第七十条规定，海关补征或者追征税款，应当制发《海关补征税款告知书》。纳税义务人应当自收到《海关补征税款告知书》之日起15日内到海关办理补缴税款的手续。

另外，根据《中华人民共和国海关进出口货物征税管理办法》第十四条规定，已申报进境并放行的保税货物、减免税货物、租赁货物或者已申报进出境并放行的暂时进出境货物，如发生保税货物经批准不复运出境的；保税仓储货物转入国内市场销售的；减免税货物经批准转让或者移作他用的；可暂不缴纳税款的暂时进出境货物，经批准不复运出境或者进境的；租赁进口货物，分期缴纳税款的等,必须补征税款。

第七十五条规定,特定地区、特定企业或者有特定用途的特定减免税进口货物,应当接受海关监管。特定减免税进口货物的监管年限为:

1. 船舶、飞机:8年。
2. 机动车辆:6年。
3. 其他货物:5年。

如果上述货物在海关监管期限内出售或移作他用,经海关核准并予以补征关税。

三、退补规定

(一)退补金额界定

对于一般进出口货物,如果每案的退补关税总额不足人民币50元,可免予退补。

对于全部退运、全部损坏的货物,以及由于工作的差错所造成的溢征或短征,退补金额不受人民币50元的限制。

对于退补税额不足人民币10元,可免予退补。

对于对个人自用物品发生溢征或短征税款的,应予以退税或补征税款,其退补税额在人民币1元以下的,可以不予退补。如纳税人要求退补税,应照章办理退补。

退补关税的同时,也相应退补进口环节海关代征的增值税和消费税,其期限与关税相同。

(二)退补权限界定

1. 因税则归类改变造成的一次性退税金额在30万元及以上的,必须报请海关总署批准才能予以办理退税。
2. 由其他原因造成的一次性退税金额在500万元及以上(包括关税和代征国内环节税收),必须报请海关总署专案批准才能予以办理退税。
3. 上述金额以下的退税,必须由各关关长签署才能予以办理退税。

(三)退税补税适用的税率和汇率

对于退税补税所适用的税率,按照《中华人民共和国进出口关税条例》第九条规定,"进出口货物的补税和退税,适用该进出口货物原申报进口或者出口之日所实施的税率。具体办法由海关总署另行规定"。

海关总署2005年1月4日颁布的《中华人民共和国海关进出口货物征税

管理办法》对退税补税适用税率所作具体规定引用如下：

"第十三条 进出口货物，应当适用海关接受该货物申报进口或者出口之日实施的税率。

进口货物到达前，经海关核准先行申报的，应当适用装载该货物的运输工具申报进境之日实施的税率。

进口转关运输货物，应当适用指运地海关接受该货物申报进口之日实施的税率；货物运抵指运地前，经海关核准先行申报的，应当适用装载该货物的运输工具抵达指运地之日实施的税率。

出口转关运输货物，应当适用启运地海关接受该货物申报出口之日实施的税率。

经海关批准，实行集中申报的进出口货物，应当适用每次货物进出口时海关接受该货物申报之日实施的税率。

因超过规定期限未申报而由海关依法变卖的进口货物，其税款计征应当适用装载该货物的运输工具申报进境之日实施的税率。

因纳税义务人违反规定需要追征税款的进出口货物，应当适用违反规定的行为发生之日实施的税率；行为发生之日不能确定的，适用海关发现该行为之日实施的税率。

第十四条 已申报进境并放行的保税货物、减免税货物、租赁货物或者已申报进出境并放行的暂时进出境货物，有下列情形之一需缴纳税款的，应当适用海关接受纳税义务人再次填写报关单申报办理纳税及有关手续之日实施的税率：

（一）保税货物经批准不复运出境的；

（二）保税仓储货物转入国内市场销售的；

（三）减免税货物经批准转让或者移作他用的；

（四）可暂不缴纳税款的暂时进出境货物，经批准不复运出境或者进境的；

（五）租赁进口货物，分期缴纳税款的。

第十五条 补征或者退还进出口货物税款，应当按照本办法第十三条和第十四条的规定确定适用的税率。"

第十二章

保 税 制 度

第一节 保税制度概述

一、保税制度的概念

保税制度是一种国际上通行的海关制度,它是指经海关批准的境内企业为加工出口产品而进口的原材料、辅料、零部件、元器件、包装物料或转口而暂时入境的货物,在海关监管下于境内指定的场所储存、加工、装配,并暂缓缴纳各种进口税费的一种海关监管业务制度。

上述的"指定场所",即指保税仓库、保税区和保税工厂,存储于这些场所的进口货物称为保税货物。保税货物入境时需要按规定办理海关手续,接受海关的监管,但暂时不征收进口关税。在保税期内,保税货物可以随时复运出境。

保税制度最初是由暂时准于进口的货物此后原样复出口退税、或者进口原料加工并复出口退税等制度发展而来的。原制度先征后退会既占用了纳税人的资金,又使海关手续复杂化,不利于发展本国经济,也不利于国际经济的交流与合作,相对于有限的保护本国产业发展的作用,实在是得不偿失,于是保税制度油然而生。

保税制度是国家利用关税制度的免、减、缓等鼓励企业发展加工贸易的一项制度,是关税制度的一个重要组成部分。因此,保税制度简化了进出口手续,便利通关,促进经济交流与发展,同时也降低了企业产品的出口成本,鼓励企业出口创汇的积极性。目前,世界各国纷纷设立保税制度,保税制度被誉为"20世纪最流行的经济维生素"。

二、保税制度的产生与发展

(一) 保税制度的产生

西方国家的资本主义生产关系萌芽后，生产力的进步促使商品经济得以飞速的发展，各国之间的贸易往来日趋频繁，市场提供了多样化的商品，而且商品品种也日益增多。生产力的发展给社会生活带来无穷的遐想，人们的消费要求多元化，消费结构层次化，市场为不同的消费者提供不同的消费需求，由此产生了大量专业从事于转口贸易的商人。

初期，从事于转口贸易的商人必然承受较大的风险，包括政治风险、经济风险、财务风险等，而其有限的资本与较大的风险是无法平衡的。特别是转口贸易中的商品，很难在贸易之初就确定货物的最终流向，如果因进口再缴纳一笔昂贵的税费，那么就会使转口贸易商人望而却步。

于是，当时许多西方国家图谋于海上贸易并热衷于争夺海上航运权，就为这些商人提供了一种便利，即让转口贸易的货物在免税的状况下于境内储存，直到最终确定货物流向时才做出相应的处理。这一制度罕见地减少货物流转的商业成本，有效地降低了转口贸易商的财务风险。

16世纪中叶，产生了最初的保税形式——保税储存制度，意大利也成为世界上第一个实行保税制度的国家。

保税制度经过几百年的发展，其服务的对象不再仅仅局限于原来的转口贸易，在国际贸易的发展中已被不同国家根据其需要适用于不同贸易方式下的货物，如加工贸易、维修贸易等。现代的保税制度则随着生产力和商品经济的不断发展日趋发达与完善。

(二) 我国保税制度的滥觞

保税制度应该说是资本主义生产方式的产物，但在我国也有了相当长的发展历史。

1844年，外国商人首次向大清政府提出在我国设立保税仓库的要求，但遭到了清政府的直言拒绝。1880年，德国首先通过不平等条约迫使清政府同意在各通商口岸设立保税仓库，储存未税的洋货，并在上海试办。其后，一个又一个的西方列强在与清政府签署的不平等条约中都有了类似的规定。

早期的海关为了适应保税仓库的发展，颁布了保税仓库章程，并把保税仓库分为普通货物保税仓库、火油类货物保税仓库和特种加工保税仓库，同时对这三种保税仓库制定了相应的管理制度。

但是，一个半殖民地半封建的旧中国，海关主权为各帝国主义列强所操纵，对外贸易为洋商所控制。当时的保税仓库制度纯粹为洋商左右中国市场服务，不仅不可能起到促进民族工商业发展、维护国家经济利益的作用，相反，却在肆意摧残我国稚嫩的民族经济。

中华人民共和国成立后不久，由于帝国主义对我国的政治经济封锁、国内僵化的外贸体制以及我国主观上的闭关思想，保税业务失去其存在和发展的基础，到1951年前后我国基本上停办了所有的保税业务。

（三）改革开放后我国的保税制度

1978年改革开放后，我国的对外经济贸易关系有了迅速的发展，加工装配贸易兴旺发达。为了适应这一特种贸易形式的发展，在海关总署统一部署和领导下，先后在上海、天津、广东等地实施了海关保税仓库制度，其后又逐步建立了保税工厂制度。1981年，海关总署制订并颁布了《中华人民共和国海关对保税货物和保税仓库监管暂行办法》，这是我国首部单独正式出台的法规，对我国保税制度的发展有不可低估的意义。

在改革开放的实践中，我国海关不断地摸索和尝试，并借鉴发达国家经验和先进的做法，逐步出台了一系列有关保税制度方面的法规与政策。1987年颁布的《中华人民共和国海关法》第二十三条明确规定了保税制度作为一项海关制度的法律地位，并对保税制度的管理作了原则性规定。2000年修订的《海关法》更明确、细化了原有的法律条文，其第三十二条、第三十三条、第三十四条对保税制度作了详尽而周密的规定。

1988年5月，我国加入了《京都公约》及其《关于保税仓库的附约》。同年，我国颁布《中华人民共和国海关对加工贸易保税工厂的管理办法》、《中华人民共和国海关对保税仓库及所存货物的管理办法》两个文件。1993年，颁布《中华人民共和国海关对进料加工保税集团管理办法》以及《中华人民共和国海关对进出上海外高桥保税区货物、运输工具和个人携带物品的管理办法》。这些法律法规及其管理办法不仅构成了我国现行保税制度的基本框架，使我国新兴的保税制度得到进一步的完善，而且适应了我国当前经济发展的需要，为促进我国的国民经济发展发挥了重要作用。

三、保税制度的一般规定

保税制度下的进口货物可以免缴关税，亦称为完全保税；也可以部分缴纳关税或缓缴关税，这称为有条件保税。关税制度中的保税仓库属于完全保税；而保税工厂则为有条件保税。关税制度中由海关指定的场所不同于自由港或自由贸易区，它是处于一国海关关境内的某一地方。因此，保税进出口货物必须办理规定的海关手续，接受海关的监督。

保税制度的实施一般都限于特定的贸易方式（如加工贸易）下的特定进口货物，这些货物被称为保税货物，而保税仓库和保税工厂的经营者都是取得了进出口授权的进出口商。

海关为了确保对保税货物的监管和保税制度的实施，一般都对保税货物设置了详细的账册，以便进行监督、查验和核销。

保税期限一般都有严格的规定，保税仓库的保税货物，其保税期限短者1个月至半年，长者可达3年，在此期间内由海关进行监督。而保税工厂的保税物料，其保税期限视不同产品的生产加工复出口时间的不同而异。

保税货物的所有权不受保税制度的影响，但是保税货物的所有者在未得到海关当局许可下，不得将保税货物变卖、转移或挪作他用，违者将受到法律的惩处。

保税货物在得到海关批准后可以销往国内市场，但必须按一般进出口货物依法纳税。

四、海关保税制度的主要形式

海关保税制度的主要形式有两种：

其一是"海关保税储存制"，它经海关批准设立在海港、河港、车站、机场或其他特定地点的，并以海关监管下的仓库为依托，以储存货物为目的。这一类就是为国际商品贸易服务的保税仓库、保税区、寄售代销和免税品商店等。

其二是"暂存进口在国内加工的制度"，它规定货物暂准进口，但原则上都要复运出口，既可加工为新成品出口，也可原状复出口。这一类是为加工制造服务的进料加工、来料加工、出口加工区、保税工厂、保税集团等。

五、保税货物的特点

保税货物是限于特定的贸易方式下的特定进口货物，其基本特点有：

（一）保税货物是为了特定目的而入境

入境保税货物的直接目的是为了保税加工和保税储存。而保税加工和保储存是保税制度的两种基本形式。

保税加工主要服务于以成品出口为主要导向的进料加工和来料加工等形式。

保税储存则是以货物存放于海关准许的特定场所并在规定期限内复运出境的业务形式。

（二）保税货物在入境时并不能确定其最终流向

保税货物在入境时所享受保税待遇的前提条件是基本能够确认该货物将来会以特定形式复运出境，无论是保税加工的进口货物还是入境保税储存的进口货物，这一前提是不变的。

如果保税货物的最终消费或使用地在境内，那么保税货物就视同一般进口货物，必须依法履行纳税义务，保税待遇自然取消，保税货物的性质也由此发生根本改变。

（三）保税货物可以暂免缴纳进口环节各项税收

海关监管之下的保税货物，在境内进行特定的加工、装配、储存，按保税制度规定可以享有暂免缴纳进口环节各项税款的待遇。

保税货物所享有的待遇既不同于关税的缓纳，也不同于关税的减免，因为保税货物入境时并不存在纳税义务，它是以其将来的复运出境为前提的。

如果保税货物在特定时间内没有履行复运出境的义务，那么保税货物就必然负有纳税义务了。而关税的缓纳和减免一般是以境内使用或消费为前提的。

第二节 保税仓库制度

一、保税仓库制度概念

（一）保税仓库

保税仓库也称海关仓库，是专门储存经海关核准入境的保税货物的仓库。

改革开放后，随着我国社会主义市场经济的深入发展，对外贸易不断扩大，建立保税仓库已势在必行。1981年，海关总署颁布了《中华人民共和国海关对保税货物和保税仓库监管暂行办法》，在全国建立了一批保税仓库。在中央关于沿海经济发展战略的鼓励下，外向型经济的发展和灵活贸易形式日趋多样化，保税仓库的监管方式受到各方面的重视，在全国各地获得了迅速发展。

1988年4月修订的《中华人民共和国海关对保税仓库及所存货物的管理办法》，扩大了保税仓库的范围，大大方便了进出口商的业务经营，从政策上鼓励公共型保税仓库建设，推动了转口贸易和期货贸易货物，有利地促进了我国对外贸易的发展。

保税仓库的建设和发展必须具备以下五个方面的条件：
1. 保税仓库应具有专业储存进口货物的安全设施。
2. 保税仓库应建立健全仓库的管理制度。
3. 保税仓库应设置详细的仓库管理账册。
4. 保税仓库必须配备经海关培训认可的专业管理人员。
5. 保税仓库应具备向海关缴纳税款的能力。

(二) 保税仓库制度

保税仓库制度是海关对保税仓库及其所存放的保税货物的管理制度。我国保税仓库制度的基本内容包括：

1. 建库制度。申办保税仓库应由保税仓库经理人持工商营业执照和税务登记证明副本以及外经贸部门的业务批件，向主管海关提出设立申请，并填写《保税仓库申请书》。主管海关审核申请资料并派员实地勘查后，对初审符合条件者上报上级海关加工贸易监管处，并呈海关总署审批或备案。所谓"符合条件"就是指保税仓库建设所必备的五个方面条件。海关总署批准同意设库的，即颁发《保税仓库登记证书》和保税仓库标牌。

2. 存放货物范围和限期。根据我国海关立法规定：保税仓库限于存放供来料加工、进料加工复出口的料、件，供应国际航行船舶的燃料、零配件，外商寄存、暂存货物，转口货物，经经贸部门批准寄售维修零配件，免税品等。

一般进口贸易货物不允许存入保税仓库，也不允许在保税仓库中对所存货物进行加工，但可在海关监管下改变货物包装或加刷唛码。

在保税仓库内储货物的存期限为1年。如因特殊需要可向海关申请延期，但延期最长不得超过1年。期满仍未转为进口也不复运出境的，由海关将货物变卖处理。

3. 出入仓制度。

(1) 保税货物入仓。保税货物在保税仓库所在地海关入境时，货主或代理人应填写《进口货物报关单》一式三份并加盖"保税仓库货物"印章，说明货物存入保税仓库。海关查验放行，报关单一份由海关留存，两份随货带交保税仓库，保税仓库管理者于货物入库后，即在上述报关单上签收，一份留存，一份交回海关存查。

（2）保税货物出仓。保税货物复运出境时，货主或代理人应当填写《出口货物报关单》一式三份，并交验进口时由海关签署的货物报关单，由当地海关办理复运出境手续。经海关核查与实货相符后签印，一份由海关留存，一份发还给申报人，一份随货带交出境地海关，出境地海关凭以放行货物出境。

保税货物如经海关核准转为进入国内市场销售时，由货主或代理人按照一般贸易进口货物向海关办理手续并交纳关税和国内环节税费，海关签印放行后，注销原《进口货物报关单》。

4. 运输制度。保税运输是保税制度的一个十分重要的环节。保税运输的直接功能就是为了扩大保税仓库的利用效率和保税货物的频繁移动。

在没有缴纳关税的情况下，保税货物在两个保税仓库之间、在两个港口之间或在保税仓库与保税工厂之间等移动，必须经海关批准以及同时加上关封，实行全过程的有效监管。保税运输是执行保税制度的基本条件，是规范保税仓库制度的重要内容。

二、保税仓库的类型

（一）按保税仓库的服务对象划分

按保税仓库服务对象划分，可把保税仓库分为公共型保税仓库和专业型保税仓库。

1. 公共型保税仓库。公共型保税仓库是根据社会公众需要所设立的具有法人资格的经济实体，专营仓储业务，一般不自营进出口商品，而为社会和国内外保税货物持有者提供退关仓储服务。

公共型保税仓库可以由地方政府、海关或者其他社会团体设立，也可以由企业经海关批准设立。

2. 专业型保税仓库。专业型保税仓库是指有关外贸专业公司经海关批准设立，专供储存本企业使用的保税货物，以满足其自身生产或贸易需要的自营保税仓库，但所存放货物并非必须属于仓库经营者所有。

（二）按保税仓库所存货物的最终用途划分

按保税仓库所存货物的最终用途划分，可把保税仓库分为转口贸易保税仓库、加工贸易备料保税仓库、寄售维修保税仓库和海关监管仓库。

1. 转口贸易保税仓库。在转口贸易项下的货物可免征进口关税和其他国内环节税；可以在海关的监督下，改变货物的包装，加刷唛码，又复出口的。

2. 加工贸易备料保税仓库。在来料加工、进料加工项下存入保税仓库的进口免税备用料件，经海关核准，提取加工后又复出口的。

3. 寄售维修保税仓库。为引进国外先进技术设备提供售后服务而进口的维修零配件，可存入保税仓库。用于合同规定保修期内的维修件、零配件，海关免征关税；用于保修期外的维修件、零配件，进口商保修时须补办有关手续，海关则依法征收关税。

4. 海关监管仓库。海关监管仓库所存放的货物与行李物品是入境而未有人来提取，其原因或是无证到货，或是单证不齐、手续不完备，或是违反海关章程，海关不予放行的等等。这些货物和物品需要暂存海关监管仓库等候处理。这种仓库有的由海关自行管理，有的交由专营仓储企业经营管理，海关行使行政监管职能。

存入海关监管仓库的货物有法定期限，储存超过14天，海关依法征收滞纳金；超过3个月仍不提取的，便视为放弃货物，按照《中华人民共和国海关法》的规定变卖，款项缴于国库。

另外，还有一些专用保税仓库，诸如免税外汇商品、船舶备件备料、船员自用物品保税仓库等。

三、海关对保税仓库的监管

保税仓库的特殊性质决定了海关的监督管理是保税仓库运行的基本条件，海关代表国家监督管理保税仓库及所存的保税货物，执行行政管理职能；保税仓库的经营者具体经营保税货物的业务工作，实际上是海关和经营者共同管理保税仓库。

保税仓库的经营者既要向海关负责，又要向货主负责。经营者要依靠海关办好保税仓库，必须予以充分地协作与配合，严格执行海关的法令政策规定；而海关对保税仓库的监管力求简化手续，提供方便，同时又是有法可依的、严格的和规范的。保税仓库监管必须调动两个积极性，充分发挥保税仓库的优越性，为我国的对外经济贸易服务。

根据我国现行海关法令规定，海关对保税仓库监管的基本措施包括以下几个方面：

（一）专人负责制

保税仓库所存放的保税货物，必须有专人负责，并按法定要求每月将上月所存货物的收、付、存等情况列表上报当地海关核查。同时，在保税仓库中不得对所存货物进行任何加工，如需改变包装、加刷唛码，则必须在海关监管下进行。

（二）双方联锁

海关认为在保税仓库运行必要时，应该会同保税仓库的经理人，双方共同加锁，即实行联锁制度。同时，海关也可以派员进入仓库检查货物的储存和账册情况，保税仓库需要时必须派员驻库监管。

（三）长期跟踪监管

保税仓库的保税货物非经海关批准，不得入库和出库。对于任何来库提取货物者，货主必须事先将批准文件、合同等有关单证向海关办理备案登记手续，并填写《加工专用报关单》和《保税仓库领料核准单》一式三份，一份由批准海关备存，一份由领料人留存，一份由海关签盖放行章后交货主。仓库经理人凭海关签印的领料核准单交付有关货物并凭以向海关办理核销手续。

海关对保税仓库的出入库手续必须全程严格控制，长期跟踪监管。

（四）对存栈货物进行盘点

保税仓库的保税货物在储存期间发生短缺，（除因不可抗力的原因外）其短缺部分应由保税仓库经理人负责缴纳税款，并由海关按有关规定处理。保税仓库经理人如违反海关规定的，则按《中华人民共和国海关法》的条文处置。

保税仓库的保税货物储存期限为1年。如有特殊情况则可向海关申请延期，但延长期最长不得超过1年。保税货物储存期满既不复运出口又未转为进口的，海关将货物变卖，所得货款按照《中华人民共和国海关法》的规定处理。

四、保税仓库制度的意义

我国的改革开放正在向深层次方向拓展，在贯彻执行党中央关于沿海地区经济发展战略中，保税仓库制度的发展是外贸体制改革一项重大突破。发展外向型经济，实行两头在外，大进大出，快进快出，增强企业竞争力，激发企业经济活力，保税仓库制度功不可没。

保税仓库制度对于推动我国社会经济以及对外贸易的发展，推动与各国之间的科学技术交流，起到了极其重要的促进作用，同时也是构建我国新型外贸体制的不可或缺的战略性措施。

（一）有利于开展多元化贸易方式

在对外贸易中，我国企业完全可以利用保税仓库制度的优惠条件，开展多元化贸易方式。如沿海地区的"三来一补"（即来料加工、来样加工、来件装配和补偿贸易）就是加工贸易形式的典型。这种利用外资的形式，借助于保税仓库制度，无需我方较大的投资，就可用加工费抵偿设备费用，引进了先进技术和先进设备，扩大了就业范围，一举数得。

又如对进口初级产品进行简单加工、改包装后复出口，利用各国、各地区之间的价格差异，开展转口贸易，从中赚取差价和加工费。

国际贸易不能恪守钱货两讫古老法则，多元化的交易方式是发展中国家进行经济建设更为有效的战略举措。

（二）有利于促进我国外向型经济的发展

保税仓库制度打破了传统的交易方式，购货无需出国询价查看货样，保税仓库应有尽有，签署了合同就提货，大大地缩短了交货期，提高了投入的经济效益。

我国外贸企业和进出口商在保税仓库制度下，可以充分利用国际市场价格的波动，在价格下浮时可以预购货物存放于保税仓库，价格看涨时，既可以转口第三国，也可以内销国内市场。

同样，在货物滞销或不利的情况下，可以先储存在保税仓库，避免往返运输，节约流通费用。如此，既可以在多国贸易中寻找合适的买主，也可以将货物转运其他国家出售，更可以将货物在保税仓库内进行简单的改装和整理，使其符合在进口国销售的要求。保税仓库制度搞活了对外贸易，促进了国民经济的全面发展。

（三）有利于加强海关监管

加工贸易项下的来料加工、进料加工的料件与所生产产品的复出口，在海关征税制度下，进口征税，出口退税，既有碍对外贸易，同时又加重海关工作负担；既无法监管，又管不胜管。而在保税仓库制度下，海关可以对保税货物出入保税仓库实行核销监督管理，对加工企业实行重点抽查核销制，防止擅自内销的行为。

进口的料件与出口产品之间存在一定的数量关系，保税料件的浪费与短缺是属于同一性质，企业经营者既要负担进口税收，同时还要受到法律的惩处。从保税仓库中按合同数量调出原材料，就必须按合同相等的数量出口产品。这一监管既提高了企业用料精打细算的积极性，又促进产品的外销比例，力争更高的经济效益。对海关来说，既严密了监管，又简化了手续。

（四）发展保税仓库行业，增加国家收入

从事对外贸易，特别是多国贸易，保税仓库业务是一个有着巨大发展空间的行业。保税仓库接受储存国内外客户的保税货物，把相关的报关、装卸、运输、整理、修补包装、中转、保险、商品养护等服务都集中起来，使保税仓库逐步发展成为综合性的商品物流服务中心。既促进了对外贸易的发展，又增加了国家的财政收入，同时也提高了保税仓库经营者的经济效益。

第三节 保税区制度

一、保税区制度概念

（一）保税区

保税区，国际上又称为自由贸易区或出口加工区。即指设置在一国关境内的专门用于对保税货物进行加工、生产，或存储外销产品的特定区域。

所谓特定区域，是指经国务院批准，由海关负责监管，并依据国际惯例设立在本国领土上豁免关税的封闭区域。保税区与中华人民共和国境内的其他地区之间应当设置符合海关特殊监管要求的隔离设施。对内实施保税原则，保留征税权，实行完全封闭式管理。

保税区的主要功能是为拓展转口贸易、过境贸易、加工出口贸易服务，为贸易服务的加工整理、包装、运输、仓储和商业展示等业务提供一个政府性质的平台。

保税区内的进口货物，按规定限于：（1）保税区内企业进口专为生产加工出口产品所需的原材料、零配件和包装物料；（2）转口货物、过境货物；（3）经海关批准的其他货物。保税区内企业进口的保税货物因生产加工需要，可以在区内互相转让、买卖或借用。

保税区内实行"境内关外"的政策，进入中国境内保税区的货物视同在境外，只要不报关出区，就不用缴纳关税。但保税区内货物经批准销往国内市场，视同进口，应向海关办理正常进口报关手续，并缴纳进口关税和其他税费；由非保税区运入保税区的货物，视同出口，应向海关办理出口报关手续。

凡进入保税区货物属于海关保税货物，自进口之日起至全部出口之日止，接受海关全程跟踪监管。

（二）保税区制度

保税区制度是海关对保税区及其保税货物的管理制度。我国保税区制度的基本内容包括：

1. 入区制度。境内境外的投资者都可以在区内成立贸易公司，从事转口贸易、过境贸易、区内贸易和加工出口服务，开展为贸易服务的加工整理、包装、运输、仓储和商业展示等业务。

2. 保税区实行"境内关外"制。除国家禁止进出口的商品外，任何境外货物都可以自由地进出保税区，无需报关，保税区视同"境内关外"。入区货物只要递交商业单证向海关备案，免领进出口许可证，免征关税和国内环节税费；货物在保税区内可以自由买卖转让，免征增值税、消费税；货物可在保税区内无限期储存。

3. 保税制度。保税区内企业进口为生产出口产品所需的原材料、零配件和包装物料等，予以保税；区内企业生产加工的出口产品，免征出口税；转口货物可在区内进行分级、挑选、刷贴唛码、改装等简单加工；转口货物和过境货物在区内实行保税，复出境时予以免税。

经海关批准，保税区企业的进出口货物可以从非保税区口岸或另一保税区进出境。

4. 贸易加工制度。保税区内企业与境外企业可以自由从事贸易活动；保税区内企业与区外的国内企业可以从事一切贸易和商业活动。

保税区与非保税区的加工企业经海关核管可以双向委托加工。非保税区货物进入保税区视同出口，并按出口规定办理手续，予以退税。

5. 交易制度。企业可以经营进口货物、转口货物、过境货物、出口货物、转关货物、展览货物以及经海关批准的其他货物的保税仓储业务；允许企业从事大宗保税生产资料的交易业务。

6. 展示制度。保税区允许企业和境外公司、企业、其他经济组织开展商品展示业务和货物展销活动，可以举办生产资料市场，为国内企业，特别是"三资"企业提供机械设备、原材料辅料和各种办公用品，调剂国内供求关系，平衡企业生产。

7. 金融外汇制度。保税区内企业都可以按规定开立外汇账户，其外汇收入实行自愿结汇，可以存入区内金融机构，也可以卖给区内的外汇指定银行；保税区经常项目下的外汇管理，中外企业实行统一的管理政策；境外投资者依法获得的投资利润和其他收入以及境外员工的合法收入，可依法汇往境外。

二、保税区类型

我国的保税区按其设置的目的和功能,大致可分为三种类型:

(一)贸易型保税区

贸易型保税区主要是为扩大对外贸易服务的,诸如天津港保税区和大连保税区等。

(二)工业型保税区

工业型保税区主要是为扩展出口加工服务的,诸如深圳沙头角保税区等。

(三)综合型保税区

综合型保税区是集贸易功能、出口加工、金融服务等功能于一体,其服务亦是多元的、全方位的。诸如上海外高桥保税区等。

三、我国保税区制度的发展

我国的保税区制度是改革开放和建设有社会主义特色市场经济的产物。20世纪90年代开始,我国就逐步借鉴国际上实行自由贸易区和出口加工区以促进本国经济高速发展的经验,并在沿海地区的主要城市逐渐设立了保税区。

1990年,党中央和国务院决定加快浦东开发允许在上海浦东新区外高桥设立新中国第一个保税区。此后国务院又批准设立了大连、天津港、广州、深圳福田、沙头角、盐田、海口、张家港、福州、宁波、青岛、厦门象屿、汕头、珠海等15个保税区,总面积达19.62平方公里,主管部门是中国海关总署。

中国保税区最初的定位是仓储、转口贸易和加工贸易,在实际操作上以物流为主。十多年来,全中国15个保税区的保税仓库、转口贸易、商品展示功能均有了不同程度的发展,具备了一定规模的国际物流基础,对我国的国民经济的发展起到了非常积极的作用。

保税区的管理体制、法制建设是其发展过程中的头等重要大事,保税区诞生就需要制度性的保障。

其中比较重要的立法有:

1990年9月8日,由国务院批准、海关总署发布的《中华人民共和国海关对进出上海外高桥保税区货物、运输工具和个人携带物品的管理办法》(已失效);

1997年6月10日,由国务院批准、1997年8月1日由海关总署发布的

《保税区海关监管办法》;

1995年12月18日,由国家外汇管理局发布的《保税区外汇管理办法》(2002年7月25日进行了修订)等。

在地方一级立法中有:《上海市外高桥保税区条例》和《上海市外高桥保税区管理办法》、《深圳经济特区福田保税区条例》和《深圳经济特区福田保税区管理规定》、《大连保税区管理条例》和《大连保税区管理办法》、《天津港保税区管理条例》、《海南省海口保税区管理办法》、《厦门象屿保税区条例》、《广东省保税区管理条例》、《山东省青岛保税区管理条例》、《珠海市珠海保税区条例》、《宁波保税区管理办法》、《福州保税区条例》等。此外,各个保税区还制定了一些相关的制度、办法、规定、政策。

这些中央和地方的立法对保障我国保税区的正常运行和迅速发展起到了十分重要作用,确保保税区在出口加工、保税仓储和转口贸易等方面都取得了较好的社会效益和经济效益。

四、海关对保税区的监管

(一)保税区与境外之间进出货物的监管

1. 保税区与境外之间进出的货物,由货物的收货人、发货人或其代理向海关备案。

2. 对保税区与境外之间进出的货物,除实行出口被动配额管理的外,不实行进出口配额、许可证管理。

3. 从境外进入保税区的货物,其进口关税和进口环节税收,除法律、行政法规另有规定外,按照下列规定办理:

(1)区内生产性的基础设施建设项目所需的机器、设备和其他基建物资,予以免税。

(2)区内企业自用的生产、管理设备和自用合理数量的办公用品及其所需的维修零配件,生产用燃料,建设生产厂房、仓储设施所需的物资、设备,予以免税。

(3)保税区行政管理机构自用合理数量的管理设备和办公用品及其所需的维修零配件,予以免税。

(4)区内企业为加工出口产品所需的原材料、零部件、元器件、包装物件、予以保税。

第(1)项至第(4)项规定范围以外的货物或者物品从境外进入保税区,

应当依法纳税。转口货物和在保税区内储存的货物按照保税货物管理。

（二）保税区与非保税区之间进出货物的监管

1. 从保税区进入非保税区的货物，按照进口货物办理手续；从非保税区进入保税区的货物，按照出口货物办理手续，出口退税按照国家有关规定办理。海关对保税区与非保税区之间进出的货物，按照国家有关进出口管理的规定实施监管。

2. 从非保税区进入保税区供区内使用的机器、设备、基建物资和物品，使用单位应当向海关提供上述货物或者物品的清单，经海关查验后放行。这些货物或者物品，已经缴纳进口关税和进口环节税收的，已纳税款不予退还。

3. 保税区的货物需从非保税区口岸进出口或者保税区内的货物运往另一保税区的，应当事先向海关提出书面申请，经海关批准后，按照海关转关运输及有关规定办理。

（三）保税区货物的监管

1. 保税区内的货物可以在区内企业之间转让、转移；双方当事人应当就转让、转移事项向海关备案。

2. 保税区内的转口货物可以在区内仓库或者区内其他场所进行分级、挑选、刷贴标志、改换包装形式等简单加工。

3. 区内企业在保税区内举办境外商品和非保税区商品的展示活动，展示的商品应当接受海关监管。

（四）保税区加工贸易货物的监管

1. 区内加工企业应当向海关办理所需料、件进出保税区备案手续。

2. 区内加工企业生产属于被动配额管理的出口产品，应当事先经国务院有关主管部门批准。

3. 区内加工企业加工的制成品及其在加工过程中产生的边角余料运往境外时，应当按照国家有关规定向海关办理手续；除法律、行政法规另有规定外，免征出口关税。区内加工企业将区内加工的制成品、副次品或者在加工过程中产生的边角余料运往非保税区时，应当按照国家有关规定向海关办理进口报关手续，并依法纳税。

4. 区内加工企业全部用境外运入料、件加工的制成品销往非保税区时，海关按照进口制成品征税。用含有境外运入料、件加工的制成品销往非保税区时，海关对其制成品按照所含境外运入料、件征税；对所含境外运入料、件的品名、数量、价值申报不实的，海关按照进口制成品征税。

5. 区内加工企业委托非保税区企业或者接受非保税区企业委托进行加工业务，应当事先经海关批准，并符合下列条件：

（1）在区内拥有生产场所，并已经正式开展加工业务。

（2）委托非保税区企业的加工业务，主要工序应当在区内进行。

（3）委托非保税区企业加工业务的期限为6个月，有特殊情况需要延长期限的，应当向海关申请展期，展期期限为6个月。在非保税区加工完毕的产品应当运回保税区；需要从非保税区直接出口的，应当向海关办理核销手续。

（4）接受非保税区企业委托加工的，由区内加工企业向海关办理委托加工料、件的备案手续，委托加工的料、件及产品应当与区内企业的料、件及产品分别建立账册并分别使用。加工完毕的产品应当运回非保税区企业，并由区内加工企业向海关销案。

6. 海关对区内加工企业进料加工、来料加工业务，不实行加工贸易银行保证金台账制度。

委托非保税区企业进行加工业务的，由非保税区企业向当地海关办理合同登记备案手续，并实行加工贸易银行保证金台账制度。

（五）对进出保税区运输工具和个人携带物品的监督

1. 运输工具和人员进出保税区，应当经由海关指定的专用通道，并接受海关检查。

2. 进出保税区的运输工具的负责人，应当持保税区主管机关批准的证件连同运输工具的名称、数量、牌照号码及驾驶员姓名等清单，向海关办理登记备案手续。

3. 未经海关批准，从保税区到非保税区的运输工具和人员不得运输、携带保税区内的免税货物、物品、保税货物，以及用保税料、件生产的产品。

五、保税区制度的意义

设立保税区、完善保税区制度对促进我国社会主义市场经济的发展具有很大的意义，具体如下：

（一）促进我国对外贸易的发展

保税区的优势是多方面的，在财政、税收、金融、货币、外汇等各个领域都享有特别优惠的政策。保税区内的企业只需执行最简单的报关备案手续就可以集中精力于生产经营。

保税区内的保税货物基本享有免税，海关一般仅凭合同及有关单证即可验放，通关迅速，方便了货物的进出口。

保税区的政策、措施以及保税成本的大幅度下降，既吸引了国内外企业进入保税区，从事生产经营，同时也直接促进了保税区对外贸易的发展。

（二）增加了国家财政收入

设立保税区及其区内各个方面的政策优惠措施，不仅有利于吸引外资，扩大对外贸易，同时政府也通过征收关税、增值税、消费税、土地使用税（费）、仓库厂房租金及其他各种费用增加了国家的财政收入。

（三）保税区带动周边地区的经济发展

保税区的兴旺发达，既带动了相关行业或产业的发展，也会带动周边地区的经济发展。保税区良好的投资环境吸引了大批国内外厂商前往投资，这就为周边地区的劳动者创造了就业机会。随着就业面不断扩大和劳动者收入稳步提高，市场需求就会随之扩大，这会刺激保税区以及周边地区的经济发展。保税区经济的良性循环，直接推动周边地区的经济繁荣，提高该地区的经济竞争力和经济实力。

第四节　加工贸易保税、保税工厂、保税集团

一、加工贸易保税

加工贸易主要是指利用外资"三来一补"中的某些形式，即来料加工、来件装配、进料加工和补偿贸易等。通过加工贸易，可以有效地利用国外的资金、资源、技术设备和先进的管理经验，提高我国企业的生产管理水平。同时还可充分地利用外商的销售渠道，拓展国际市场，增加出口创汇。

我国对加工贸易实行进口料件的银行保证金台账制度管理。国内加工贸易的企业对外签订的加工贸易合同，应按规定上报当地外经贸主管部门，并向海关提出申请。海关按合同载明的料件金额签署"开设银行保证金台账联系单"，企业则向指定的银行申请办理保证金台账手续，并由银行签发"银行保证金台账通知单"，企业则可向海关办理合同手续。

企业加工贸易合同执行完毕或产品复出口后1个月内，应主动向海关办理合同核销手续。如果产品转为内销，应向外经贸主管部门提出申请，获准内销后，应向海关办理补缴关税及其他税费，并核销合同。

实行加工贸易进口料、件银行保证金台账制度，其目的是充分发挥海关、银行等部门的联合监管作用，有利于我国加工贸易的健康发展。

二、保税工厂制度

（一）保税工厂的概念

保税工厂是指经海关批准，并在海关监管之下，用保税进口的原材料、辅料、零部件、元器件等加工制造复出口产品的工厂。

保税工厂以出口为目的而进口料件，海关予以全额保税，待加工制造成品出口后，按实际耗用的进口料件免征进口关税和进口环节国内税。

保税工厂是在加工贸易不断发展的基础上产生的，是为开展加工贸易的企业服务的一种保税形式，也是海关支持外向型经济发展的一项重要举措。

（二）保税工厂的特点

保税工厂是在进料加工、来料加工等加工贸易基础上发展起来的一种保税业务形式，它主要为了适应加工出口产品企业的多批、连续进口料件的需要。因此，保税工厂有着不同于其他保税业务形式的特征：

1. 保税工厂进口货物的流向明确。保税工厂是主要从事加工出口产品的企业，其所需要的进口料件非常明确、用途也非常明确，超越了保税工厂加工范围的进口料件除特别说明外一般不会发生，这是保税工厂与保税仓库的主要区别之一。

2. 保税工厂进口货物的手续简单。保税工厂进口料件手续与一般的加工贸易大体相同，即货物申报进口后直接进入工厂加工制造，手续简单明了，无需"二次报关"，这也是保税工厂与保税仓库的主要区别之一。

（三）保税工厂制度

保税工厂制度就是指海关对保税工厂及其进出货物管理制度的统称，其基本法律依据为海关总署颁发的《中华人民共和国海关对加工贸易保税工厂的管理办法》。保税工厂制度的主要内容包括：保税范围、建厂制度和保税料件管理制度三个方面。

1. 保税范围。保税工厂为外商加工、装配成品和为制造出口产品而进口的原料、材料、元器件、零部件、配套件、辅料、包装物料和加工过程中直接消耗的数量合理的化学物品（以下简称料、件），准予缓办进口纳税手续，按实际加工出口成品所耗用的进口料、件免征关税及增值税。换句话说，即保税工厂进口的料件可享受全额保税的优惠，待加工成品出口后按实际耗用的进口料件免税。

2. 建厂制度。凡经国家批准有权经营进出口业务的企业或具有法人资格的承接进口料、件加工复出口的出口生产企业（以下统称经营加工单位），均可向主管地海关申请建立保税工厂。

建立保税工厂，须具备以下条件：

（1）具有专门加工、制造出口产品的设施。

（2）拥有专门贮存、堆放进口货物和出口成品的仓库。

（3）建立专门记录出口产品生产、销售、库存等情况的账册。

（4）有专人管理保税货物、仓库和账册。

具备上述条件的经营加工单位，经提交《加工贸易保税工厂申请书》向海关申请，经海关实地勘查批准后，发给《加工贸易保税工厂登记证书》，并在核发的登记手册上加盖加工贸易保税工厂戳记，始准进行保税加工。

3. 保税料件管理制度。保税工厂进口的料、件的登记备案和核销，按对来料加工或进料加工管理的有关规定办理。

保税工厂进口料、件和出口成品时，由经营人或其代理人填写专用进出口货物报关单一式四份，并在右上角加盖"保税工厂货物"戳记，随附有关单证和来料加工或进料加工登记手册，向进出境地海关报关，经海关审核后，将其中一份寄送主管海关，另一份由海关签印后，退回申报人交保税工厂留存备查。

有关经营加工单位必须于每季度第1个月15日前将上一季度进口的原料储存保管、使用加工、加工成品库存和成品出口以及特准内销等情况，列表报送主管海关核查。保税工厂如将进口料、件同国产原材料混合加工时，必须如实向海关报明投入进口料、件的比例和数（重）量。

海关认为必要时，可派关员驻厂或随时派遣关员对保税工厂的料、件、成品的库存、出口情况和单据、账册等进行监督检查，保税工厂应按规定提供办公场所和食宿方便。如保税工厂要求海关派员到工厂办理验放手续，可向主管海关提出申请，并照章缴纳规费。

保税工厂进口的货物属海关保税货物，自进口之日起至全部出口之日止受海关监管，未经海关许可，不得出售、转让、调换或移作他用。

保税工厂在失去海关严密监管条件时或者有违反海关规定的行为，海关可随时吊销其保税工厂证书，并对其发生的违反海关规定行为，按《海关法》进行处理。

三、保税集团

（一）保税集团的概念

保税集团，全称为"进料加工保税集团"，是在保税工厂基础上发展起来的、适应不同企业为生产同一最终产品进行联合的一种新型保税制度形式。

依据《中华人民共和国海关对进料加工保税集团管理办法》的界定，进料加工保税集团（即保税集团）是指经海关批准，由一个具有进出口经营权的企业牵头，组织关税区内同行业若干个加工企业，对进口料、件进行多层次、多道工序连续加工，并享受全额保税的企业联合体。牵头企业代表保税集团向海关负责，其应具备向海关缴纳税费的能力，并承担有关法律责任；集团内各生产成员企业应承担有关连带责任。

早期的进料加工业务都是由一个企业、一家工厂独立完成的。随着进料加工贸易形式的发展和对外竞争的需要，重新整合生产力要素，降低生产成本，最大限度地利用现有资源，将跨行业或跨地区的生产规模较小或分工较细的加工厂集合起来实行联合保税加工。

保税集团制度就是为了适应进料加工业务的飞速发展，支持和鼓励企业对出口产品的深加工和精加工，提高出口产品的附加值，增强在国际市场的竞争能力所采取的一种战略举措。这一多企业联合、集团保税的形式使得我国保税制度在更高层面、更大范围内得以迅速扩展。

（二）保税集团的建立

1. 保税集团及各成员企业应具备的条件。

（1）设立专门的管理机构，制定集团管理章程和符合海关对保税货物监管要求的管理制度。

（2）生产的产品应为国家鼓励出口商品或重点出口创汇商品。

（3）具备加工出口产品的设备、技术和能力。

（4）具备符合海关监管条件的专门储存、堆放进口货物及加工成品、半成品的仓库，并有相应的安全设施。

（5）应按会计法规建立有关进口料、件的储存、调拨、加工、销售等情况的账册。

（6）配备经海关培训认可的熟悉海关规定的专职管理人员。

2. 设立保税集团的程序。符合上述条件的，应由其牵头企业向海关交验以下证件：

(1)《保税集团申请书》。

(2) 集团牵头企业及其组成成员企业的营业执照和税务登记证书的影印件。

(3) 集团内各生产企业出口产品的加工工艺流程图和各加工环节准确合理的耗料定额等有关资料。

(4) 集团协议及相应的管理制度。

(5) 海关需要的其他证件、资料。

企业提出申请后，经海关实地勘察并确认符合海关监管条件的，海关予以核发《进料加工保税集团登记证书》，方可建立保税集团。

保税集团经批准成立后，如有增加或撤销集团成员企业等情况时，其牵头企业应事先向海关提出申请并办理有关登记或撤销手续。

(三) 保税集团进出口货物的监管

1. 保税集团在进口为加工出口产品所需料、件前，其牵头企业应持经贸主管部门颁发的《进料加工批准书》连同合同副本或订货卡片向海关办理合同登记备案手续。海关审核无误后，向其签发《进料加工登记手册》（以下简称《登记手册》），并在右上角加盖"保税集团货物"戳记。

2. 料、件进口和加工成品出口时，保税集团的报关员或其报关代理人应按海关规定填写进料加工进（出）口专用报关单，并在右上角加盖"保税集团货物"戳记，连同《登记手册》等有关单证向进出地海关办理进出口手续。

3. 海关对保税集团进口的料、件予以全额保税，集团的牵头企业应按规定向海关缴纳监管手续费。进口的料、件应存入指定的保税仓库，料、件出库加工时，海关按对保税仓库及所存货物的管理办法进行监管。保税进口料、件进入加工环节时，海关按对保税工厂的管理办法进行监管。加工的成品出口，免征出口关税，如属出口许可证管理商品，还应向海关交验出口货物许可证。

4. 保税进口的料、件，应专料专用。如需将进口料、件与国内料、件混合加工时，保税集团的牵头企业应事先向海关申报投入进口料、件的比例和数（重）量。

5. 保税集团内各生产环节和工序所使用的进口料件的消耗定额每年向海关报核，海关根据已核定的消耗定额分段核销。

保税集团的牵头企业应于每季度第 1 个月的 15 日前将上季度进口料、件的储存、使用加工以及有关产品的实际流向等情况制表报送海关核查。

最终产品出口后 1 个月内，保税集团的牵头企业应持《登记手册》以及经海关签章的出口专用报关单等有关单证向海关办理核销手续。

6. 加工产品因故不能出口需转内销的，保税集团的牵头企业在报经经贸主管部门批准，并经海关核准，缴纳原进口料、件的关税、产品（增值）税或工商统一税后，方准内销。属于进口许可证管理商品的，还应向海关交验进口货物许可证。

7. 保税进口的料、件，应自进口之日起1年内加工成品返销出口。如有特殊情况需要延长期限的，保税集团的牵头企业应向海关提出书面申请，但延期最长不得超过1年。如期满仍未加工成品复出口或转为进口的，由海关按《海关法》有关规定处理。

8. 保税集团进口的料、件及加工的产品均属海关监管的保税货物，未经海关许可，任何单位和个人不得将其出售、转让、调换、抵押或移作他用。

9. 保税集团进口的料、件及加工的产品，如在储存、加工、运输过程中发生短少，除不可抗力的原因外，其短少部分应由保税集团的牵头企业承担缴纳税款的责任，并由海关按有关规定进行处理。

10. 海关认为必要时，可派员进驻保税集团及其成员企业进行监管或随时派员检查保税进口料件，产品的储存、加工、出口等情况以及查阅有关单据、账册。保税集团及其成员企业应按规定提供办公场所和交通、食宿方便。

11. 海关对保税集团每年进行一次审核，如发现有经营管理混乱或有违反海关规定等情况的，可令其限期整顿或吊销其保税集团证书，直至终止集团保税待遇。

12. 对有违反《中华人民共和国海关对进料加工保税集团管理办法》规定，构成走私行为或者其他违反海关监管行为的，海关根据《海关法》及有关法规分别对保税集团的牵头企业及其有关成员企业进行处理；情节严重，构成犯罪的，由司法机关追究其刑事责任。

第十三章

关税的救济制度

按照我国《海关法》第四十六条规定，纳税人与海关发生纳税争议时，应当收到海关填发的税款缴纳证之日起30日内，向海关申请复议；纳税人对海关做出的复议决定不服，则以自收到复议决定书之日起15日内向海关总署申请再复议；对海关总署做出的再复议决定仍然不服的，可以自收到再复议决定书之日起15日内，向人民法院起诉。

关税的救济制度，就是海关的救济制度，包括关税行政复议、关税行政诉讼和海关行政赔偿制度。这是为了解决关税征纳过程中海关与纳税人之间的争议，维护纳税人的合法权益，监督海关依法行政，维护海关正确合法的行政行为，确保海关的行政效率，纠正和制止违法或不当行政行为，及时解决行政纠纷，减少行政诉讼。它是规范政府行为的基本程序和有效制度，也是市场经济条件下民主法制发展对政府行为的必然要求。

第一节 关税的行政复议

一、行政复议的概述

（一）行政复议的含义

关税的行政复议，是指公民、法人或者其他组织确认海关的具体行政行为侵犯其合法权益，依法向海关复议机关提出复议申请，请求重新做出或者取消海关具体行政行为，复议机关依法审理并做出复议决定的行政救济行为。

海关行政复议分两个部分：第一部分是纳税争议的复议，第二部分是相对人遭受经济处罚的复议。

（二）行政复议的特征

海关行政复议的基本特征包括三个方面：

1. 海关行政复议的申请人是公民、法人或者其他组织；被申请人是做出具体行政行为的海关。

2. 其他行政复议制度一般适用一级制复议原则，即当事人对行政复议机关做出的复议决定不服，即可向人民法院起诉。关税行政复议采取两级制复议制，即纳税人首先要向原征税海关申请复议，如果对原征税海关做出的复议决定不服，应向海关总署申请再复议，如果对再复议决定仍然不服，才可以向人民法院起诉。

3. 按行政管辖权的原则，其他行政复议制度一般由原做出行政行为的上一级行政机关作为复议机关。但是关税行政复议制度规定原征税海关为第一级复议机关。

（三）行政复议的作用

海关行政复议的作用也包括三个方面：

1. 维护纳税人的合法权益，监督海关依法行政。

2. 维护海关正确合法的行政行为，确保海关的行政效率。

3. 纠正和制止违法或不当行政行为，及时解决行政纠纷，减少行政诉讼。

（四）行政复议的分类

海关行政复议的对象是指各种各样的十分具体的海关行政行为。因此，按海关行政复议的对象可分为：海关行政处罚复议、关税行政复议、海关行政强制措施复议、海关行政许可复议等。

二、行政复议机关与复议人员

按我国《海关法》和海关《行政复议法》的规定，海关行政复议机关是海关内部的执法监督机构，并不是独立于海关的行政组织。海关行政复议机关负责法制工作的机构，是海关行政复议工作的主管部门，履行下列职责：

1. 受理复议申请。

2. 向有关组织和人员调查取证，查阅文件和资料。

3. 审查申请行政复议的具体行政行为是否合法与适当。

4. 组织审理复议案件，拟定行政复议决定。

5. 对海关及其部门和工作人员违反《行政复议法》规定的行为依照规定

的权限和程序提出处理建议。

6. 办理海关复议决定的依法强制执行或申请人民法院强制执行事项。

7. 办理不服海关具体行政行为提起行政诉讼的应诉事项。

8. 法律、行政法规、海关总署规章规定的以及本机关行政首长交办的其他事项。

海关复议机关的行政复议工作人员应当具备下列条件：

1. 高等院校法律专业毕业或者高等院校非法律专业毕业具有法律专业知识。

2. 从事海关工作2年以上。

3. 有良好的政治、业务素质。

行政复议工作人员应当履行下列义务：

1. 严格遵守宪法和法律。

2. 以事实为根据，以法律为准绳审理复议案件，秉公执法。

3. 依法保障复议参加人的合法权利。

4. 维护国家利益、公共利益，维护公民、法人或者其他组织的合法权益。

海关行政复议机关履行行政复议职责，应当遵循合法、公正、公开、及时、便民的原则，坚持依法行政、有错必纠，保障海关法律、行政法规的正确实施。

三、行政复议的范围

按我国《海关法》和海关《行政复议法》的规定，海关行政复议的范围包括：

1. 对海关做出的罚款，没收货物、物品、运输工具，追缴无法没收的货物、物品、运输工具的等值价款，没收违法所得，暂时停止或者取消给予特定减免税优惠，暂停或者取消与办理海关手续有关的经营资格，暂停报关员的执业或者吊销报关员的执业证书及其他行政处罚决定不服的。

2. 对海关做出的限制人身自由的行政强制措施不服的。

3. 对海关做出的扣留、封存、冻结财产及扣留、封存账簿、单证等行政强制措施不服的。

4. 对海关做出的责令退运进出境货物、物品等行政决定不服的。

5. 对海关做出的收取保证金、保证函、抵押物、质押物等的决定不服的。

6. 对海关做出的有关资质证、资格证等证书变更、中止、撤销的决定不服的。

7. 对海关关于该企业的分类以及按该分类进行的管理决定不服的。

8. 认为海关违法收取滞报金、监管手续费等费用或者违法要求履行其他义务的。

9. 认为符合法定条件，申请海关依法颁发资质证、资格证、执业证等证书，申请海关依法审批、登记有关事项，或者申请海关办理报关、查验、放行等海关手续，海关没有依法办理的。

10. 申请海关履行法定职责，海关没有依法履行的。

11. 对海关在完税价格审定、税则归类、原产地、税率和汇率适用，缓征、减征或者免征税款，税款的征收、追缴、补税、退税，征收滞纳金，从银行账号划拨税款，拍卖或变卖财产抵缴税款及其他征税行为有异议的。

12. 认为海关的其他具体行政行为侵犯其合法权益的。

四、行政复议的程序

（一）行政复议的参加者

关税行政复议的参加者是指参加关税行政复议的申请人、被申请人、第三人和复议代理人。

1. 复议申请人。是对海关做出的具体行政行为不服或不理解，以自己的名义向复议机关提出申请，要求复查和裁定该行政行为的自然人或法人。

如果申请复议的自然人已经死亡，其近亲属可以作为复议申请人；如果申请复议的法人发生合并、分立或者终止的，承受其权利的法人可以作为复议申请人。

复议申请人享有的权利：

（1）申请复议的权利。

（2）提出回避申请的权利。

（3）委托代理人参加复议的权利。

（4）撤回复议申请的权利。

（5）对复议决定不服向海关总署提出再复议申请等权利。

复议申请人承担的义务：

（1）维护正常的复议秩序。

（2）先执行海关做出的征税决定，然后按法律规定的程序和方式申请复议。

2. 复议被申请人。复议被申请人是做出具体行政行为，引起征纳双方发生争议的原征税海关。

复议被申请人享有的权利：

（1）要求纳税人先执行其做出的征税决定的权利。

（2）在复议中进行答辩的权利。

复议被申请人承担的义务：

（1）向复议机关提供做出原征税决定的有关材料和证据。

（2）履行生效的复议决定。

3. 复议第三人。是指除复议申请人和被申请人外，与申请复议的具体行政行为有着利害关系的，经复议机关批准参加复议的自然人或法人。

复议第三人参加复议的特征：

（1）必须与复议的具体行政行为有利害关系。

（2）必须以自己的名义参加复议，维护自己的合法权益。

4. 复议代理人。是在关税行政复议中，以被代理人的名义，在法定的代理权限内实施行政复议行为的人。

（二）申请行政复议的方式和内容

《行政复议法》第十三条规定，申请人向海关申请行政复议，可以书面申请，也可以口头申请。口头申请时，海关行政复议机关应当制作《行政复议口头申请记录》，并当场交由申请人签章确认。

无论申请人是以书面方式还是口头方式申请行政复议，复议申请都应当包括以下内容：

1. 复议申请人的姓名、性别、年龄、职业、住址、工作单位和通讯方式（便于与其联系并送达有关复议法律文书）；申请人是法人或者其他组织的，应写明该法人或者其他组织的名称、地址、法定代表人的姓名、职务等。

2. 做出引起复议争议的具体行政行为的行政机关的名称、地址。

3. 申请行政复议的要求。

4. 申请行政复议的主要事实和理由。

5. 提出行政复议申请的日期。

（三）关税行政复议程序

1. 申请。即指相对人依法要求海关撤销或改变原海关征税机关做出的具体行政行为的书面请求。但申请复议必须符合以下条件，否则复议机关可不予受理。

（1）申请人必须是海关法律关系相对人。

（2）申请复议的内容必须是认为原征税海关的具体行政行为侵犯其合法权益。

（3）有明确的被申请人。

（4）有具体的复议请求和事实根据。

（5）属于海关复议受案范围。

（6）已在规定的期限内执行了原征税机关做出的征税决定。

（7）符合法律规定的要式条件和申请期限。

2. 受理。当事人提出申请后，海关经过审查认为符合受案条件，应当立案复议，不得拒绝。但有下列情形之一者，海关不予受理：

（1）不属于海关受案范围。

（2）不属于海关管辖案件。

（3）当事人已向人民法院起诉或者已向其他行政机关提起复议，并已经立案。

（4）超过法定申请期限。

（5）不符合法定要式条件的。

如果海关决定不受理复议，应当制作裁定书说明不受理的理由，并在规定期限内送达申请人。

3. 审理。是行政复议机关对复议案件事实是否清楚、适用法律是否正确、程序是否合法等内容进行审查的活动过程。

海关复议审理主要做好以下工作：

（1）如果复议申请符合条件，应当书面告知申请人自收到申请书之日起受理，并在收到申请书之日起7日内将申请书的副本送交被申请人，并限期提出答辩书。逾期不答辩的，不影响复议。

（2）确定复议人员和其他复议参加者。

（3）审查受案范围。

（4）确定审理方式。

（5）实施审理，包括查阅案卷、核实证据、审查法律问题、做出复议决定。

4. 决定。复议机关审理复议案件后，应根据具体情况，分别做出以下复议决定：

（1）维持决定。

(2) 补正决定。

(3) 限期履行决定。

(4) 撤销、变更并责令被申请人重新做出具体行政行为的决定。

(5) 责令被申请海关赔偿的决定。

为维护申请人的合法权益,提高行政效率,根据《行政复议法》第四十条规定,行政复议机关应当自受理复议申请之日起 60 日内做出行政复议决定。但有下列情况之一的,经海关行政复议机关负责人批准,可以延长 30 日:

(1) 复议案件案情重大、复杂、疑难的。

(2) 经申请人或其代理人同意的。

(3) 有第三人参加复议的。

(4) 申请人或其代理人提出新的事实或证据需进一步调查的。

海关行政复议机关延长复议期限,应当发出《延长行政复议审查期限通知书》,并送达申请人、第三人及被申请人。

5. 送达。海关做出复议决定后,应按法律要求制作《海关复议决定书》,并将《海关复议决定书》依法直接送达申请人。无法直接送达的,可委托其他行政机关代为送达,或者邮寄送达。在上述方法都无法送达时,可以公告送达。

6. 复议申请的撤回。在复议机关受理复议申请之后,做出复议决定之前,申请人有权要求撤回复议申请。但撤回复议申请必须由申请人自愿提出,如果申请人因受被申请人的压力和影响而申请撤回,复议机关不得批准撤回。

第二节　关税行政诉讼

一、行政诉讼概述

(一) 行政诉讼的含义

行政诉讼,亦可以称为司法审查,是行政相对人与行政主体在行政法律关系领域发生纠纷后,依法向人民法院提起诉讼,人民法院依照法定程序审查行政主体的行政行为的合法性,并做出判决的一种活动。这是对行政机关行政行为的一种法律监督制度,也是对相对人的一种行政法律救济制度。

关税行政诉讼是指公民、法人或者其他社会组织认为海关具体行政行为侵犯其合法权益，依法向人民法院起诉，人民法院依法审理并做出裁判的行政审判监督制度。

（二）行政诉讼的特征

关税行政诉讼作为国家行政诉讼的一个重要组成部分，除了必须遵循行政诉讼法所确立的基本原则外，关税的行政诉讼又有自己的特征。关税的行政诉讼的主要目的是解决关税征纳争议，其基本特征表现在：

1. 被告必须是海关，而不是其他行政机关或组织。
2. 关税行政诉讼解决的争议发生在关税的征收管理过程中。
3. 关税的行政诉讼是以解决关税征纳争议为前提的，而当事人在向人民法院提起关税行政诉讼前，必须先经过关税行政复议的程序。

（三）海关行政诉讼的基本环节

海关行政诉讼的审理程序包括第一审程序和第二审程序。

这两个程序并非每一起行政诉讼案件都会出现，但第一审程序是必经的，是全部审判程序的基础。

一般地说，一审是法院受理海关行政诉讼案件后审理该案适用的程序，包括开庭前的准备、法庭调查、法庭辩论、合议庭评议、宣告判决等阶段。

如果一审当事人对一审的判决不服，可依法提起上诉，进入二审程序或者终审程序。在二审中，审理就不一定必须开庭，对事实清楚的案件，就直接实行书面审理，第二审法院做出的裁判，属于终审裁决，不得再提起上诉。

二、行政诉讼的参加人

关税行政诉讼参加人是指在行政诉讼过程中，为保护自己或他人的合法权益而参加关税行政诉讼的当事人和类似当事人诉讼地位的人，包括原告、被告、共同诉讼人、第三人、诉讼代理人等。

（一）关税行政诉讼的原告

原告是海关行政法律关系相对人，即指海关的具体行政行为侵犯其合法权益并依照行政诉讼法向人民法院提起诉讼的自然人、法人或者其他社会组织。按照海关法的规定，可以成为海关行政诉讼原告的有：进出口货物的收货人或发货人、纳税义务人、报关代理人、进出境运输工具所有人、海关监管货物承运人、进出口货物的担保人和所有人。

一般来说，可以成为关税行政诉讼原告的是关税纳税义务人。

（二）关税行政诉讼的被告

关税行政诉讼的被告只能是海关，即指由原告诉称其做出的具体行政行为侵犯了原告的合法权益而被人民法院通知应诉的海关。

海关作为被告有两个基本特征：

1. 海关在行政诉讼中是法定的被告，相对人是自然的原告，这是因为行政诉讼是法院根据相对人的诉愿对行政机关具体行政行为进行法律监督的程序。

2. 被告是海关机构，而不是海关工作人员。这是因为海关工作人员依法实施关税征管的行为不是个人行为，而是职务行为，其法律后果由关员所属海关承担。

（三）共同诉讼人

共同诉讼人是指在诉讼活动中，一同起诉或一同应诉的人，一同起诉的称为共同原告，一同应诉的称为共同被告。按照《中华人民共和国行政诉讼法》第二十六条规定："当事人一方或双方为二人以上，因同一具体行政行为发生的行政案件，或者因同样的具体行政行为发生的行政案件，人民法院认为可以合并审理的，为共同诉讼。"

（四）第三人

第三人是指与诉讼的具体行政行为有利害关系，在行政诉讼中申请参加诉讼，或由人民法院批准参加诉讼的公民和法人。按照《中华人民共和国行政诉讼法》第二十七条规定："同提起诉讼的具体行政行为有利害关系的其他公民、法人或者其他组织，可以作为第三人申请参加诉讼，或者由人民法院通知参加诉讼。"

（五）诉讼代理人

诉讼代理人是指根据法律规定，或由人民法院指定，或接受当事人、法定代理人的委托，以当事人的名义，在一定权限内，代理当事人进行行政诉讼活动的人。

按照《中华人民共和国行政诉讼法》第二十八条规定："没有诉讼行为能力的公民，由其法定代理人代为诉讼。法定代理人互相推诿代理责任的，由人民法院指定其中一人代为诉讼。"第二十九条规定："当事人、法定代理人，可以委托一至二人代为诉讼。律师、社会团体、提起诉讼的公民的近亲属或者所在单位推荐的人，以及经人民法院许可的其他公民，可以受委托为诉讼代理人。"

三、关税行政诉讼程序

（一）案件的起诉

原告的起诉是行政诉讼活动的开始程序。提起关税行政诉讼必须具备以下四个条件：

1. 原告必须是认为海关的具体行政行为侵犯了其合法权益的公民、法人或者其他组织。
2. 必须有明确的海关机构作为被告。
3. 必须有具体的诉讼请求和事实根据。
4. 必须属于人民法院受案范围和受诉人民法院管辖。

另外，还要满足起诉的程序条件和时间条件。

所谓程序条件，是指纳税争议必须首先经过海关两级复议，只有对海关总署复议决定不服，才可以向人民法院起诉。

时间条件是指原告应自收到复议决定书15日内起诉，如果复议机关逾期不做决定，可在复议期满之日起15日内起诉。

人民法院收到起诉状后，经审查，应当在7日内立案或做出裁定不予受理，原告对裁定不服还可以上诉。

（二）案件的审查

人民法院开庭审理之前，应当于立案之日起5日内将起诉状副本送达被告，在收到被告的答辩状5日内，将答辩状副本送达原告，组织合议庭，查阅案卷，审查证据，决定是否公开审理，决定是否停止原海关具体行政行为的执行。庭审程序大致是：宣布开庭、法庭调查、法庭辩论、合议庭评议、宣告判决。

（三）案件的判决

根据《中华人民共和国行政诉讼法》第五十七条规定："人民法院应当在立案之日起3个月内做出第一审判决。有特殊情况需要延长的，由高级人民法院批准，高级人民法院审理第一审案件需要延长的，由最高人民法院批准。"

法院经过审理，根据不同情况，分别做出以下判决：

1. 维持判决。法院驳回原告的诉讼请求。根据《中华人民共和国行政诉讼法》规定："具体行政行为证据确凿，适用法律、法规正确，符合法定程序的，判决维持。"
2. 撤销判决。法院经审理认为被控行政行为违法，而使该行为无效的判决。根据《中华人民共和国行政诉讼法》规定："具体行政行为有下列情形之一的，判决撤销或者部分撤销，并可以判决被告重新做出具体行政行为：（1）主要证据不足的；（2）适用法律、法规错误的；（3）违反法定程序的；（4）超越职权的；（5）滥用职权的。"

3. 变更判决。法院经审理认为行政处罚显失公正，依法对该处罚予以变更的判决。根据《中华人民共和国行政诉讼法》规定："行政处罚显失公正的，可以判决变更。"

4. 执行判决。法院宣告行政机关必须履行职责的判决。根据《中华人民共和国行政诉讼法》规定："被告不履行或者拖延履行法定职责的，判决其在一定期限内履行。"

第三节 海关行政赔偿

一、海关行政赔偿概述

（一）海关行政赔偿的含义

海关行政赔偿，是指海关及其工作人员在履行国家赋予的进出关境监督管理职责过程中，因行政侵权行为损害海关法律关系相对人的合法权益，应当事人的请求或者人民法院判决，依法赔偿当事人直接经济损失的法律制度。

（二）海关行政赔偿的特征

海关行政赔偿具有以下几个方面的特征：

1. 海关行政赔偿属于国家赔偿。海关是国家行政机关，因海关行政侵权行为导致的赔偿应属于国家赔偿，即国家赔偿中的行政赔偿。

2. 承担赔偿义务的机关是实施侵权行为的海关。根据《中华人民共和国海关行政赔偿办法》第十二条规定："海关及其工作人员违法行使行政职权侵犯公民、法人和其他组织的合法权益造成损害的，该海关为赔偿义务机关。两个以上海关共同行使行政职权时侵犯公民、法人和其他组织的合法权益造成损害的，共同行使行政职权的海关为共同赔偿义务机关。海关依法设立的派出机构行使行政职权侵犯公民、法人和其他组织的合法权益造成损害的，设立该派出机构的海关为赔偿义务机关。受海关委托的组织或者个人在行使受委托的行政权力时侵犯公民、法人和其他组织的合法权益造成损害的，委托的海关为赔偿义务机关。"

第十三条规定："海关查验进出境货物、物品时，损坏被查验的货物、物品的，实施查验的海关为赔偿义务机关。"

第十四条规定："赔偿义务机关被撤销的，继续行使其职权的海关为赔偿义务机关；没有继续行使其职权的海关的，该海关的上一级海关为赔偿义务机关。"

第十五条规定："经行政复议机关复议的，最初造成侵权行为的海关为赔偿义务机关，但复议机关的复议决定加重损害的，复议机关对加重的部分履行赔偿义务。"

3. 海关行政赔偿是因法律关系相对人的要求或者法院判决而提起的。

（三）海关行政赔偿主管部门及职责

根据《中华人民共和国海关行政赔偿办法》第三条规定："海关负责法制工作的机构是海关行政赔偿主管部门，履行下列职责：1. 受理行政赔偿申请；2. 审理行政赔偿案件，提出赔偿意见；3. 拟定行政赔偿决定书等有关法律文书；4. 办理行政复议附带行政赔偿案件、行政赔偿复议案件；5. 执行生效的行政赔偿法律文书；6. 对追偿提出处理意见；7. 办理行政赔偿诉讼的应诉事项；8. 办理与行政赔偿案件有关的其他事项。"

二、海关行政赔偿范围

海关行政赔偿范围分为侵犯人身权利和侵犯财产权利两个方面。

（一）侵犯公民人身权利行为

根据《中华人民共和国海关行政赔偿办法》第五条规定："海关及其工作人员有下列违法行使行政职权，侵犯公民人身权情形之一的，受害人有取得赔偿的权利：

1. 违法扣留公民的，具体包括：

（1）对没有走私犯罪嫌疑的公民予以扣留的。

（2）未经直属海关关长或者其授权的隶属海关关长批准实施扣留的。

（3）扣留时间超过法律规定期限的。

（4）有其他违法情形的。

2. 违法采取其他限制公民人身自由的行政强制措施的。

3. 非法拘禁或者以其他方法非法剥夺公民人身自由的。

4. 以殴打等暴力行为或者唆使他人以殴打等暴力行为造成公民身体伤害

或者死亡的。

5. 违法使用武器、警械造成公民身体伤害或者死亡的。

6. 造成公民身体伤害或者死亡的其他违法行为。"

（二）侵犯公民、法人或者其他组织财产权行为

根据《中华人民共和国海关行政赔偿办法》第六条规定："海关及其工作人员有下列违法行使行政职权，侵犯公民、法人或者其他组织财产权情形之一的，受害人有取得赔偿的权利：

1. 违法实施罚款，没收货物、物品、运输工具或其他财产，追缴无法没收的货物、物品、运输工具的等值价款，暂停或者撤销企业从事有关海关业务资格及其他行政处罚的。

2. 违法对生产设备、货物、物品、运输工具等财产采取扣留、封存等行政强制措施的。

3. 违法收取保证金、风险担保金、抵押物、质押物的。

4. 违法收取滞报金、监管手续费等费用的。

5. 违法采取税收强制措施和税收保全措施的。

6. 擅自使用扣留的货物、物品、运输工具或者其他财产，造成损失的。

7. 对扣留的货物、物品、运输工具或者其他财产不履行保管职责，严重不负责任，造成财物毁损、灭失的，但依法交由有关单位负责保管的情形除外。

8. 违法拒绝接受报关、核销等请求，拖延监管，故意刁难，或不履行其他法定义务，给公民、法人或者其他组织造成财产损失的。

9. 变卖财产应当拍卖而未依法拍卖，或者有其他违法处理情形造成直接损失的。

10. 造成财产损害的其他违法行为。"

（三）海关依法不予承担赔偿责任的范围

根据《中华人民共和国海关行政赔偿办法》第七条规定，属于下列情形之一的，海关不承担行政赔偿责任：

1. 海关工作人员与行使职权无关的个人行为。

2. 因公民、法人和其他组织自己的行为致使损害发生的。

3. 因不可抗力造成损害后果的。

4. 法律规定的其他情形。

三、海关行政赔偿程序

（一）赔偿请求人要求行政赔偿应当先向赔偿义务机关提出，也可以在申请行政复议和提起行政诉讼时一并提出。

赔偿请求人要求赔偿应当递交申请书，申请书应当载明下列事项：

1. 赔偿请求人的姓名、性别、年龄、工作单位和住所，赔偿请求人为法人或者其他组织的，应当写明法人或者其他组织的名称、住所和法定代表人或者主要负责人的姓名、职务。
2. 具体的要求、事实根据和理由。
3. 申请的年、月、日。

（二）赔偿义务机关收到赔偿申请后，应当在5个工作日内进行审查，对符合本办法有关规定且属于本海关受理的赔偿申请，决定受理，制作《行政赔偿申请受理决定书》并送达赔偿请求人

决定受理的，赔偿主管部门收到申请之日即为受理之日；经赔偿请求人补正材料后决定受理的，赔偿主管部门收到补正材料之日为受理之日。

海关应当自受理之日起两个月内依法给予赔偿。海关逾期不予赔偿，或者受害人对赔偿数额有异议，赔偿请求人可以自期间届满之日起3个月内向人民法院提起诉讼。

（三）根据《海关关于查验货物、物品造成损坏的赔偿办法》规定，海关关员在查验货物、物品时损坏货物的，应如实填写《中华人民共和国海关查验货物、物品损坏报告书》，一式两份，一份交受害人，一份留海关存查

赔偿金额确定以后，由海关填发《中华人民共和国海关损坏货物、物品赔偿通知单》，受害人在收到《通知单》之日起3个月内到海关领取赔款。逾期海关不再赔偿，赔款一律用人民币支付。

（四）海关赔偿损失后，应当责令有故意或者重大过失的关员或者受委托的组织和个人承担部分或者全部赔偿费用

对有故意或者重大过失的责任人员，海关应依法给予行政处分；构成犯罪的，应当依法追究刑事责任。

四、海关行政赔偿方式

（一）支付赔偿金

根据《中华人民共和国国家赔偿法》规定，国家赔偿以支付赔偿金为主

要方式。海关赔偿是国家赔偿，因此以支付赔偿金为主要赔偿方式。

（二）恢复原状

这是根据损害发生的具体情况，按照受害人的请求和愿望，将损害恢复到损害发生前的状态。

（三）返还原物

这种方式多用于经受害人请求或者法院的判决，海关将扣留不当的货物、物品返还受害人；或者将海关多征、误征的关税，以及将保证金、抵押物和违法冻结的贷款、存款依法发还受害人。

具体情况可根据《中华人民共和国海关行政赔偿办法》第四十二条规定的方式予以赔偿：

1. 能够返还财产或者恢复原状的，予以返还财产或者恢复原状。
2. 造成财产损坏的，赔偿修复所需费用或者按照损害程度予以赔偿。
3. 造成财产灭失的，按违法行为发生时当地市场价格予以赔偿，灭失的财产属于尚未缴纳税款的进境货物、物品的，按海关依法审定的完税价格予以赔偿。
4. 财产已依法拍卖或者变卖的，给付拍卖或者变卖所得的价款。
5. 扣留的财产因海关保管不当或不依法拍卖、变卖造成损失的，对直接损失部分予以赔偿。
6. 导致仓储费、运费等费用增加的，对增加部分予以赔偿。
7. 造成停产停业的，赔偿停产停业期间的职工工资、税金、水电费等必要的经常性费用。
8. 对财产造成其他损害的，按照直接损失确定赔偿金额。

第十四章

中国关税制度的改革

第一节 建国初期的关税制度

一、我国关税制度的建立

毛泽东同志在建国前夕，就发出了"改革海关制度"①的号召，新中国建立后，他又提出"独立自主、自力更生"的基本国策，这是我国对外贸易统制制度的重要组成部分。

1950年3月7日，中央人民政府政务院发布了《关于关税政策和海关工作的决定》。在该决定中明确规定："海关税则，必须保护国家生产，必须保护国内生产品与外国商品的竞争"，必须以保护国家工业化为主。因此，新中国关税制度的核心就是内向型保护性关税政策。

从新中国建立到改革开放初期的30多年时期内，我国一直实行这一关税政策的主要原因是，在国际上，一些发达资本主义国家仇视新生的社会主义国家，对我国实行了政治上的敌视、经济上的封锁政策；在国内，我们面临的是国民党反动派所留下的一片废墟，要迅速地发展国民经济，建立自己的民族工业。但当时的国内外条件不允许我们利用国际市场来发展我国经济，我国只能执行国家集中管理的保护贸易政策，只参与政府间双边贸易。同时我国也采用高关税作为有效保护手段，加速我国的工业化建设。

我国实行保护性关税政策的目的并不否定接受国外先进的技术和管理经

---

① 《毛泽东选集》第四卷，人民出版社1991年6月第2版，第1434页。

验。建国初期,我们还是在有限的程度上通过关税调节进口贸易,引进了一些国家经济建设所急需的先进的机器设备、交通器材和农业生产资料等。同时,这一时期高关税保护也对我国的社会主义经济建设发挥了不可忽视的作用,其财政意义不能低估。

1951年5月16日实施的《海关进出口税则》及其《海关进出口税则暂行实施细则》,是新中国的第一部关税法规,也是我国近100年来第一次真正独立自主制定的关税法规。

从1951年到改革开放初期的1979年,这部税则统一了中国的关税制度,保护了国内生产,促进了国民经济的恢复和发展,打破了帝国主义的经济侵略和经济封锁,有效地保护了国内产业的成长和壮大;同时在平等互利的基础上发展对外贸易往来,以及积累社会主义建设资金等方面,都起到了积极的作用。

二、建国初期制定新税则的基本原则

为了保护民族工业和国内市场,促进我国的对外贸易发展,保证我国经济建设的顺利进行,根据1949年9月通过的《中国人民政治协商会议共同纲领》中关于"实行对外贸易管制并采用保护贸易政策"的规定。1950年1月27日,中央人民政府政务院召开第17次政务会议,讨论研究建立新中国海关和制定关税税则问题。为了保证发挥关税的保护作用,同时规定了制定新税则的六项基本原则:

1. 国内能大量生产或者暂时不能大量生产,但是将来有发展可能的工业品及半制成品,在进口同样商品时,关税税率应当高于该项商品的成本与中国同样货品的成本之间的差额,以保护国家民族生产。

2. 对于一切奢侈品和非必需品,制定更高的关税税率。

3. 对于国内生产很少或者不能生产的生产设备、器材、工业原料、农业机械、粮食种籽、肥料等,实行低税率或者免征关税。

4. 一切必需的科学图书和防治农业病虫害等物品,以及若干国内不能生产的或者国内药品所不能代替的药品的进口,免征或减征关税。

5. 关税税则采用复式税则,对进口货物实行普通税率和最低税率,即对于与中国有贸易条约或者协定的国家,实行最低税率;对于与中国没有贸易条约或者协定的国家,实行普通税率,以利于平等互利的贸易。

6. 为了推动我国的出口货物的生产,实行优惠出口政策,对出口货物,除国家禁止或限制出口的以外，只征低税或免税。

三、建国初期新税则的基本政策

国务院的六项原则是根据当时的经济发展水平提出的，侧重于强调保护国内生产，充分体现了建国初期对外贸易的基本方针，适应了当时经济建设形势和民族工业发展水平的需要，同时也体现了关税税率制定方面所遵循的基本政策：

（一）鼓励必要的进口

建国初期，当时我国处在经济建设恢复时期，由于机器制造工业几乎为零，要建立一个独立自主的工业体系，必须大量引进工业机器设备来装备我国工业，此外，建国初期我国生产力水平还很低下，许多国计民生商品仍需要从外国进口。因此，在关税上要予以免税或低税，以鼓励进口。

（二）实行高关税保护政策

这一保护主要体现在按国内外差价确定税率的程度上。对需要保护的商品如果属于需用品和必需品，制定税率时使国内外差价拉平或略高于国内价格即可；而对于奢侈品及非必需品，制定的税率则要使国内外形成巨大的差价，寓禁于征。

（三）反对贸易歧视

新中国第一部海关税则设两栏税率，普通税率和最低税率。规定进口两种税率是中国关税史上的第一次。我国两种税率的运用就是为了打破帝国主义对我国的"封锁禁运"而特别规定的。

从1951年到改革开放初期的1979年的28年间，中国的关税制度一直没有发生过比较大的变化。特别是以美国为首的帝国主义各国对中国的经济封锁，中国国内实行高度集中的计划经济体制，中国的对外贸易规模很小，中国关税的主要职能就是保护本国的工业化，其经济调控职能微乎其微，财政筹资职能也是十分有限，整体关税水平也基本没有变化。

第二节 关税制度改革的起步

一、关税制度改革的基础

1978年,中共中央召开了具有划时代意义的十一届三中全会,确定了以经济建设为中心、坚持四项基本原则、坚持改革开放的基本路线,中国社会主义建设进入了一个新的发展时期。

改革开放政策的实施,给中国经济注入了巨大的活力,从农村改革到城市改革,从经济体制的改革到营运机制的改革,极大地解放和发展了社会主义生产力。

邓小平同志指出:"现在的世界是开放的世界","中国的发展离不开世界","对外开放具有重要意义,任何一个国家要发展,孤立起来,闭关自守是不可能的,不加强国际交往,不引进发达国家的先进经验、先进科学技术和资金,是不可能的"。

我国的对外开放是全方位的,既对发达国家开放,也对发展中国家开放;既包括经济领域的开放,也包括科技、教育、文化等领域的开放;既包括沿海、沿边、沿江地带的开放,也包括内陆城市和地区的开放;既包括引进国外资金、资源、技术和管理经验,也包括扩大出口,开拓国际市场,发展跨国经营,走向世界经济舞台。

只有实行对外开放,才能充分利用国际国内两个市场、两种资源,优化资源配置;才能参与国际经济竞争与合作,发挥我国经济的比较优势,实现国内经济与国际经济的互接互补,提高我国经济参与国际竞争的能力;才能加快我国经济发展,推动科技进步,提高经济素质和效益。因此,对外开放是我国的基本国策之一。

邓小平同志的建设有中国特色的社会主义理论,是指导我国税制改革的思想基础,特别是关税改革,属于前沿性改革,把握改革的方向对全局性改革具有战略性指导意义。

二、关税制度转型的核心

改革开放后,国民经济的高速发展,促进了关税制度的改革,全面认识和整合关税制度已提到了议事日程上,重建中国关税,这是大势所趋,势在必行。

1980年3月4日,国务院作出《关于改革海关管理体制的决定》,该决定启动了中国关税政策的改革进程。

1982年,关税税率进行了一次调整,调整时提出的制定税率的原则与建国初期国务院制定的高关税保护原则有较大的区别,体现了关税政策开始从高关税保护原则转向适度保护原则。这次调整是新中国《进出口税则》制定以来最大范围的一次调整,在我国关税政策改革史上占有十分重要的地位,它是我国关税政策改革的起点。自此,我国的内向型保护关税政策开始转向开放型保护关税政策。

1984年,国务院修改税则领导小组正式提出了改革开放时期中国的关税政策,即"贯彻国家的对外开放政策;体现鼓励出口和扩大必需品的进口;保护和促进国民经济的发展;保证国家的关税收入"。这一政策经过国务院批准,我国的开放型保护关税政策就此确定。

三、关税制度改革的起步

为了加快对外开放、对内搞活经济的需要,我国开始对保护关税政策进行调整,以适应当时改革开放的进程,促进我国国民经济的发展。这主要表现在以下几个方面:

(一)关于进出口商品征免工商税收的规定

改革开放后,为了鼓励对外贸易的发展,引进外资和先进技术、设备,提高我国的生产力,同时,也为了确保国家的财政收入,有效加强关税管理,财政部初步拟定了《关于进出口商品征免工商税收的规定》。

1980年12月30日,国务院转发了财政部拟定的上述办法。并从1981年起执行。其中,外经贸部所属企业经营的进口商品1981年暂按原办法执行,缓征工商税。

(二)关于钟、表等17种产品实行出口退(免)税和进口征税

1983年7月9日,财政部发出了《关于钟、表等17种产品实行出口退(免)税和进口征税的通知》。该通知中规定:从当年9月1日起,对钟、表、自行车、缝纫机、照相机、电风扇、洗衣机、电冰箱、收音机、收录机、录像机、电视机、袖珍电子计算器、空调机、金笔、铱金笔、圆珠笔等17种产品及其零部件实行出口退(免)税(其中,外贸企业出口者退税,生产企业直

接出口者免税），进口征税。

（三）关于引进国外先进技术、设备减、免关税和工商（统一）税

1983年1月27日，财政部、海关总署联合发出了《关于从国外引进技术改造项目的技术、设备减、免关税和工商（统一）税问题的通知》。

（四）关于进口图书、资料征免工商税（工商统一税）

1983年4月14日，财政部发布了《关于进口图书、资料征免工商税（工商统一税）问题的规定》。

（五）关于对进出口产品征、退产品税或增值税

根据国务院领导的指示，经财政部与对外经济贸易部、海关总署、中国人民银行研究，于1985年3月12日向国务院报送了《关于对进出口产品征、退产品税或增值税的报告》和《财政部关于对进出口产品征、退产品税或增值税的规定》。同年3月22日，国务院转发了财政部的上述报告和规定。

1987年12月31日，财政部发布了《关于出口产品退税若干问题的规定》，其中规定了出口产品退税征多少、退多少、未征不退、彻底退税的基本原则和若干具体原则。

（六）关于运用税收优惠推动技术引进结构优化

1991年10月25日，国务院关税税则委员会、海关总署、财政部、国家税务局联合发布了《关于运用税收优惠推动技术引进结构优化的暂行规定》。根据这项规定，对引进国家鼓励发展的新技术、新产品或者改进原有产品而引进的产品开发、设计、制造、工艺和生产管理等方面的技术软件，以及为消化上述引进技术软件必须随附进口的机器、仪器设备（以下简称硬件），可以享受的税收优惠。

上述引证了改革开放关税制度改革起步时的主要举措，对于近30年来几乎没有多大变动的关税，无疑是一个惊人的改革举措。

第三节　关税制度的全面改革

建国以来，我国先后制定过三部关税税则。1951年5月16日，中央人民政府政务院公布实施的《进出口税则》，是新中国的第一部关税税则。为适应和推进改革开放以及对外经济贸易和科学技术交流，在国务院直接领导下，制定并于1985年3月10日颁布的《进出口税则》，是新中国的第二部关税税则。

为了适应中国对外经济贸易和国外关税制度发展以及完善中国关税制度的需要，经国务院批准，1992年1月1日实施以协调制度为基础重新编排的《进出口税则》，是新中国的第三部关税税则。

一、1951年关税税则存在的问题

改革开放以后，随着中国国内经济的发展和对外经贸科技交流的扩大，1951年实施的《中华人民共和国海关进出口税则》及其《海关进出口税则暂行实施细则》，已经不能适应形势发展的需要，其存在的基本问题是：

（一）总体关税水平过高

与当时世界上大多数国家的关税水平相比，中国的总体关税水平偏高，这与中国积极对外开放的态势不相吻合。主要问题是，某些原料性产品和工业设备的进口关税税率偏高；有些商品进口关税税率定得很高，又长期没有进口，即使有时进口一些，也要减税、免税，应该从税率上予以调整。

（二）税率结构不尽合理

特别是整机、零部件和原材料的税率未成梯形结构，相反整机与零部件的税率大都是相同的，从而不利于鼓励进口关键零部件以促进本国机器生产质量的提高，也不利于加工工业的发展。

（三）各类商品的税率水平不适应进出口商品结构的变化

这主要是由于中国改革开放以后，经济快速发展，人民生活显著改善，国内生产和人民生活所消费的生产资料和生活用品都发生了结构性的变化。例如，有些过去限制进口的商品现在需要大量进口，而这些商品的关税税率很高，从而在一定程度上限制了进口。而有些过去鼓励进口的商品，由于国内工业的发展，现在已经不属于鼓励进口的商品，这些商品的税率过低，不利于保护国内生产，也相对减少了国家的财政收入。

（四）对消费类的机电产品保护相对不足

如电视机、录音机等电器产品，由于1951年制定税则时的历史条件所限，所定税率都是很低的，而且长期没有调整，这对于国内生产的发展是十分不利的。

（五）税则的商品分类目录不适应对外经济、贸易和科学、技术交流的需要

1951年税则的商品分类是以中国传统出口商品为基础，并参考某些国外的做法制定的，结构比较简单。由于科技和生产的发展，出现了许多新的商

品，而现行税则却没有为它们列名和制定相应的税率，致使税则归类和税负方面出现了一些不合理的情况，特别是与国际上通用的商品分类目录差别很大，不利于开展对外经贸和科技交往，并会给中国参加国际关税谈判带来一些困难。

所以，1981年，国务院批转的《海关总署关于全国海关关长会议的报告》指出："当前海关关税工作存在的主要问题是：《进出口税则》实施30多年来，虽然多次修改，仍然不能适应形势发展，急待全面修订"。这是大势所趋，势在必行。

二、关税税则全面修改的原则

在对外开放的情况下，关税的总政策是：根据国家的对外开放政策，体现鼓励出口，扩大必需品的进口，保护与促进国民经济的发展，保证国家关税收入。1983年8月3日，成立了国务院修改关税税则领导小组。1985年，国务院根据新形势发展需要，提出了六条制定税则的新原则，取代1950年的六条原则，这六条原则是：

1. 进口国家建设和人民生活所必需的，而且国内不能生产的或者供应不足的动植物良种、肥料、饲料、药剂、精密的或技术先进的仪器、仪表、关键机械设备以及粮食等，予以免税或低税待遇。

2. 原材料的进口税率，一般比半成品、成品低，特别是受自然条件制约，国内生产短期内不能迅速发展的原材料，其税率应较低或更低。

3. 对于国内不能生产或者质量未过关的机械设备和仪器、仪表的零部件，其进口税率应比整机为低。

4. 对于国内已经能够生产的非国计民生必需的物品，应制定较高的进口税率。

5. 对于国内需要保护的产品和国内外价差较大的产品，应制定更高的进口税率。

6. 为了鼓励出口，对绝大多数出口商品不征出口关税，但对国内资源有限，或国际市场容量有限，而竞争性又强的商品，以及需要限制出口的极少数原料、材料和半成品，必要时可以征收适当的出口关税。

同时在税则修改工作中，于税率制定方面，妥善地处理好四个方面的关系。第一是保护和促进之间的关系。对同一产品，既保护生产部门利益，又要利于消费或经营。第二是眼前需要与长远发展之间的关系。照顾眼前，侧重将来，以适应我国经济发展的需要。第三是关税与价格的关系。酌情考虑国内外价格的差距，主要根据国家对商品的需要程度来确定。第四是关税与财政收入的关系。关税税率总趋向是适当降低，同时要考虑到关税收入必须保持在一定的水平上。

三、关税税则全面修改的内容

1985年关税税则全面修改的主要内容有两个方面：一是改变商品分类目录，二是调整进口税率。

（一）改变商品分类目录

新税则采用当时国际上通用的《海关合作理事会商品分类目录》为基础，结合中国的经济发展水平和进出口商品的实际情况，制定了中国的关税税则商品分类目录。科学的商品分类目录，不仅是税则分类技术的需要，也是贯彻对外开放政策和关税政策的需要，而且更有利于体现制定税率的六条原则，方便我国在对外经济贸易活动中进行关税分析比较。

新税则商品分类的原则是，根据商品的不同性质，分别按照其自然属性、加工程度、功能和用途以及生产部门进行分类，共分为21类、99章、1011个税目。

（二）调整进口税率

新税则着重解决两个问题：一是税率偏高；二是税率结构不够合理。主要举措是降低进口关税的水平，全部税目中有55%的税目降低了税率，平均税率水平下降了近10%。同时调整了税率结构，除零税率之外，最低税率分为17级，从3%到150%不等；普通税率也分为17级，从8%到180%不等，贯彻了税率低差幅小、税率高差幅大的原则，同时注意了税率结构的平衡。出口税率分为6级，从10%到60%不等，未作变动。

具体进口商品及其税率的调整情况大体可以归纳为六个方面：

1. 对于原材料，特别是受自然条件制约，国内生产短期内不能迅速发展的原料、材料，较大幅度地降低了进口税率。例如，纸浆从7.5%降至3%；牛羊油脂从80%降到20%；烧碱从50%降至5%；钢铁盘条从35%降至15%。

2. 对于新型材料、新技术产品、信息传输设备从低制定进口税率。例如，混合式自动数据处理设备从25%降至6%；程控电话设备和电传设备从12.5%降至9%。

3. 对于国内不能生产或者生产数量不足、质量不过关的机械设备、仪器、仪表及其零部件，适当降低或者从低制定税率。例如，大地测量、气象、水文、地球物理等方面用的精密科学仪器从15%降至12%和9%；30万千瓦以上的发电机组从10%降至6%；360兆伏安及以上的变压器从15%降至6%；机动船舶从20%降至9%。

4. 为了适应发展旅游事业和改善人民生活的需要，降低了食品、餐料、物料的进口税率。例如，燕窝、鱼翅、海参、鲍鱼等高级海产品从150%降到60%，海鱼、淡水鱼从80%降至30%；其他餐料、物料从80%降至50%。

5. 为了扩大与发展中国家的贸易，对于从第三世界国家大量进口的热带产品降低了进口税率。例如，香蕉、椰子等热带水果从80%降至30%。

6. 为了保护国内生产的发展，对于一些近年来中国已经能够基本满足需求的产品适当提高进口税率。

新的《进出口税则》作为《进出口关税条例》的组成部分，仍然是采取进出合一制，进口税率设最低和普通两栏，另有一栏出口税率。

1985年2月26日，国务院发出了《关于发布〈中华人民共和国进出口关税条例〉和〈中华人民共和国海关进出口税则〉的通知》。该通知中说：这次修订的关税条例和进出口税则，贯彻了对外开放政策，体现了鼓励出口，扩大必需品进口，保护与促进国民经济发展以及保证国家财政收入的原则，对于正在进行的经济体制改革将发挥重要的作用。

《中华人民共和国进出口关税条例》和《中华人民共和国海关进出口税则》于1985年3月7日公布，自同年3月10日起施行，在此之前施行的进出口税则及其暂行实施条例同时废止。

四、关税制度的局部调整

1985年《进出口税则》颁布后，我国还经常根据经济体制改革和对外经济贸易发展的需要，对关税的征税范围和税率进行了小范围的调整。从1985年到1991年间，我国调低了83种进口商品的税率，调高了140种的进口税率。到1992年普遍降低关税前，我国关税的算术平均税率为42.5%。

但这一时期关税调整，主要体现在对于特定地区、外商投资企业、技术改造进口货物的减税、免税方面：

（一）特定地区进口货物的关税减免

1. 经济特区。根据1986年3月国务院批准、同年4月1日起实施的《中华人民共和国海关总署对进出经济特区的货物、运输工具、行李物品和邮递物品的管理规定》。对用于特区建设所需进口的机器设备、生产管理设备和建筑材料、燃料、旅游、饮食业营业用的餐具等，可以免征关税。

2. 沿海开放城市和开放区。根据1989年2月15日发布、同年4月1日起实施的《中华人民共和国海关对沿海开放区进出境货物的管理规定》。对沿海开放城市和开放区的外商投资企业进口自用的交通工具和办公用品，投资的外商和来自国外的技术人员、职工进口的安家物品和自用交通工具（限合理数量），免征关税。为现有企业技术改造而进口的国内暂不能生产或不能保证供应的关键设备、仪器仪表和其他必需器材，不论外汇来源，在1993年以前都可以免征关税。

3. 经济技术开发区。1984年5月，中共中央、国务院同意并转发了《沿海部分城市座谈会纪要》。对经济技术开发区本身和区内企业自用的建筑材料、生产设备、原材料、零部件、元器件、交通工具、办公用品的进口和产品的出口，可执行经济特区的优惠政策和管理办法。1988年4月22日，海关总署发布了《中华人民共和国海关对经济技术开发区进出境货物的管理规定》，对经济技术开发区进口货物免征关税问题进一步作出了具体规定。

4. 新技术产业开发试验区。1988年5月，国务院批准了《北京市新技术产业开发试验区暂行条例》，规定北京新技术产业开发区内的企业用于新技术开发，进口国内不能生产的仪器和设备，5年以内免征进口关税。

（二）外商投资企业进口货物的关税减免

根据全国人民代表大会通过的中外合资经营企业法、中外合作经营企业法、外资企业法及其实施细则，1984年1月30日和4月30日，海关总署、财政部和对外经济贸易部先后联合发布了《关于中外合资经营企业进出口货物的监管和征免税规定》、《关于中外合作经营企业进出口货物的监管和征免税规定》等规章，具体规定了外商投资企业进出口货物的免税办法。

（三）技术改造进口货物的关税减免

根据国务院的有关决定，为了支持对现有企业进行技术改造，引进国外先进技术，1983年1月，国家经济委员会、海关总署、财政部规定，现有企业技术改造单纯进口的机器设备，可以按照法定税率减半征收关税；技术转让合同随同进口的机器设备，其价值在引进技术金额50%以下的，可以免征关税。同月，财政部和海关总署还发出了《关于国外引进技术改造项目的技术、设备减、免关税和工商（统一）税问题的通知》。

五、第三部关税税则颁布

为了适应中国对外经济贸易和国际关税制度发展以及完善中国关税制度的需要,从 1988 年起我国海关就开始研究国际上新采用的《商品分类及编码协调制度》,为中国税则的分类目录从《海关合作理事会商品分类目录》向编码协调制度转换做准备。经国务院批准后,从 1992 年 1 月 1 日起,以协调制度为基础重新编排的海关进出口税则正式实施。这是新中国成立以来制定的第三部关税税则,它是 1985 年关税税则的升级版,商品分类目录作了较大范围的改动,但是税率基本上没有变化,进口关税的算术平均税率仍为 42.5%。

六、改革开放以来的关税收入

从改革开放以来(1980—1993 年),我国的关税收入逐年增长。1980 年当年关税收入达 30 亿元,占当年国家税收收入的 5.38%。随着我国对外经济贸易的扩大,关税收入呈迅速增长态势,1980 年到 1993 年的 14 年间,海关征收关税 1900 亿元左右,有力地支持了我国的改革开放。支持了我国国民经济持续稳定的发展,关税也随之成为中央财政的一个重要财源。1980—1993 年海关关税收入,见表 14 – 1。

表 14 – 1　　　　1980—1993 年海关关税收入表　　　　(单位:人民币亿元)

年　度	关税收入	税收收入	关税占税收(%)
1980	30.8	571.7	5.38
1981	54.1	629.9	9.58
1982	48.7	700	6.95
1983	54.6	775.6	7.03
1984	104.1	947.4	10.68
1985	208.7	2040.8	10.22
1986	144.4	2090.7	6.9
1987	150.7	2140.4	7.04
1988	155.3	2390.5	6.48
1989	186.3	2727.4	6.83
1990	160.4	2821.9	5.68

续表

年　度	关税收入	税收收入	关税占税收（%）
1991	189.3	2990.2	6.33
1992	215.4	3296.9	6.53
1993	259.5	4255.3	6.09

资料来源：杨圣明主编：《中国关税制度改革》，中国社会科学出版社1997年版，第129页。

刘佐著：《中国税制五十年》，中国税务出版社2000年版。

1993年11月14日，党的十四届三中全会确立了社会主义市场经济体制的目标后，我国的经济体制改革进入了一个崭新的时期。我国关税体制和关税工作也发生根本性转变，关税的各项职能得到真正的发挥，并向多元化方向拓展。1992—1996年海关关税收入见表14-2。

表14-2　1992—1996年海关关税收入（包括关税和进口环节税）

（单位：人民币亿元）

年　度	关税收入	关税收入较上年增长	关税收入占中央财政收入比重
1992	381.7	—	23.1%
1993	447.7	17.3%	26.4%
1994	622.6	39.1%	22.9%
1995	698.7	12.2%	23%
1996	850.7	21.8%	23%

从表14-2可知，这一时期关税收入有了显著的增长，年增收额最低为66亿元，最高为175亿元；年增长率最低为12.2%，最高为39.1%；在中央财政收入中所占的比重基本保持稳定，其财政功能得到了充分发挥。

正如国务院领导所指出的，关税和进出口环节税是中央税，是调节经济的重要手段，也是中央财政收入的重要来源。国家的宏观调控需要有强大的财力保证，关税增收就是对中央财政的最大支持。

随着我国加入WTO及其关税减让承诺的兑现，关税的增长势头可能会受到遏制。无疑，关税的财政性职能是十分重要的，但在我国市场经济体制不断完善的新形势下，在世界经济贸易新格局和全球经济一体化趋势下，全面调整和合理定位关税的各项职能更是一项十分紧迫的任务。

第四节 "入世"承诺与自主降低关税

根据加入世界贸易组织的基本要求和中国为恢复在该组织中应有地位的承诺条件,中国必须在一定期限内逐步地将偏高的进口关税税率降低到发展中国家的平均税率水平。

一、我国政府对自主降低关税的决心

我国党和政府对自主降低关税,以兑现我国加入世界贸易组织的承诺是十分重视的。

1993年11月14日十四届三中全会通过的《中共中央关于建立社会主义市场经济体制若干问题的决定》中提出,要降低关税总水平,合理调整关税结构,严格征管,打击走私。

1995年9月28日,十四届五中全会通过的《中共中央关于国民经济和社会发展"九五"计划和2010年远景目标的建议》中提出,要进一步降低关税税率总水平,调整关税结构,清理税收减免。

1996年3月17日,八届人大第四次会议批准的《中华人民共和国国民经济和社会发展"九五"计划和2010年远景目标纲要》中提出,要分步降低关税税率,"九五"期间降到发展中国家的平均水平;调整关税结构,清理税收减免。

1997年9月12日,中共中央总书记江泽民在党的十五大上所作的报告中再次提出,要进一步降低关税总水平,鼓励引进先进技术和关键设备。

其后,中国政府先后公开对外承诺,中国将在2000年以前把进口关税的算术平均税率降至15%以下,在2005年将进口工业品的关税税率降至10%。

实际上,我们不仅完成了2000年以前把进口关税的算术平均税率降至15%以下,而且截至2002年5月我国关税的算术平均税率已降至12%。

二、1992年以来我国大幅度自主降低关税的进程

1992年底以来我国开始了连续大幅度地降低进口关税税率工作:

1. 1992年12月31日,我国降低了3371个税号商品的进口关税税率,降低税率的税号占税则税号总数的53.6%,使进口关税的算术平均税率从

42.5%降至39.9%，降幅为7.3%。

2. 1993年12月31日，降低了2898个税号商品的进口关税税率，降低税率的税号占税则税号总数的46.1%，使进口关税的算术平均税率从39.9%降至36.4%，降幅为8.8%。

3. 1994年1月1日，对小汽车的进口关税做了重大调整：取消了对外商投资企业进口的小轿车免征关税的规定，同时将进口汽车的关税税率从220%和180%降至150%和110%，从而使进口关税的算术平均税率从36.4%降至35.9%。

4. 1995年3月1日，降低了进口烟、酒、录像带、中型客车等商品的关税税率，从而使进口关税的算术平均税率从35.9%降至35.6%。

5. 1996年4月1日，降低了4972个税号商品的进口关税税率，降低税率的税号占税则税号总数的75.9%，使进口关税的算术平均税率从35.6%降至23%，降幅为35.4%。这是新中国成立以来降低进口关税涉及商品范围最广、幅度最大的一次。

6. 1997年10月1日，降低了4874个税号商品的进口关税税率，降低税率的税号占税则税号总数的73.3%，使进口关税的算术平均税率从23%降至17%，降幅为26.1%。

7. 1998年1月1日，对于国家鼓励发展的外商投资项目和国内投资项目在投资总额之内进口的符合规定的设备，利用外国政府贷款和国际金融组织贷款进口的设备，从该日起免征关税。

8. 1999年1月1日，再次降低了1014个税号商品的进口关税税率，降低税率的税号占税则税号总数的14.6%，使进口关税的算术平均税率从17%降至16.8%。

这样，从1992年底到1999年初，中国政府和人民履行了自己的庄严诺言，逐步地将进口关税的算术平均税率从42.5%降至16.8%；通过降低关税水平、调整税率的结构和清理减税、免税，初步实现了关税调控由减免税调节为主向税率调节为主的转变，大幅度地降低了关税税率水平，理顺了关税结构，强化了关税对于进出口贸易的调节作用和增加财政收入的作用，也为"入世"做了充分的准备。

第五节　自主降低关税对我国经济发展的影响

我国自 1992 年以来连续大幅度自主降低关税，对我国经济发展的影响是多方面的，其积极作用是主要的，这主要表现在以下几个方面。

一、降低关税有利于企业引进先进技术和设备，提高劳动生产率

统计资料表明，改革开放以来，引进的先进技术和设备有力地推动了我国经济的高速发展。我国的高新技术产业、高速增长的骨干企业、大型出口企业都是比较系统地全面地用引进先进的技术进行过彻底的改造。

积极引进先进技术和设备将导致企业成本大幅度上升，昂贵的引进费用对引进企业是一个沉重的经济负担，不得不慎而慎之。关税水平下调后，引进先进技术和设备的成本大幅度下降，直接提高了企业进口技术设备的积极性。特别是 1996 年调整税率时，降税的重点是先进技术设备，这当然是企业进行技术改造的良好契机。

二、降低关税能促进消费，繁荣市场，给消费者多样化的选择

大幅度降低关税，绝不是均等降低，而是有针对性的。所谓拾遗补缺，缺什么，降什么，就进什么。国内市场上供不应求的产品，就用关税调控，增加进口，更多的国外价廉物美的商品进入本国市场，给消费者带来多样化的选择，带来真正的实惠，提高了我国人民的整体消费水平，同时也促进了国内企业的消费品生产和竞争，促使企业降低生产成本，提高产品质量，提供完善而周全的售后服务。

三、降低关税有利于促进企业生产，提高企业竞争能力

大幅度降低关税税率，特别是降低原材料、零部件以及基础工业产品的进口税率，这自然有利于本国企业充分利用国外资源进行有效配置，降低生产成本，提高产品的国际竞争力，开拓更广阔的海外市场。同时降低关税所带来的进口竞争压力会促使企业尽快地转换经营机制，优化企业组合，增强企业活力，提高企业整体素质，在国际市场的激烈竞争中成长壮大起来。

"入世"意味着"与狼共舞"，"与狼共舞"本身就说明我们需要保护，不然是无法"共舞"的。发展中国家的稚嫩产业、企业与发达国家的跨国集团公司没有均势可言,因此,政府对本国企业提供保护是十分正常的。保护应是走向竞争的过渡阶段,而且这种保护一定要适度。保护是为了竞争,为了"与狼共舞",是为了占有市场份额,为了打造我国的品牌,发展我国的经济,决不是保护落后。

四、降低关税有利于我国价格体制的改革

关税是进口商品价格的组成部分,关税的高低直接影响进口商品的价格波动,并会进一步影响替代商品与相关的商品的国内市场价格。

一个商品的国际市场价格,是由国际市场供求关系决定的,是国际市场竞争的结果。也就是说,国际市场价格基本反映了该商品的产业结构、价值结构在国际间的发展趋势。

一般而言,降低关税会降低进口商品的国内价格,促进商品的国内价格逐步向国际市场价格接近或靠拢。WTO要求贸易自由化、市场一体化,市场价格波动自然是同步化,建立国内市场价格与国际市场价格的有机联系,是我国价格体制改革的基本任务。我们不否认自主降低关税对我国经济发展会有某些负效应,但这是十个手指与一个手指的关系,所得毕竟大于所失,利大于弊。正如人所共知的,机遇与挑战同在,挑战会磨炼我国崛起的经济,而机遇会带给我国更加繁荣昌盛的明天。

第十五章
WTO 下的关税政策取向

第一节 我国保护关税政策的形成与取向

一、中国保护关税政策的形成——内向型保护关税政策

鸦片战争失败后,自 1842 年清朝政府在英国的炮舰威胁下被迫签订的中国历史上第一个屈辱的、不平等的《中英南京条约》起,近百年来,中国的海关就为帝国主义所把持。这一刻骨铭心的耻辱,刻录在中华民族巨痛的伤口上。

1949 年,中华人民共和国成立,结束了帝国主义、封建主义和官僚资本主义统治中国的时代。

1949 年陈云同志指出:"把百年来被帝国主义把持的海关变为为人民服务的、完全自主的有利于新民主主义国计民生的海关是带有根本性的大变革。"

1950 年 1 月,周恩来总理签发了《关于海关政策和海关工作的决定》。该决定揭露了英、美帝国主义者长期把持旧中国海关大权并利用这一特权绞杀中国民族工业,严重损害中国主权的反动面貌,提出了新中国的关税政策,即"海关税则必须保护国家生产,必须保护国内生产品与外国商品的竞争"。强调了新中国海关必须在保护本国工业方面发挥重要作用。

特别是新中国成立之初,在国际上,以美国为首的资本主义国家梦想将共产主义的婴儿扼杀在摇篮里,对我国实行了全面的经济封锁政策,要在一片经过战争洗礼的废墟上,发展我国的国民经济,只有走"独立自主、自

力更生"道路,因此,我国执行的是国家集中管理的内向型的保护贸易政策,并采用高关税作为保护手段,这就是内向型保护关税政策。

从新中国建立到改革开放初期的 30 多年时期内,我国就一直实行着这项保护关税政策,也确实有效地保护了我国国民经济的发展和国内产业的成长、壮大。

这是我国保护性关税的初创时期,它带着民族的泪水和伤痕,也带着新中国的骨气和不屈不挠的精神。

二、改革开放后的关税政策——开放型保护关税政策

1978 年 11 月,党的十一届三中全会后,重新确立中国关税的政策,为改革开放的国策服务,为四个现代化服务。

1980 年 3 月 4 日,国务院做出了《关于改革海关管理体制的决定》,该决定开始了我国关税政策的改革进程。

1982 年,关税税率进行了新中国《海关进出口税则》制定以来最大范围的一次调整。调整的原则是:"根据我国调整经济结构和发展生产的要求,在保护我国生产的前提下,根据奖出限入的方针,合理调整明显偏高或偏低的税率,以利于争取国内短缺的原材料和资源性产品的进口,有利于轻纺工业和其他国民经济薄弱部门搞上去,有利于一些迫切需要保护的机械工业得到发展。"这一原则体现了从高关税保护原则转向适度保护原则,从限制进口转向鼓励适当进口。我国内向型保护关税政策开始了转型。

1984 年,国务院修改税则领导小组正式提出了改革开放时期中国的关税政策,即"贯彻国家的对外开放政策;体现鼓励出口和扩大必需品的进口;保护和促进国民经济的发展;保证国家的关税收入"。在改革开放不断深入的过程中,我国的内向型保护关税政策适时地转型为开放型保护关税政策。

开放型保护关税政策本身就是改革开放的产物,开放型保护关税政策的要求就是既要促进对外开放,又要适当保护。因此,我们的保护是有条件的、动态的,对不同的产业、不同的产品,在不同时期,采取不同程度的保护措施。

随着我国改革开放向纵深发展,国民经济也由内向型向开放型转化,扩大对外贸易往来、利用外资和引进先进技术为我国四个现代化建设服务,已成为我国发展经济的一项战略性措施,关税政策的适时调整就是要为促进经

济发展服务。

关税的保护作用为现代社会所公认,而且一直为世界各国所运用,但保护的最终目的是为了提升本国经济的内涵,促进本国经济的发展。

三、中国关税政策取向——关税自由化

中国是一个发展中国家,是一个有一定工业基础的发展中国家,适当开放市场、适当降低保护程度、适当引进竞争,强化竞争动力,促进我国工业的发展,提高我国的劳动生产率,最终在整体上促进我国国民经济的发展,这是保护关税政策在新形势下的新使命。

市场一体化,经济全球化浪潮下,各国经济朝着相互联系、相互竞争、相互协调、相互依存的方向发展,我国的关税政策必须以促进经济发展为主导,为建立一个独立的、完整的工业体系和国民经济体系而服务。

这也是我国改革开放的基本国策在关税政策上的具体表现。

以邓小平同志1992年年初重要谈话和1992年10月党的十四大为标志,我国改革开放和现代化建设事业进入了一个新的发展阶段。建立社会主义市场经济体制将是我国建国以来社会经济运行机制的一次重大变革,也为我国关税政策改革提供了历史平台。

紧接着就是上文已述的1992年开始的自主的大幅度连续地降低关税和关税制度的全方位改革。在实现关税政策走向自由化,关税制度扩大对外开放的过程中,会面临着严峻的挑战,但我国毕竟是以坚定的步伐融入了世界潮流。

当然,我们不否认有加入WTO的因素,但是我们的既定目标是十分清楚的,任何外在因素不会影响事物客观发展的必然性。

目前,世贸组织成员的总体平均关税水平为6%左右,其中,发展中国家为10%左右,发达国家为3%,我国是12%,比发展中国家的平均水平还要高。

我们的关税政策取向,就是关税的自由化,这有一段漫长的路要走。世界经济的变化、国际通行规则的完善和我国经济发展的前景都会影响我国的关税政策,给我国关税政策的改革提出许多新的课题。"政策的制定者,注定是政策的受益者",目标是既定的,发展是渐进的。建立合理的关税保护方式,采用有选择的适度保护关税政策,同样可以达到关税自由化的目标。

第二节 发展中国家保护关税政策的发展情况

一、保护性高关税政策

发展中国家的工业化进程,在发达国家的强大竞争面前显得非常脆弱,为了维持本国工业的生存和发展,发展中国家普遍采用了保护性的关税政策。

根据联合国贸发会议(UNCTAD)的调查,20世纪70年代后期,42个主要发展中国家按简单平均法计算的关税平均水平为31.9%。其中,平均关税水平在35%以上的有14个,占调查对象总数的1/3。而同期欧共体的平均关税水平为5.8%,日本、美国为6.7%。两者相比,发展中国家关税明显偏高。

发展中国家保护性高关税政策的特点,首先,表现在保护对象的广泛性和全面性,不仅对弱势产品,对具有竞争力的产品同样实行保护;其次,还表现在向制造业倾斜的结构关税政策上。制造业是工业化的核心,同时又是受发达国家竞争冲击最大的部门,自然要实行重点保护,实行更高的保护性关税。20世纪70年代发展中国家对制造业的保护关税非常高,一般都在50%以上,关税在25%以下的几乎没有。

二、区域同盟关税优惠

发展中国家为了抗衡发达国家的竞争优势,以求促进本国工业化进程,先后于20世纪60年代、70年代和80年代中后期掀起了三次区域经济一体化的高潮。致力于建立区域性经济集团,实行优惠关税和一体化关税政策。

比较有影响的是:中美洲共同市场(1960年)、拉美自由贸易联盟(1960年)、中非关税与经济同盟(1964年)、亚洲的阿拉伯共同市场(1964年)、东南亚国家联盟(1967年)、安第斯条约集团(1969年)、南非关税同盟(1970年)、马诺河同盟(1973年)、加勒比共同体(1973年)、西非国家经济共同体(1975年)、大湖国家经济共同体(1976年)、东南非洲优惠贸易区(1981年)、海湾合作委员会(1981年)、经济合作组织(1985年)、南亚区域合作联盟(1985年)、马格里布联盟(1989年)、南方共同市场（1991年）等。

在区域联盟内部，有的实行优惠关税政策；有的实行内部一体化关税政策，即在经济集团内部取消关税，对外部的关税则不统一；有的实行共同关税政策，即既在经济集团内部取消关税，又对外实行统一关税。

三、开放型关税

随着世界经济的高速发展，发展中国家保护性关税政策的效果渐渐失去了应有的作用，保护性高关税政策没有起到保护本国工业化和促进经济发展的目的，相反，高关税政策排斥了必要的国际经济的交流与联系，排斥了合理的而且是必要的国际竞争，造成本国经济发展的滞后和低效率，恶化了资源配置状况。

区域联盟关税优惠的政策收效甚微，因为其内部贸易增加值实在是微不足道的，有的甚至还有一定程度的下降。企图通过建立区域性经济集团为各国工业化开辟广阔市场的目的也没有达到。相反，与发达国家的差距越来越大。因此，关税政策改革成了发展中国家迫在眉睫的任务，开放型关税由此诞生。

降低关税是开放型关税政策的最重要一环。特别是世界贸易组织成立后，发展中国家加快了关税自由化的步伐，按照乌拉圭回合谈判达成的协议，发展中国家加权平均关税由20.5%降为14.4%；关税在今后10年内削减24%。目前，发展中国家正在按自己的承诺实施关税减让计划。

由于发展中国家和发达国家之间经济互补性强，更能促进发展中国家的经济发展。实际上发展中国家实行开放型关税政策已经为其带来了较大的收益，近年来，大多数发展中国家经济发展迅速，经济实力和国际竞争力日益增强。据国际货币基金组织1994年《贸易方向统计年报》公布的数字，1993年与1990年相比，发展中国家出口增长24.3%，进口增长32.7%；发展中国家在世界出口总额所占比重由27.6%上升到31.4%。这是发展中国家所取得的经济成就的明显例证。

第三节　发达国家保护关税政策的基本情况

发达国家支持国际贸易自由化，并在关贸总协定（GATT）框架内削减关税,但这不等于说它已摒弃了保护关税政策。最近美国对进口钢材加征30%的关税就是一个例证。在当今国际市场竞争日益激烈的情况下,世界上没有一个国家愿意实行完全的自由贸易。事实上世界经济一体化,各国经济唇齿相依,是两败俱伤,还是双赢俱荣!它迫使发达国家在关税政策上进行相应的调整,这也是发达国家关税政策发展的一个主要趋向,当然,我们不否认发达国家在贸易和关税自由化方面拥有更大的主动性。依据杨圣明先生对发达国家的关税基本情况研究,归纳如下[①]。

一、关税政策自由化

当代自由贸易政策已成为西方发达国家的主要贸易政策,而作为自由贸易政策的重要组成部分,发达国家的关税政策也已从传统的保护关税政策转向关税政策自由化。第二次世界大战后以来,发达国家关税税率不断降低,以美国为例,1952 年,美国对制造业的平均名义关税为 14.2%,1962 年为 12.5%,1971 年为 9.2%,东京回合后仅为 5.6%,关税税率下降的趋势明显。

除美国之外的其他发达国家,关税政策自由化的特征也很明显。如欧共体的加权平均关税由 1962 年的 11.9% 下降到 20 世纪 80 年代末的 5.1%,加拿大由 1971 年的 10.2% 下降到 80 年代末的 3.7%,日本由 1962 年的 16.2% 下降到 80 年代末的 5.5% 等等。目前,发达国家正按照乌拉圭回合谈判达成的协议继续进行关税减让。根据达成的协议,发达国家的工业品关税目约束比例将由目前的 78% 扩大到 97%,加权平均关税税率由 6.5% 下降到 4%;农产品的关税税目约束比例由目前的 58% 扩大到 99%,在 6 年内削减关税的 36%。

二、实行战略关税政策

战略关税政策是当代最新的保护主义贸易政策——战略贸易政策——的重要组成部分之一。其基本操作思想是,当市场处于不完全竞争的条件下,一国政府可以利用关税夺取外国出口商的垄断利润,帮助本国企业取得竞争优势,提高自身的福利水平。

日本是实行战略关税政策的典型国家。从 20 世纪 50 年代起,日本政府

[①] 杨圣明主编:《中国关税制度改革》,中国社会科学出版社 1997 年版。

就把整个计算机部门——硬件、外围设备和软件——作为国家发展的关键性部门，通产省和其他政府机构一方面利用关税和其他贸易壁垒阻止美国国际商用机器公司等企业对日本的出口；另一方面又对富士、日立、日本电气公司等日本企业的产品生产和出口提供补贴。日本通产省也曾经把电视机和相关电子消费品作为发展出口的一个头等目标，与钢铁和汽车一样受到保护，使之免遭进口竞争。

战略关税政策在第二次世界大战后发达国家已经有一定的应用。比如20世纪80年代，欧共体（即欧盟前身）和美国就曾经对电子元件产品征收12%—14%的进口关税，以保护本国的战略产业。欧共体对空中客车公司的保护和资助更是被树为战略性关税政策的样板。从发达国家的实践来看，日本实行的战略关税政策取得了成功，但别的许多国家（例如澳大利亚）却失败了。战略关税政策实施的前提条件太苛刻，稍有偏离，便难以成功。

三、公平关税措施

第二次世界大战后初期，由于少数发达国家的经济实力和国际竞争力在世界上处于绝对优势，其他国家根本无力与之竞争，因此，其关税政策基本上奉行单边自由化的原则，即本国的开放和自由化不以他国的对等行为为前提。但20世纪70年代以后，一批新兴工业化国家或地区的崛起，其经济实力和国际竞争力在一些产业中已经明显构成了对发达国家的威胁。这时，发达国家的关税政策发生了微妙的却是根本性的变化，他们开始强调双边的市场开放和贸易自由化，强调贸易活动的公平、对等和互惠。

当今世界，在国际贸易领域中的不公平贸易政策和措施有：数量限制、单边措施、反倾销措施的滥用、原产地原则的任意制定和滥用、税则分类的任意改变、知识产权保护机制不健全、服务贸易上的限制等。发达国家针对这些不公平贸易的政策和措施，一般都采用反补贴关税和反倾销关税手段予以反击。

美国是当代发达国家中主要实行公平关税政策的国家。其政策有两个特点：一是名目繁多的国内立法。除了传统的反倾销法和反补贴法之外，还包括反不公平贸易的贸易法201条款；报复外国贸易障碍措施的贸易法301条款；反不公平竞争的关税法337条款。二是公平关税政策实施的广泛性。其实施可谓四面冲击，到处树敌，凡是有一些经济实力国家都是实施对象。

公平关税政策的关键在于"公平"，而"公平"的标准是很难界定的，各国一般都是依据自己的标准或者自身的利益,对其采取实用主义的态度,故"公平"往往变成了"不公平"。

第四节 WTO 下的关税政策取向

一、WTO 对各国关税政策的要求

关税减让,即通过谈判降低关税,这是关贸总协定的核心工作之一,也是实现总协定宗旨的主要途径之一。总协定的前言开宗明义指出:缔约国全体切望达成互惠互利协议,大幅度降低关税和其他贸易壁垒,消除国际贸易中的歧视待遇,以对总协定的目的做出贡献。可见,总协定创始者的首要目标,就是要通过大幅度降低关税来促进贸易自由化。这个目标在整个总协定的历史上始终占有重要地位。

关税减让谈判,应始终本着互惠互利原则,同时通过关税减让谈判达成的减让,应在相当一段时间里保持稳定,形成一种约束性关税,以便关税达到稳定递减的作用,这是保证贸易自由化目标实现的重要途径。

关贸总协定根据世界贸易的需要,在互惠互利的基础上安排以降低关税为主的多边贸易谈判。1964 年以前,关税减让是在有选择的产品对产品的基础上进行的。1964 年以后所进行的关税减让谈判改用一揽子解决办法,"即按照一定的比例或公式进行减让"。同时关贸总协定规定除了通过相互减让关税外,还要通过削减其他非关税壁垒来促进和发展世界贸易。这不仅是总协定的基本内容,也是其基本条款。

而世界贸易组织(WTO)更是一个致力于"开放、公平、无扭曲竞争"、致力于监督世界贸易和使世界贸易自由化的国际组织。世界贸易组织继承和发展了关贸总协定的全部成果。

因此,WTO 对各国关税政策取向的要求更是十分明确的,即关税大幅度减让,以致达到国际贸易完全自由化。

从关贸总协定的宗旨到世贸组织的基本原则是一脉相承的。

所谓非歧视待遇原则、最惠国待遇原则、国民待遇原则、关税减让原则、贸易自由化原则等都力求各成员国通过多边贸易谈判,导致大幅度削减关税,取消其他贸易壁垒(包括非关税措施),消除国际贸易中的歧视待

遇,扩大本国市场准入度。这就是实现总协定宗旨的最主要的途径和手段。

二、世界各国关税政策取向的共同点

在世界一体化、经济全球化和贸易自由化浪潮下,各国经济朝着相互联系、相互竞争、相互协调、相互依存的方向发展,关税减让是各国关税政策的主要取向。

发展中国家的关税政策的发展,从保护性高关税政策、区域同盟关税优惠到开放型关税政策的历史,充分说明在 WTO 的框架下实行的开放型关税政策是发展中国家经济迅速发展,经济实力和国际竞争力日益增强的主要途径之一。

发达国家的关税政策的发展,从关税政策自由化、实行战略关税政策到公平关税措施的历史,同样说明在 WTO 的框架下,只有关税充分减让,才能达到国际贸易的自由化。

三、各国关税政策取向的交叉及其磋商机制

矛盾始终是存在的,特别是世界经贸领域,只要有贸易存在,贸易纠纷就不可避免。从贸易的自由化到关税自由化,依然无法回避贸易的争端。

世界贸易组织作为世界"经济联合国",解决世界各国在相互贸易中产生的各种争端是其最重要的职能之一。

世贸组织依据《争端解决规则和程序谅解》设立争端解决机构,该机构具有国际贸易争端的司法裁决权。

世贸组织专门制定了解决贸易争端的文件,并强调:"世界贸易组织的争端解决机制对于保证多边贸易体制的可预见性和安全性来说是至关重要的因素。"在发现有违反贸易规则的行为时,不得采取单边行动,而应通过世贸组织多边争端解决机制寻求救济,遵守其规则与裁决。

世贸组织争端解决机制的目的在于"为争端寻求积极的解决办法"。对于成员之间的问题,它鼓励寻求与世贸组织规定相一致、各方均可接受的解决办法。

当违背义务的一方未能履行建议并拒绝提供补偿时,受侵害的一方可以要求争端解决机构授权采取报复措施,中止协议项下的减让或其他义务。

但是,提供补偿和由争端解决机构授权采取报复是临时性的措施。

第十六章

"入世"后的中国关税发展趋势

第一节 我国现行关税水平及结构分析

杨圣明先生对我国现行关税水平、税率结构及其发展趋势有着精辟的分析与见解,下面我们概要引证[①]。

一、我国关税水平分析

1992年的关税税率是我国参加重返关贸总协定谈判时采用的基准税率,为促进经贸体制向国际规范靠拢,也为履行有关关税减让协议,经多次大幅度连续自主降低关税后,至1996年我国的算术平均关税率由43%降到23%。

国际上分析一国关税水平和结构时,一般采用关税的加权平均概念,即以不同税率项下某一年度实际进口数量为权数,按各项税率的权重来计算实际的关税水平,也可从中分析一国关税的税率结构。下面就采用加权平均关税分析法。

1992年按部门分类,我国的关税水平可分为以下多个层次:

1. 国内幼稚产业产品和非生活必需的消费品的税率在80%—120%之间,主要指汽车、烟草、饮料部门。

2. 一般消费品的税率在70%—80%之间。即指纺织品、服装、家具、文教体育用品。

3. 塑料、橡胶和金属制品的税率在45%左右。

---

① 杨圣明主编:《中国关税制度改革》,中国社会科学出版社1997年版。

4. 大部分的机电、化工、轻工产品，以及林业、渔业产品的税率在20%—40%之间，处于中等水平。

5. 低税率产品，包括种植业、畜牧业产品和能源、原材料产品，以及除汽车外的交通运输设备，它们的税率不到20%，最低的近于零关税。

二、我国关税税率结构分析

（一）1992年的关税税率结构

1992年按产业分类，我国的关税税率结构情况如下：

1. 我国制造业关税水平大大高于农业和采掘业。农业和采掘业的加权平均关税率分别为8%和3.5%，而制造业为35.1%。在制造业内部，消费品的平均关税水平最高，为64.6%，其次是资本品为35.3%，中间投入品最低为21.9%。关税结构呈现为下游产品税率较高而上游产品税率较低的梯形结构。

2. 在农业内部的5个部门中，其算术平均关税较为接近，分布在30.9%—42.5%间，然而由于进口产品结构的原因，种植业产品的加权平均关税仅为3%，是其算术平均关税的1/14。这样，农业部门可按加权平均关税分为两个层次，即关税很低的种植业产品（主要是粮食作物）和税率处于中下水平的林业、渔业、畜牧业和其他农业。

3. 采掘业包括7个部门，基本可分为两类：一类是我国资源相对贫乏的石油天然气和金属矿采选业，以及竹材、木材采运业，它们的税率很低，几乎近于0；另一类是储量相对富裕的煤炭、非金属矿采掘业，它们的税率稍高，为15%—17%。

4. 在制造业的消费品中，除食品和皮革毛皮羽绒制品税率在35%左右外，其他产品都高于70%。

5. 在制造业中间投入品中，电力，石油加工和炼焦及煤制品这三类能源产品的关税率不到10%，冶金产品、化学原料及制品、造纸及纸制品、锯材及人造板的税率在13%—22%之间，化纤、建材及其他非金属矿制品、印刷产品的税率在32%—38%之间，而塑料、橡胶和金属制品的税率都在45%左右。

6. 制造业资本品各部门的关税水平差距较大。在交通运输设备中，汽车的加权税率为116%，而飞机、船舶、铁路运输设备的加权平均税率都低于10%，其他如机械、电机、电子通信设备的税率基本在26%—36%之间。

（二）1996年的关税税率结构

自主降税过程中,从关税税率变动引起的进口品价格下降的幅度衡量(1992—1996年),我国的关税结构发生了如下变化:

高税率的消费品(饮料除外)和汽车、金属制品的关税税率下降最大,导致这些部门进口品的价格下降18%—28%;

中间投入品中税率较高的塑料、橡胶制品,资本品的电机、电子通信设备,以及消费品的饮料、皮革毛皮羽绒制品,其关税水平也有较大下降。

关税下降最少的是农业、能源、原材料部门和飞机、船舶、铁路运输设备、仪器仪表等资本品部门。

关税下调使1996年关税结构变化如下:

各部门间的税率落差减少,税率分布更为集中,所有6000多个税目的税率由1992年的32.8%下降为17.4%。

1996年关税调整后,实行最高税率的部门,即汽车、烟草、饮料部门,税率在48%—72%之间;居于第二层次的一般消费品,即服装、家具、文教体育用品,其税率为41%;塑料、橡胶和金属制品,印刷制品、建材、食品、皮革毛皮制品等轻工产品,以及林业产品成为第三税率层次的部门,税率在20%—32%之间;机电、化工产品、造纸、锯材及人造板和部分农产品的关税率在中下等水平,在12%—19%之间;低税率产品仍为种植业和能源、原材料产品,除汽车外的交通运输设备,其税率不到12%。

三、我国关税结构综合分析

通过对1992年关税情况、1992—1996年自主降低关税以及1996年关税调整情况的分析,可以得出以下结论。

1. 我国的名义关税税率结构,上下游产品呈梯形结构,上游低,下游高,而且梯度差距较大,特别是一些非生活必需的消费品和部分资本品,存在过高的关税税率和过度的保护现象。在近几年的关税调整中,已大幅度降低了下游产品的税率,逐步缩小了这一差距,应该说近年来关税结构的调整方向是合理的。

2. 采掘业产品极低的关税率与国内能源、原材料价格过低相一致。由于我国资源相对缺乏,应当充分利用国外的能源和矿产资源。对煤炭、石油、金属等采掘业,以及能源、冶金等初级产品部门实行低关税率有利于这些产品的进口。

然而,过低关税可能会使国内同类产品的生产部门处于负有效保护的状态，对其生产和发展是不利的。因而应采用国内税等政策手段，予以适当支持。同时降低这些部门生产所需的投资品和投入品等的关税，提高对它们的保护程度。

3. 制造业的消费品部门中，对烟草和饮料部门的产品实行高关税体现了限制这类非生活必需消费品进口。然而，高关税也对国内同类产品生产者提供了高保护，使它们可以在低效率的基础上获得高利润。特别是外商可以以直接投资的方式绕开关税壁垒进入中国市场，这样高关税所保护的就不仅是国内生产者的利益，国内消费者由关税造成的福利损失将有部分成为国外生产者的利润。饮料行业中可口可乐通过合资方式进入中国市场即为一例。1996年大幅度降税后，饮料的算术平均关税仍高达62%，其中"汽水"税率为65%和75%。

理论界认为，对于非生活必需消费品或奢侈品拟征收消费税以抑制消费是更为合适，对这类产品究竟如何取得双赢，应引起重视。

4. 我国进口依存度较高的产品部门基本可以分为三类：

第一类是国内资源相对缺乏的金属矿采掘部门，如黑色金属矿，其关税非常低。

第二类是在总产出和进口中所占份额都较小，国内生产能力和技术水平较弱，而其产品要求技术、规模和专业化程度都较高的部门，如飞机和仪器仪表，其税率也较低。

第三类则是明显进口竞争产品，即机械、电子通讯产品、化学原料及制品。这类产品部门的产出份额和进口份额都较高，在国民经济中的地位显著，对贸易的影响也较大。

因而，第三类产品作为基础装备和中间投入部门，较先进的产品进入可以促进国内技术水平的提高和生产结构的转换，加速国民经济的成长。同时，这些部门在国民经济中所占的比重和对经济发展的重要作用，如果它们受到国外产品严重冲击，也将对经济的稳定和发展造成不利影响。目前，这些部门的平均税率处于中等或中等偏上的水平，因此，对于这些部门产品的具体情况，在确定关税水平时，需慎重考虑。

四、合理界定的我国关税水平

关税政策制定是否合理，应从关税实施的实际效果来分析，可从名义关税率和实际关税率的比较来衡量关税政策制定的合理性，即可用关税率的算术平均值与加权平均值之比值作为衡量关税政策是否合理的一个标准。当算术平均值与加权平均值之比大于 1 时，说明关税的财政作用和保护作用没有达到预期的效果，关税政策不能适应实际的需要；当该比值小于 1 时，关税税率水平及结构才能认为是较合理的。该比值越大说明关税政策越不合理，该比值越小说明关税的作用发挥得越充分。

我国 1992 年关税税则在做调整之前的算术平均关税率为 42.2%，加权平均值为 22.5%，比值为 1.89。经多次调整后，其算术平均值为 36.6%，加权平均值在 19% 左右，比值为 1.92 左右。乌拉圭回合结束时，发达国家的工业品算术平均值只有 3% 左右，关税率加权平均值为 6.4%，算术平均值还不到加权平均值的一半水平，而我国关税的该项指标是发达国家的 4 倍，这才是真正的差距所在。关税的实际效果体现在关税率加权平均值上，如果我国的关税制定水平能达到发达国家的水平，则我国能在保证关税作用效果不变情况下将关税的算术平均值降到 10% 以下，低于发展中国家平均水平，我国的高关税问题就可得到缓解，为我国加入多边贸易体制扫清一大障碍，并将有利于国内经济结构的调整和经济的协调发展，有利于市场经济体制法律框架的规范化。

第二节　我国关税的有效保护分析

一、我国关税的综合的有效保护率分析

国务院经济发展研究中心曾采用国家统计局制定的中国产业投入产出表的数据，运用有效保护率模型，初步计算出我国现行关税结构下对 46 个产业部门的有效保护率。以下分析就是在上述计算的基础上进行的。

近年来我国关税政策改革步伐较大，税率大幅度降低，基本趋于合理，与有效保护理论及西方国家关税实践的取向相一致。目前，我国有效保护结构总的态势是：对农业、能源、矿产业采取低保护政策；对最终消费品的产业如食品、饮料、家具、纺织品、服装、烟草、汽车等采取较高程度的保护政策；对于中间投入品和投资品，如冶金、化工、机械、电子、仪器仪表、建材等实行中等程度的保护政策；我国对船舶、机车、飞机实行低保护或负保护政策，与西方国家的做法基本相似。

根据 1996 年 4 月 1 日实施的关税税率，各个行业的有效保护状况大体是：

1. 最低的负保护（-27%）为饲料。这可能与生产饲料的投入品（主要是农产品）较高的名义关税率有关。饲料作为中间投入品，其名义关税率应当稍高于农产品的名义关税率（种植业1%—8%，其他农产品19%—26%），所以对农产品降税和对饲料增税（适度提高）都是必要的。石油、金属矿产品的有效保护率在-14%——5%之间，煤炭为-2.5%，电力为-2%，船舶、机车为-6%，对这些初级矿产品、能源产品和中间投资品采取负保护有利于下游产业的发展。电力行业基本上实行国家垄断，较少或没有进口电力。船舶、机车和飞机（2.5%）属于资本密集型产品，由于技术上的垄断所造成的不完全竞争使卖方价格刚性提高，对这些产品征收关税最终还是由消费者（国有企业）承担，所以采取低税低保护政策是合理的，也是有利于运输业发展的。

2. 保护程度最高的行业是饮料，有效保护率达340%。其次是汽车，达293%。汽车作为最终消费品如此高的保护率尚可容忍，但汽车作为中间投资品似乎保护过分，这样的保护政策恐怕与我国发展汽车工业的政治呼声有关。我国对食品、家具（121%—139%）、纺织品、服装、烟草（84%—99%）实行较高程度的保护，既与西方国家关税保护的惯例相符，也与有效保护理论要求对最终制成品采取最高程度保护的指导意义相一致。对这些完全竞争性制成品征收较高关税能够有效地限制进口，因为市场价格确定后，关税要后向转移加到出口商身上，削弱了出口商的积极性，而且本国还可以拿到一定的关税收入，同时不损害本国消费者利益。我国对文化产品（6%）、医药（5%—10%）采取低水平保护是明智的，一方面因为它们都是高知识含量的、具有相当垄断程度的产品，对它们征收低关税有利于进口扩大，增加国内消费，征收高关税则加重了消费者负担，无利于引进文化；另一方面，税收大部分不是落在出口商身上，而是向前转嫁到消费者身上。

3. 我国对建材、金属制品（45%—49%）、塑料、印刷（67%—79%）、机械、机电、电子（26%—36%）、石化、纸、铝材（23%—33%）、冶金（11%—16%）等中间投资品采取中等程度的保护是必要的，但我们感到，保护程度略嫌过高了一些，削弱了后续产业的保护程度，不利于后续产业的发展。尤其是印刷和纸张的保护程度太高，与西方国家对这两种产品实行低保护或负保护的实践不一致，它可能会影响我国教育、科研、文化、工商业管理、政府行政管理以及事业机关管理、新闻出版业的正常发展。这些中间投资品都是完全竞争性产品，过高的税负主要加到出口商身上，限制了我国对这些产品的大量进口，限制了我国利用国际市场比较优势，限制了我国后续产业的发展。目前，我国在以上中间投资品生产上的技术基本已经掌握，各产业发展基本趋于成熟，外来竞争对它们构不成实质性威胁，对这些产业稍微降低一些有效保护率有利于下游产业发展。

二、我国关税的纵向的有效保护率分析

从纵向的有效保护率结构来看，初级原材料、半成品、制成品等名义关税率保护结构基本上呈现由低到高的梯形结构，虽然存在有些产品的上下游产业之间梯差过大或过小造成有效保护率过高或为负保护的不合理现象，但总体上大多数商品有效保护率为正而且适中，名义税率梯差较为合理。

从纵向比较来看，产品的有效保护率为正数，甚至可要求有效保护率大于其名义保护率，这样投入——产出的纵向名义关税率结构就是合理的有效保护结构，从而确保形成了产出品名义关税率大于投入品名义关税率的梯形结构。有效保护率为负数或者小于其名义关税率都表明投入——产出纵向名义关税率结构不合理，不能有效地保护产出产业，应当做适当调整使产出品名义关税率高于投入品的名义关税率。

船舶、机车（-6%）、电力（-2%）、饮料（-27%）、金属矿、石油（-14%—5%）、煤炭（-2.5%）等负保护，表明其出现税率倒挂现象。前面已经指出，能源金属矿负保护是为了下游产业的有效保护，其本身的名义保护率低于投入品（如机械、车辆等）的名义税率，从这个意义上说，它的负保护、名义税率倒挂结构又是合理的。船舶、机车等技术含量高，高名义关税对进口国不利，采取负保护或低保护是合理的。负有效保护不表示名义税率为负，只表明产出名义税率低于投入名义税率与投入产出系数之积。

种植业、非金属矿、焦炭及煤制品、飞机、仪器仪表等有效保护率低于其名义关税率，表明这些行业的关税保护还没有达到有效保护的程度，表明产出的名义关税率小于投入的名义关税率而大于投入名义税率与投入产出系数之积。畜牧业、除种植业渔业外的其他农业、皮革、烟草、纺织品、服装、家具、食品、饮料、化工、冶金、药品、建材、纸、金属制品、塑料、印刷、机械、电机、电子、汽车等行业都达到有效保护，其中食品、饮料、汽车、家具、塑料、印刷的关税似乎过高。尽管它们作为最终制成品应当有较高的名义保护率，但是制成品名义税率超过其投入品名义税率的梯差过大。

三、我国关税的横向的有效保护率分析

从横向同类别产品的有效保护率结构的比较来看，出现许多同类别产品有效保护率畸高畸低的现象，有效保护程度不平等。这种结果可能有三方面原因造成的：

1. 投入品之间名义税率结构不合理。
2. 产出品之间名义税率结构不合理。
3. 投入品与产出品同时出现不合理税率组合。

例如，在农、矿初级产品中，除种植业渔业外的其他农产品有效保护率约在 19%—26% 之间，而金属矿、石油的有效保护率却为 -14%—5% 之间，同一类初级产品中保护率差距高达 20%—40%。同是中间投入品，饲料保护率为 -27%，而塑料、印刷有效保护率高达 67%—79%，两项差距竟达 94%—106%。同样，电力（-2%）有效保护率为负，其他石化、纸、建材、金属制品有效保护率很高，存在差距过大的问题。许多资本品之间也存在保护不平等问题。船舶、火车（-6%）与汽车（293%）同是交通运输设备，但有效保护率反差较大。作为最终消费品，仪器仪表（9%）、飞机（2.5%）与饮料（340%）、食品（121%—139%）的有效保护结构也很不协调。这些同一类别的不同产品有效保护率过大差距反映了这些产品的投入品名义税率或产出品名义税率之间税负不公平，不合理。

第三节 关税税率的科学化和合理化

从上述分析看，我国的关税结构不够合理，因此，在降低关税水平的同时把关税的保护程度也降低了。这既有技术原因，也有其他原因。随着我国关税政策自由化进程的深入，我国关税水平将会进一步降低，那么如何进一步发挥关税对国内工业的保护作用和关税对增加财政收入的职能作用呢？

我国在降低现有关税水平的同时，进一步发挥关税的保护作用是可行的，关键在于要对税目和税率进行重新划分和组合，并建立一套科学合理的制定税率的原则。

一、税率税目的重新划分和组合是降低关税水平和发挥关税保护作用的捷径

国外对市场需求量小，进口数量不大或没有保护必要的产品项目可设置低关税率，并进一步细分税目，增加税目数量。对国家急需的原材料、机器设备等物资，或者涉及面比较广的产品，可设置合理关税水平，对国内生产企业进行适度保护，也可设置低关税率，特别是对于国内需要而目前无力发展或根本无条件发展的产品行业，这些产品的关税率可根据目前的加权平均值为基础，适当调整，使之更加合理。对国内经济发展和人民生活水平的提高影响不大的产品，对于需要保护的产品行业等可设置高关税率，并尽量合并税目，减少税目数。对税目和税率根据需求分析和经济分析后进行重新调整，对高税率税目进行合并，对低税率税目进行细分，可保持现有关税政策实际效果不变的情况下大幅度地降低名义关税率。

二、合理制定关税税率是"入世"后我国关税改革的重要议题之一

合理制定关税税率，解决好这个问题，是充分发挥关税在我国对外开放、经济发展和社会进步各方面积极作用的关键。随着我国市场经济体制的建立和对外经贸事业的发展，需要深化关税改革，适时调整关税政策，转变关税职能，这就要求制定的关税税率，必须既有利于扩大开放，又有利于适当保护民族工业，既有利于增加关税收入，也有利于打击走私，同时还要借鉴发达国家的关税理论，研究关税水平与关税收入的关系，使关税税率制定得更合理。

目前，我国制定关税税率需要考虑基于经济学原理的三条原则：

（一）国民福利原则

国民福利原则是指在坚持有效保护的前提下，尽可能少征收或不征收关税。西方经济学认为，进口关税是间接税，进口商可以通过提高进口商品价格，把额外增加的关税转嫁给消费者，使国民福利受损。进口关税的应用改变了国内消费者、生产者、政府之间的利益分配关系，并造成全社会净损失。

征收关税有三种影响：刺激国内低效率的生产、要求消费者很不经济地削减他们对征税物品的购买、增加政府收入。只是前两种影响才会给经济带来缺乏效率的代价。

故而，征收关税会使国民福利下降。因此，在制定关税税率时，我们可以根据国民福利原则，对关系到国计民生的必需品，制定尽可能低的税率，以保证国民福利不受损失,这不仅对国内不能生产或者不能满足供应的关系到国计民生的必需品,而且对国内已能生产供应的有一定竞争能力的此类商品,应当实行低关税。

(二) 有效保护原则

根据有效保护理论,关税对所加工产品的产业可能提供增值或利益,但对下游产业则构成成本,也就是上游产业关税壁垒构成下游产业增值和发展的负担或成本。如果仅仅考虑对国内所有产业建立完备的关税保护伞,一方面,我们可能失去不完全保护下的进口比较利益,降低经济效率;另一方面,也可能失去对国内产业加上国际竞争压力的效率,同时给出口产业造成巨大成本负担,影响出口竞争力。

当前,我国关税结构还没有形成合理的、有效的保护结构。所以,有必要重新斟酌过去制定税率的原则,有必要把关税结构放到有效保护理论框架下加以审定。不但对单个产业来说要考虑关税水平,而且要考虑它们实施后对下游产业发展产生多大的障碍程度。总之,保护要考虑是否有利于产业发展,防止过度保护或保护不足两种极端,真正使关税结构达到有效保护的目的。

(三) 最优税率原则

如果进口国某种商品进口量在世界贸易额中占有较大份额,其商品的进口量变化会影响世界市场的价格,进口国可以通过征收关税利用这种优势。对某种商品征收进口税使国内市场价格上涨,进口商由于有优势会迫使国外出口商降低价格,按较低的价格进口,进口国所得到的利益比不征关税时还要大。最优关税是指进口国经济损失达到最低或收益最大的适当税率(由于关税变化所引起的额外收益与额外损失相等时的关税率)。禁止性关税不可能是最优关税。如果国外出口商感到出口某种商品无利可图,他们就会放弃生产或开拓其他市场。因此,最优关税总是处于不征关税和禁止性关税之间。

我国作为大国,每年进口量大,制定进口关税税率应考虑最优关税原则,即科学地分析我国各类、各种进口商品的买方垄断力量,以及进口商品供给弹性,在此基础上,充分利用买方的垄断力量,并根据供给弹性来确定最优进口税率。

三、在调整税率的过程中要转变观念,树立科学的经济观点

关税的两个基本职能,一是组织财政收入,二是经济调节。在制定关税税率时,国家侧重发挥关税的一项职能时,会使一部分税率服务于关税的财政职

能，另一部分税率服务于调节职能，如保护性的高税率，调节性的差别税率，鼓励性的低税率和零税率。在当今世界经济发展的条件下，从财政性、保护性的高税率到财政性和保护性并重，从高关税率到低关税率，已成为关税发展的基本趋势。

高关税与保护本国经济和增加财政收入没有必然联系，低关税也并不意味着关税的职能就此减弱。根据拉费曲线分析，关税收入存在着会计效应和经济效应，当税基不变时，税率的提高可使税收增加；而另一方面税率的提高对社会经济活动能力又有抑制作用，税基收缩，税收减少。在关税收入中，税基可用进口额表示，税率即为进口关税率，当不考虑利润率等因素的变动时，进口关税全部转嫁到进口商品价格中而使进口商品的市场价格上升，价格上升导致市场需求下降，进口数量下降。当商品的进口需求弹性大于1时，进口总额会因此下降，税基萎缩，会计效应和经济效应同时存在；当商品的进口需求弹性小于1时，进口总额会上升，税基不变或扩大，经济效应不存在，只存在会计效应。从关税的财政职能看，高关税只适用于进口需求弹性比较小的商品，对进口需求弹性比较大的商品并不适用，关税收入并不一定要建立在高关税基础上，高关税率有时反而使税基萎缩而影响关税收入。拉费曲线还说明了相同的税收额可在高低两档税率上实现，关税也存在着这个问题。所以低关税并不意味着关税收入的减少，而低关税较之高关税对经济发展更有利。从财政职能出发，关税税则应根据商品进口需求弹性的大小分类设置税目，根据关税收入最大化目标求解相应的关税率。

第四节　我国关税发展的趋势

一、削减关税

1994年关贸总协定第28条附加第一款规定：各成员方"在互惠互利基础上进行谈判，以大幅度降低关税和进出口其他费用的一般水平，特别是降低那些使少量进口都受阻碍的高关税"。目前，发达成员方的加权平均进口税已从45年前的40%下降到3%左右，发展中成员方也下降到10%左右。而我国关税水平相对还是比较高的（甚至高于发展中国家的平均水平），与关贸总协定的规定尚有一定的差距，因此，中国"入世"后的首要义务就是要逐步将中国关税加权平均水平降到关贸总协定要求的发展中国家水平,并将最高关税一般地约束在15%以下。这是我国加入世界贸易组织义务,也是一种庄严的承诺。据新华社报道,上海世贸组织研究中心负责人周汉民在"世贸组织法律论坛"上说,我国在申请复关和"入世"的14年的努力中,已大幅度下调进口商品关税,从1992年的平均42.5%下降到2000年的15%,并继续做必要的调整,同时设定,到2005年进口商品的平均关税下降到10%以下。据《新民晚报》2002年3月16日报道,中国已经按照承诺将关税总水平由15.3%降到12%。关税下降的趋势是势不可挡。

二、逐步取消非关税措施

1994年关贸总协定第11条第一款规定:"不得设立或维持配额、进出口许可证或其他措施,以限制或禁止其他缔约方本土的产品的输入,或向其他缔约方输出或销售出口产品。"从而为实现自由贸易创造条件。

自1947年关贸总协定成立以来,由于进口关税一再降低,各缔约方转向求助各种非关税壁垒来达到保护贸易的目的,据估计,当今世界各国的非关税措施已从20世纪60年代的800种增加到目前的2000多种,1967年关贸总定的谈判也主要从关税措施转移到非关税措施。乌拉圭回合谈判中对各种非关税壁垒规定了"维持现状和逐步回退"的原则,在谈判结果中要求各参加方拿出基本取消的时间表。

中国本来是实行贸易管制的国家,当然除关税外,也存在种种非关税措施,因此在"复关"和"入世"谈判中主要议题之一就是要求中国削减如进口许可证、配额以及外汇管制、技术检验标准等非关税措施,作为"入世"的"入门费"。这些非关税措施和关税一起被纳入市场准入的谈判。1980年我国许可证管制的进口商品为20种,1984年增至30种,1987年又增至45种,到1989年已增至53种。从目前非关税措施的现行情况来看,跟关贸总协定的规定尚有一定的差距,大幅度的减少非关税措施,这也是我国加入世界贸易组织的义务,也是一种庄严的承诺。根据我国原经贸部发言人刘向东在答记者问时所示(1992年初):我国已取消16种商品的进口许可证,并在两三年内使进口许可证管理商品范围减少2/3。据报道1993年以来,我国对300多项与贸易有关的非关税措施予以清理和逐步取消,使非关税贸易措施在过去的14年间锐减了70%有余。又据《新民晚报》2002年3月16日报道,中国已经按照承诺将实施进口配额许可证管理的商品品种由33种减少到12种。我国已经在接近于实践我们的诺言,并将努力地做得更为出色。

三、充分发挥关税配额的作用

关税配额制度是国际通行的惯例,它和进口数量密切相关,在一定数量内进口实行低关税,超过规定数量就实行高关税。所以,关税配额实际上是一种数量渐进式的制约措施,有较大的灵活性,对于必要的数量实行低关税,对于超过一定数量的进口则实行高关税,虽然关税高了,但还是允许进口,体现了关税杠杆的调节作用。这种办法许多国家都采用,关贸总协定也没有对其限制。这一措施既可以控制总量、增加收入,又可适度保护,特别是它比较公开透明,又符合国际惯例,所以我国在世界贸易组织规则下,会充分运用关税配额,有效地发挥关税调节经济的作用。

四、应对我国政府在关税方面的承诺

1996年,江泽民主席在菲律宾苏比克湾第四次APEC领导人非正式会议上宣布的中国进口商品平均税率"2000年争取降到15%左右"的庄严承诺已经实现了。

我国政府在"入世"最终协议上做出的关税承诺主要为:到2005年,关税税率降到发展中国家的平均水平以下,关税税目逐渐减少,工业品的进口平均关税税率将降至10%左右,其中汽车在6年内降至25%左右(目前为100%)。

2002年我国已经按照承诺将关税总水平由15.3%降到12%,但是WTO发展中国家成员方的平均关税税率已经降到12%以下,工业品平均关税已经降到10%以下,零关税产品目录不断扩大。我国的承诺肯定会兑现,但挑战是十分严峻的。因为我们承诺实际还没有达到WTO发展中国家成员方的平均水平。

非关税措施——中国承诺在2—3年内取消大部分非关税措施,5年内取消所有的配额和数量限制。在贸易政策和管理上向国际惯例靠拢,放宽包括主要农产品在内的国内市场准入。这些承诺也是近2/3的多数WTO发展中成员方的一般承诺。

一般来说,我国的关税平均水平能够在2006年大致降到10%或更低,非关税措施我国已接近"入世"的承诺。

第五节 我国关税改革的基本目标

一、继续降低关税水平，合理调整关税结构

关税的调整不仅是我国政府的庄严承诺，也是世界经济贸易发展的大趋势，关税的进一步下降势不可挡，要尽可能做好这一方面的准备工作。

我国仍将一如既往地根据国家产业政策的要求、根据有效保护理论和各国的实际经验，对关税结构进行适时的调整。调整的基点是从我国产业发展的实际出发，运用关税手段保护我国有发展潜力但目前不具有优势的产品或产业；继续降低投入品和一部分中间产品的关税率；对制成品也将根据其在国际竞争中的比较优势状况实行不同的合理税率。从而形成投入品、中间产品、最终制成品由低到高的梯形的关税结构。

保护本国产业应以产业政策为主，关税手段为辅，关税政策应服从于产业政策。产业政策的扶持是多方面的，如投资、信贷、技术改造等，这些手段比关税保护更积极、更主动。因此，对合理调整关税结构所能达到保护效果，应与完善的产业政策手段配合使用。

继续降低关税水平，合理调整关税结构，以适应经济一体化，贸易自由化发展的趋势。我国必须充分有效地利用世界资源，以大视角、全方位、有层次地促进我国的经济体制和经济结构的调整与发展，加快国内产业、行业、企业的机制转换，使它们必须面对世界市场，在国际竞争中加速自身的改造和调整。当然，我国是一个发展中国家，面对发达国家的超大型企业和跨国公司，改革不能超过自身的承受能力，但要有大局感和紧迫感，以适应经济一体化、贸易自由化发展的趋势。

二、要逐步调整和取消不适当的减免税，使关税的名义税负和实际税负大体相符

改革开放以来，为了有效吸引外资，优化企业的资源配置，促进经济的迅速发展，我国政府颁布了一系列的关税优惠政策和措施，这在当时的情况下，确实起到了十分重要的作用，但是依据我国现实经济发展的态势以及 WTO 准则的要求，必须对关税的优惠政策作适当的调整和修正。刘佐先生认为：

"1992年，中国进口关税的平均税率按照算术平均法计算为43.2%，按照加权平均法计算为32.7%，而实际税负（即关税收入与进口总额之比）不足4.8%。1997年，进口关税的算术平均税率降到17%，加权平均税率降到13.3%，而实际税负不足3%"①。这一数据说明减免关税措施的不当运用，既使我国关税收入蒙受了损失，又使世界视我国为高关税壁垒的国家，这对我国的进一步改革开放，融入世界经济体系是极为不利的。加大对减免税措施的调控，取消不适当的减免税，扩大税基，降低名义税率，使关税负担名实一致。争取关税改革的双赢、多赢局面。

三、关税要为贯彻国家经济、外贸政策服务

我国的关税改革要根据国家的对外开放政策需要，体现鼓励出口、扩大必需品的进口的原则，鼓励引进先进技术和关键设备，逐步提高出口产品、特别是主要出口产品的份额；必须进一步降低关税税率总水平，合理调整关税结构，根据我国加入世界贸易组织的基本要求和恢复在我国该组织中应有地位的政府承诺条件，中国将在2000年以前把进口关税的算术平均税率降至15%以下，在2005年将进口工业品的关税税率降至10%；关税改革要积极参与国际贸易竞争，又要适度保护本国产业，要利用各种关税和非关税手段，如各种税率、进口附加税、反倾销税、反补贴税、配额制、许可证制等，保证我国国民经济的持续稳步发展。尽管我国加入了世界贸易组织，但关税的保护作用还是不能忽视的。例如，最近日本对我国农产品加征附加税；美国对进口钢材（包括我国）加征30%的附加税；欧盟等国对我国的出口商品莫名其妙地提出上千宗反倾销诉讼案。关税改革在国家利益上有义不容辞的责任。

四、建立反倾销和反补贴制度

首先是出口补贴问题，1994年关贸总协定第16条第二节第二、三款规定：对出口补贴做了明确的界定。我国自1991年1月开始，在出口企业经营机制转换过程中，已按世贸组织的准则和要求，取消了补贴，其亏损主要通过汇率调整和出口退税的方法获得补偿。因此，我国承诺停止出口补贴问题应该说早已解决。

1994年关贸总协定附件九关于第16条的规定："退还与所缴数量相当的

---

① 刘佐著：《中国税制五十年》（1949—1999），中国税务出版社2000年版，第372页。

关税或内地税,不能视为一种补贴。"目前,中国出口商品退税中,尚存未退足退净的问题,为加强中国商品的出口竞争力,应利用1994年关贸总协定上述条款,充分退足退净一切税款。

目前主要问题是所谓的"倾销"。我国正常生产的产品以正常的价格在发达国家市场上销售,却屡遭莫名其妙的反倾销处罚,而且反倾销声势越闹越大,涉及范围越来越广。这一问题已引起我国政府高层与企业的高度重视。

如温州的打火机,国内市场的零售价为人民币0.50元,折合美元应该是多少?这算不算倾销?相反,发达国家向发展中国家倾销的例子却比比皆是,如外国程控交换机进口到我国,每线85美元,而国际市场200美元。这种进口对我国相关产业造成严重冲击,这是不是倾销?

反倾销和反补贴是发达国家惯用的非关税措施,而且经过立法程序,是经贸争端的杀手锏。因此,我国也要建立反倾销和反补贴的法律制度。当进口倾销对我国产业造成损害或损害威胁时,就可以利用反倾销法律,进行调查核实,可以征收反倾销税。而且调查取证需要较长的时间,半年、1年甚至更长,调查本身就是对国内产品的保护。

关税改革,特别是进一步降低关税可能会对我国经济的发展带来某些负面效应,但是,我国加入世界贸易组织时就已坦言,机遇与挑战同在,挑战会磨炼我国已经崛起的经济,而机遇会带给我国更加繁荣昌盛的明天。

第十七章

报 关 制 度

第一节 报关概述

一、报关概念

根据《中华人民共和国海关法》（以下简称《海关法》）第八条规定："进出境运输工具、货物、物品，必须通过设立海关的地点进境或出境"，"并依照本法规定办理海关手续"。故而，报关不仅是经济活动相关人的基本义务，同时也是履行海关进出境手续的必要环节之一。

所谓报关，就是进出境运输工具的负责人、进出口货物的收发货人、进出境物品的所有人或者他们的代理人，在通过海关监管口岸时，向海关办理运输工具、货物或物品进出境手续及其相关海关事务的全部过程。

进出境运输工具负责人、进出口货物收发货人、进出境物品所有人或者他们的代理人是报关行为的承担者，也就是报关人。报关人既可以是法人和其他组织，也可以是自然人。

报关企业是指在海关注册登记，并向海关办理进出口货物报关及相关海关事务的境内法人或其他组织。

报关员是指经海关注册，代表所属企业（单位）向海关办理进出口货物报关纳税及相关海关事务的人员。

二、报关的对象

根据《海关法》第二条规定，报关对象为海关"监管进出境的运输工具、货物、行李物品、邮递物品和其他物品（以下简称进出境运输工具、货物、物品）"。具体如下：

（一）进出境运输工具

《海关法》第一百条："进出境运输工具，是指用以载运人员、货物、物品进出境的各种船舶、车辆、航空器和驮畜。"

（二）进出境货物

《海关法》第一百条："指本法第二十三条所列的进出口货物，过境、转运、通运货物，特定减免税货物，以及暂时进出口货物、保税货物和其他尚未办结海关手续的进出境货物。"

（三）进出境物品

《海关法》第二条：进出境"行李物品、邮递物品和其他物品"。

三、报关的分类

由于报关对象的性质不同，海关监管的要求也不同，按照《海关法》规定，报关行为可分为以下三类：

（一）进出境运输工具的报关

进出境运输工具（包括进出境船舶、火车、航空器等）是作为货物、人员及其携带物品的位移载体，报关手续较为简单。一般情况下，"运输工具负责人可直接向海关如实申报，交验单证，并接受海关监管和检查"。当然"海关根据工作需要，可以派员随运输工具执行职务，运输工具负责人应当提供方便"。

（二）进出境物品的报关

个人携带进出境的行李物品、邮寄进出境的物品，应当以自用、合理数量为限。进出境物品的所有人应当向海关如实申报，并接受海关查验；进出境邮袋的装卸、转运和过境，应当接受海关监管。一般来说，其报关手续也是比较简单。

（三）进出境货物的报关

进出境货物必须按规定的程序并按规定的内容向海关如实申报，这是报关工作的基本要求，也是海关监管手续的重要环节。

进出口货物的报关比较复杂，因为其业务的涉及面广、专业要求高、政策性强，监管章程与报关管理制度纵横交错，因此，就需要由具备一定的专业知识和技能而且经海关注册的专业人员进行报关。同时，一般进出口企业或货物收发货人由于不谙报关程序及其规定,或者由于经济、时间等其他方面的原因不能自行办理报关手续,所以他们也需要委托专业人员进行报关。由于这两个方面的原因,发展专业代理报关不仅是发达国家海关的通行做法,同时也是当今世界的主要潮流。发展专业报关企业,提高报关自动化程度,这是发展我国社会主义市场经济条件下现代海关报关制度的必然趋势,这将对我国对外贸易的发展及其繁荣产生意义深远的影响。

我国《海关法》第九条规定:"进出口货物,除另有规定的外,可以由进出口货物收发货人自行办理报关纳税手续,也可以由进出口货物收发货人委托海关准予注册的报关企业办理报关纳税手续。"因此,我国进出口货物的报关在法律上可以分为自理报关和代理报关两种类型。

第二节 报关的基本内容

《海关法》根据进出境运输工具、进出境货物和进出境物品的各自性质,以及海关监管的不同要求,将报关的基本内容分为三个大类。

一、进出境运输工具的报关

(一)进出境运输工具的界定

根据我国《海关法》第一百条规定:"进出境运输工具,是指用以载运人员、货物、物品进出境的各种船舶、车辆、航空器和驮畜。"

船舶,是指进出关境的海上、国界的江河上所往来的一切机动及非机动船舶。

车辆,是指进出关境的所有机动及非机动车辆。

航空器,是指进出关境的所有民用航空器。

驮畜,是指进出关境的载运客货的所有驮运牲畜。

(二)海关对进出境运输工具的监管

根据我国《海关法》第二章"进出境运输工具"监管的具体规定:

1.《海关法》第八条规定,进出境运输工具必须通过设立海关的地点进境或者出境。需要经过未设立海关的地点临时进境或者出境的,必须经国务院或者国务院授权的机关批准。

2.《海关法》第十四条规定,进出境运输工具到达或者驶离设立海关的地点时，运输工具负责人应当向海关如实申报，交验单证，并接受海关监管和检查。停留在设立海关的地点的进出境运输工具，未经海关同意，不得擅自驶离。进出境运输工具从一个设立海关的地点驶往另一个设立海关的地点的，应当符合海关监管要求，办理海关续，未办结海关手续的，不得改驶境外。

3.《海关法》第十五条规定，进境运输工具在进境以后向海关申报以前，出境运输工具在办结海关手续以后出境以前，应当按照交通主管机关规定的路线行进；交通主管机关没有规定的，由海关指定。

4.《海关法》第十六条规定，进出境船舶、火车、航空器到达和驶离时间、停留地点、停留期间更换地点以及装卸货物、物品时间，运输工具负责人或者有关交通运输部门应当事先通知海关。

5.《海关法》第十七条规定，运输工具装卸进出境货物、物品或者上下进出境旅客，应当接受海关监管。货物、物品装卸完毕，运输工具负责人应当向海关递交反映实际装卸情况的交接单据和记录。上下进出境运输工具的人员携带物品的，应当向海关如实申报，并接受海关检查。

6.《海关法》第十八条规定，海关检查进出境运输工具时，运输工具负责人应当到场，并根据海关的要求开启舱室、房间、车门；有走私嫌疑的，并应当开拆可能藏匿走私货物、物品的部位，搬移货物、物料。海关根据工作需要，可以派员随运输工具执行职务，运输工具负责人应当提供方便。

7.《海关法》第十九条规定，进境的境外运输工具和出境的境内运输工具，未向海关办理手续并缴纳关税，不得转让或者移作他用。

8.《海关法》第二十条规定，进出境船舶和航空器兼营境内客、货运输，需经海关同意，并应当符合海关监管要求。进出境运输工具改营境内运输，需向海关办理手续。

9.《海关法》第二十一条规定，沿海运输船舶、渔船和从事海上作业的特种船舶，未经海关同意，不得载运或者换取、买卖、转让进出境货物、物品。

10.《海关法》第二十二条规定，进出境船舶和航空器，由于不可抗力的原因，被迫在未设立海关的地点停泊、降落或者抛掷、起卸货物、物品，运输工具负责人应当立即报告附近海关。

（三）进出境运输工具报关的内容

根据海关监管的要求，不同种类的运输工具向海关申报的内容及其所需递交的单证是有所差别的，但其报关的基本内容大体上还是相同的。故而，进出

境运输工具负责人或其代理人应向海关申报的内容如下:

1. 运输工具所载的进出口货物申报单和载货清单。
2. 运输工具所载旅客名单。
3. 运输工具进出境的时间、航次。
4. 运输工具的工作人员名单及其自用物品、货币金银清单。
5. 运输工具所载邮递物品、行李物品的单证。
6. 其他需要向海关申报的单证。

除此以外,运输工具报关时还需提交运输工具从事合法性国际运输的必备的相关证明文件。如船舶文书,这是由有关机关颁发的标志船舶运行状况及运行过程中的各种必要文件的总称,包括船舶国籍证书,船舶吨位证书和航海日志等。

由于不可抗力的原因,被迫在未设关地点停泊、降落或者抛掷、起卸货物、物品等,必须提交其基本单证和情况汇总报告。

上述报关主要内容经海关审核,确认符合海关监管要求的,海关做出放行决定,该运输工具报关工作全部通过,这时就可以上下旅客、装卸货物或者驶往内地或离境。

上述是进出境运输工具报关的一般程序和基本内容。其具体法律的规定又可进一步细分为:国际航行船舶的报关、进出境民航机的报关、进出境列车的报关、进出境汽车的报关、其他运输工具的报关。

二、进出境货物的报关

(一) 进出境货物的界定

根据《海关法》第一百条规定:进出境货物是"指本法第二十三条所列的进出口货物,过境、转运、通运货物,特定减免税货物,以及暂时进出口货物、保税货物和其他尚未办结海关手续的进出境货物。"

"过境、转运和通运货物、是指由境外启运、通过中国境内继续运往境外的货物。其中,通过境内陆路运输的,称过境货物;在境内设立海关的地点换装运输工具,而不通过境内陆路运输的,称转运货物;由船舶、航空器载运进境并由原装运输工具载运出境的,称通运货物。"

"保税货物,是指经海关批准未办理纳税手续进境,在境内储存、加工、装配后复运出境的货物"。另外尚有"经电缆、管道或者其他特殊方式输送进出境的货物。"

（二）海关对进出境货物的监管

根据我国《海关法》第三章"进出境货物"监管的具体规定：

1. 《海关法》第二十三条规定，进口货物自进境起到办结海关手续止，出口货物自向海关申报起到出境止，过境、转运和通运货物自进境起到出境止，应当接受海关监管。

2. 《海关法》第二十四条规定，进口货物的收货人、出口货物的发货人应当向海关如实申报，交验进出口许可证件和有关单证。国家限制进出口的货物，没有进出口许可证件的，不予放行。进口货物的收货人应当自运输工具申报进境之日起 14 日内，出口货物的发货人除海关特准的外应当在货物运抵海关监管区后、装货的 24 小时以前，向海关申报。

3. 《海关法》第二十六条规定，海关接受申报后，报关单证及其内容不得修改或者撤销；确有正当理由的，经海关同意，方可修改或者撤销。

4. 《海关法》第二十八条规定，进出口货物应当接受海关查验。海关查验货物时，进口货物的收货人、出口货物的发货人应当到场，并负责搬移货物，开拆和重封货物的包装。海关认为必要时，可以径行开验、复验或者提取货样。经收发货人申请，海关总署批准，其进出口货物可以免验。

5. 《海关法》第三十条规定，进口货物的收货人自运输工具申报进境之日起超过 3 个月未向海关申报的，其进口货物由海关提取依法变卖处理，所得价款在扣除运输、装卸、储存等费用和税款后，尚有余款的，自货物依法变卖之日起 1 年内，经收货人申请，予以发还；其中属于国家对进口有限制性规定，应当提交许可证件而不能提供的，不予发还。逾期无人申请或者不予发还的，上缴国库。确属误卸或者溢卸的进境货物，经海关审定，由原运输工具负责人或者货物的收发货人自该运输工具卸货之日起 3 个月内，办理退运或者进口手续；必要时，经海关批准，可以延期 3 个月。逾期未办手续的，由海关按前款规定处理。收货人或者货物所有人声明放弃的进口货物，由海关依法变卖处理；所得价款在扣除运输、装卸、储存等费用后，上缴国库。

6. 《海关法》第三十七条规定，海关监管货物，未经海关许可，不得开拆、提取、交付、发运、调换、改装、抵押、质押、留置、转让、更换标记、移作他用或者进行其他处置。海关加施的封志，任何人不得擅自开启或者损毁。

7. 《海关法》第三十一条、第三十二条、第三十三条、第三十四条、第三十六条、第三十七条、第四十四条，对批准暂时进口（出口）的货物监管；

对经营保税货物的储存、加工、装配、展示、运输、寄售业务和经营免税商店的监管；对保税货物的转让、转移以及进出保税场所的监管；对企业从事加工贸易的监管；对保税区的特殊监管；对过境、转运和通运货物的监管；对与进出境货物有关的知识产权实施保护和监管。

（三）进出境货物报关的内容

进出境货物报关的一般程序和基本内容为：

1. 进出境货物的收发货人或代理人自行做好自理报关或代理报关的前期准备工作。

2. 在海关规定的报关地点和报关时限内，将各种报关单证以书面形式向海关申报。其中包括填写的《进（出）口货物报关单》以及与进出境货物直接相关的商业货运单证，如发票、装箱单、提单等。

3. 递交其他海关随时可能需要查阅或收取的资料、证件，如贸易合同、原产地证明等。

4. 属于国家限制性的进出境货物，还应递交国家有关法律、法规所规定的特殊管制性证书，如进出口货物许可证等。

5. 海关对上述报关单证进行审核后，认为有必要对货物进行查验，那么报关人员应予全力的配合。

6. 报关单位应在法定的期限内，按规定缴纳进出货物的税费。

7. 上述报关手续经海关审核，确认符合海关监管要求的，海关做出放行决定。那么，报关单位可以安排装卸货物或者运往内地或离境。

上述是进出境货物的一般报关程序和报关内容，其具体法律的规定又可进一步细分为：外商投资企业进出境货物的报关；其他进出境货物的报关（包括暂时进境货物的报关，进出境展览品、货样和广告品的报关，过境、转运和通运货物的报关，进境溢卸、误卸、短卸货物的报关）；保税货物的报关（包括保税仓库、保税工厂和保税集团货物的报关，保税区货物的报关，其他保税货物的报关）；加工贸易货物的报关（包括"三来一补"进出口货物的报关、出口加工区货物的报关）。

三、进出境物品的报关

（一）进出境物品的界定

根据《海关法》第二条规定：进出境物品是指进出境的"行李物品、邮递物品和其他物品"。

行李物品,是指进出境人员携带或托运等方式进出境的物品;

邮递物品,是指以邮递速递方式进出境的物品;

其他物品,包括进出境的"享有外交特权和豁免的外国机构或者人员的公务用品或者自用物品"。

(二)海关对进出境物品的监管

根据我国《海关法》第四章"进出境物品"监管的具体规定:

1. 《海关法》第四十六条规定,个人携带进出境的行李物品、邮寄进出境的物品,应当以自用、合理数量为限,并接受海关监管。

2. 《海关法》第四十七条规定,进出境物品的所有人应当向海关如实申报,并接受海关查验。海关加施的封志,任何人不得擅自开启或者损毁。

3. 《海关法》第四十八条规定,进出境邮袋的装卸、转运和过境,应当接受海关监管。邮政企业应当向海关递交邮件路单。邮政企业应当将开拆及封发国际邮袋的时间事先通知海关,海关应当按时派员到场监管查验。

4. 《海关法》第四十九条规定,邮运进出境的物品,经海关查验放行后,有关经营单位方可投递或者交付。

5. 《海关法》第五十条规定,经海关登记准予暂时免税进境或者暂时免税出境的物品,应当由本人复带出境或者复带进境。过境人员未经海关批准,不得将其所带物品留在境内。

(三)进出境物品报关的内容

1. 进出境行李物品的报关。

(1)根据《海关法》第八条规定,进出境的旅客行李物品必须通过设立海关的地点进境或者出境。旅客必须按规定向海关申报所携带的行李物品。

(2)海关查验旅客行李物品的基本原则,即个人携带进出境的行李物品、邮寄进出境的物品,应当以自用、合理数量为限。

(3)进出境旅客的行李物品应交由海关按规定的程序查验放行。

(4)进出境旅客应主动出示有效证件、商业单证以及其他必备文件。

(5)进出境旅客按规定填报所携带的物品,必须做到完整、真实、清楚,并对填报的内容负有法律责任。

(6)旅客进出境如有必须向海关申报的物品,则应在申报台向海关递交《进出境旅客行李物品申报单》,提请海关办理进出境手续。

(7)旅客进出境如有中国法律规定管制的物品,则须向海关递交国家行政主管部门出具的批准文件。

(8) 我国海关法律与世界上大多数国家一样，规定旅客进出境实行"红绿通道"制度。进出境旅客在向海关申报时，可以分别选择红色或绿色作为标记的通道。绿色通道适用于所携带的物品在数量和价值上均不超过免税限额，而且没有国家限制或禁止进出境物品的旅客；红色通道则适用于携带超越绿色通道适用物品以外的其他物品的旅客。对于红色通道的旅客，必须填写"进出境旅客行李物品申报单"，并向海关做出书面申报。

这里阐述的是进出境物品的一般程序和基本内容。其具体法律的规定又可进一步细分为：中国籍旅客行李物品的报关、外国籍旅客行李物品的报关、定居旅客行李物品的报关、过境旅客行李物品的报关、境外法人常驻代表机构公私用物品的报关，以及特定物品的报关。

2. 进出境邮递物品的报关。进出境邮递物品主要是指通过国际邮政渠道进出境的个人物品或货物。

进出境个人邮递物品同样应以自用、合理数量为限。海关的监管原则是：扩大开放，加速往来，便利个人需要，打击走私活动。

(1) 邮寄出境物品，寄件人必须填写"报税单"、"绿色标签"如实填报所寄物品的名称、价值、数量，向派驻邮局的海关申报。经海关查验后，交邮局投递。

(2) 邮寄进口物品，应由收件人到邮政局向派驻邮政局的海关办理进口手续。为方便收件人，对邮寄进境的物品，统一由邮政局代收件人向海关办理报关手续，再由邮政局向收件人收取验关手续费。

第三节 报关制度概述

一、我国报关制度的形成

报关制度是国家海关监管制度的重要组成部分，是国家海关依法对报关人及代表报关单位报关的报关员的报关资格审定、批准及对其报关行为进行有效管理的业务制度。

新中国成立后，海关重新回到了祖国和人民的怀抱，"中国大门的钥匙放在中国人民自己的袋子里"。初期的进出口货物按国家的规定，必须向海关提出申报，并使用全新的统一报关单，由于这一时期国有经济、合作社经济、个体经济、私人资本主义经济和国家资本主义经济同时并存，因此，报关行或海关事务经纪人在报关业务中仍然发挥着重要作用。

1951 年，国家对进出口贸易集中管理，特别是 1953 年实行了《进出口贸易许可证办法》后，海关凭借经贸主管部门签发的进出口许可证进行必要的监管，各外贸公司直接自行办理报关业务，手续简单方便，查验灵活快速，报关制度也由此而淡化。

1956 年，我国的社会主义改造基本完成后，随着社会主义生产力的迅速发展，全民所有制在社会主义经济事业中占据了绝对主导的地位，我国的多种经济成分转为单一的国有经济，由此形成了由中央及地方各级外贸专业公司一统天下的以自理报关为主的运行机制。海关的监管只是以许可证管理为主，企业拥有了对外贸易进出口经营权，就自然而然地获得了进出口报关权。海关对于报关资格的认定，只是取决于国家经贸主管部门批准的进出口经营权来决定其是否拥有报关权。这就直接导致拥有进出口经营权的国营外贸公司实际上就垄断了我国的全部报关业务，形成了一个单一的封闭式的报关体制。海关对进出口货物的监管则进一步淡化，报关管理流于形式并日趋远离海关监管工作中心。

"文化大革命"时期，海关的中心工作、指导思想和监管职能遭受严重的干扰和削弱，报关制度基本被取消。海关应有的执法权力处于停滞与真空状态，进出口货物无须办理申报、查验和放行等手续，这不仅冲击了正常运行的海关监管制度，使国家在政治经济上都蒙受到重大损失，同时也给国家的外贸经济造成了极大的混乱。1972 年，海关部分地恢复了对进出口货物的申报查验制度，有效地遏制了海关监管制度混乱不堪的局面。

党的十一届三中全会以后，随着改革开放和全党工作重心的转移，社会主义现代化建设事业的蓬勃发展，外贸体制改革不断深入，外贸活动的经营成分和贸易方式都发生了较大的变化，海关的进出境监管职能日趋重要。

1980 年根据国务院的指示，海关恢复和实行对外贸公司进出口货物全国统一的报关制度。1985 年后，我国加快了改革开放的步伐，沿海开放城市、经济特区、经济技术开发区、沿海经济开放区等日益发展，外贸专业公司垄断经营的传统体制逐渐地被打破，对外贸易额成倍成倍地增长，报关业务急剧增加，海关报关企业和报关机构日渐增多，并逐渐发展成为一门新兴行业。我国国际经贸的环境和氛围发生了本质的改观，这为我国的报关制度的改革创造了有利的条件。

1985年7月,海关总署颁布了《中华人民共和国海关对报关单位实施注册登记制度的管理规定》(以下简称《规定》),该《规定》明确了所有报关单位必须到海关注册登记,明确了报关单位的性质、权利、义务和法律责任。该《规定》既是我国报关领域规范化管理的开端,也是我国海关统一全国报关管理制度的重要标志。

二、我国报关制度的发展与完善

1987年7月1日,《中华人民共和国海关法》(以下简称《海关法》)颁布实施,这是我国改革开放以来最具权威的一部海关管理法律。《海关法》系统的界定了对报关单位和报关员的管理规定,明确了海关对报关单位的进出口货物的报关权的审批权力,并有效的构建了我国海关报关管理体制的规范化、法制化框架,为完善我国的报关管理制度打下了一个扎实的法律基础。

1992年9月,海关总署制定并颁布了《中华人民共和国海关对报关单位和报关员的管理规定》(以下简称《管理规定》),该《管理规定》明确提出报关制度的改革方向是逐步构建报关专业化、社会化和网络化的平台,支持、鼓励和扶植专业报关企业,逐步形成以专业报关为主、代理和自理报关相结合的报关格局。

1992年10月,党的十四大确定了我国的社会主义市场经济体制,于是建立有中国特色的社会主义海关报关管理制度成为海关深层次管理改革的一项重要任务。

1994年10月,海关总署颁布了《中华人民共和国海关对专业报关企业的管理规定》,这是一部对专业报关企业实施全面监督管理的重要法规。

1995年9月,海关总署颁布了《中华人民共和国海关对代理报关企业的管理规定》,这是我国改革海关报关管理制度,并对专业报关企业实施全面监督管理的重要法规。同时也是我国报关管理制度逐步向国际惯例接轨,走报关专业化、规范化、社会化道路的重要标志。

1997年4月,海关总署颁布了《中华人民共和国海关对报关员的管理规定》和《报关员资格全国统一考试暂行规定》。这两部法规提出了对报关员实施全面监督管理的要求,以及对报关员资格认证实行全国统一考试制度。这一制度的推行,是为了在我国建立以专业报关为主,辅之以代理报关和自理报关的新型海关报关制度奠定了政策基础,这无疑是我国报关事业发展的一项重要改革,是我国实行报关事业专业化和社会化的一项重要举措。

2000年7月,第九届全国人大会常委会第十六次会议修订通过了新《海关法》,新《海关法》明确规定了报关企业及其委托人的法律地位和法律责任,进一步规范了我国的报关制度,这使我国的报关制度改革完全融入外贸体制改革和中国加入WTO的大趋势中,因此,这也同时标志着我国报关管理制度逐渐走向完善。

三、我国报关制度改革的趋势

我国加入WTO后,随着对外贸易经营权的逐步放开,我国的对外经贸活动得到了迅猛发展,进出口行业和进出口企业对专业报关公司呼声与要求日趋提高。外贸管理体制的发展已经对我国的报关制度改革提出了更高的要求。

借鉴国际报关管理的通行惯例,按照市场经济的要求,培育报关服务市场,强化专业报关公司的优质服务,促进我国的对外贸易发展,是当前海关报关企业的主要任务。因此,传统的以自理报关企业为主、代理报关企业和专业报关企业相结合的报关体制必须改革,要逐步培育和扶持与社会主义市场经济相适应,同时又符合国际报关管理通行做法的专业报关经营实体,最终形成以专业报关为主,代理报关和自理报关相结合的崭新的报关体制。这是我国海关报关制度改革的主要趋势。

(一)培育和发展报关服务市场

报关市场既是社会主义市场经济的一部分,就必须严格按照市场经济的要求,遵循公正的市场准入的规则,允许各种经济成分的企业包括国有、集体、股份制、私营、个体,外资企业获准进入报关服务市场。

报关市场是一个公共服务平台,其运转机制的核心是平等竞争、优胜劣汰和协调发展。各种经济成分的报关企业通过市场竞争,强化报关企业的优质服务,促进报关服务业的公正、廉洁、高效和守法。要进一步加强对报关市场及其经营活动的法制建设,做到有章可循,有法可依。减少行政性垄断和不必要的行政干预,有效提高报关企业的报关服务的质量。

(二)造就一支高素质的专业报关员队伍

专业报关员不仅精通海关的法律、法规和熟悉税务、外贸和商品知识,而且还要有较强的办理海关手续的技能。因此,海关报关员工作是属于层次较高的综合性智力劳动。

造就一支优秀的高素质的专业报关员队伍,不仅是社会主义市场经济法制的需要,也是我国对外贸易经济高速发展的需要。而专业报关员法制观念的强弱、业务能力的高低和综合素质优劣,直接影响到报关企业的生存和发展。因此,必须从制度上保证有效地、多层次、多形式地专业培训工作,保证专业报关员的竞争态势和激励机制,保证专业人才的合理流动和优化组合。同时还要建立专业报关员资格认定制度、职级晋升制度和奖罚制度,使专业报关员自强自律,推动我国报关事业的发展和改革。

（三）支持和扶持报关行业协会的发展

至今为止,尽管在海关注册的报关单位的结构不尽合理,但近20万家报关企业和近10万名报关人员所形成的报关服务市场,已初步满足了我国对外贸易事业发展的需要。建立报关行业协会的基本条件已日趋成熟,加强行业自律管理的要求已迫在眉睫。

国际上对报关企业的管理一般采取海关主管、报关行业协会兼管和报关企业协管的模式,但这一模式不是固定不变,是随着世界经济和国际贸易的发展而不断发展的,我国采用的则是以行政管理与行业自律相结合的管理模式。

报关行业协会的基本要约和管理章程,要求对报关企业的管理应该逐步扩大到海关以外的各种社会组织,如会计事务所、审计事务所、法律事务所等中介组织,这样的综合管理更有利于报关企业的发展,同时也能使海关对报关事务的直接的行政性管理转向政策指导和原则监督的间接性管理。

支持和扶持报关行业协会的发展,不仅是市场经济发展的必然趋势,同时也是社会主义海关事业发展的基本要求,调动各种积极因素,采用多方综合手段,更好地为报关企业服务,以促进我国报关行业的全面进步。

第四节 报关注册登记制度

一、报关注册登记的性质和含义

《海关法》第九条和第十一条规定:"进出口货物,除另有规定的外,可以由进出口货物收发货人自行办理报关纳税手续,也可以由进出口货物收发货人委托海关准予注册登记的报关企业办理报关纳税手续";"进出口货物收发货人、报关企业办理报关手续,必须依法经海关注册登记。报关人员必须依法取得报关从业资格。未依法经海关注册登记的企业和未依法取得报关从业资格的人员,不得从事报关业务。报关企业和报关人员不得非法代理他人报关,或者超出其业务范围进行报关活动。"因此，凡是在中华人民共和国进出境口岸办理进出口货物报关手续的企业必须向海关办理报关注册登记手续，这是报关企业取得报关资格的前提条件。

报关注册登记制度，是指进出口货物的收发货人或他们的代理人向海关提供有关规定的法律文书，申请报关资格，经海关审查核实，准予办理报关业务的管理制度。

二、报关注册登记的范围

报关单位，也称报关人，即指按规定在海关注册登记的报关企业和进出口货物收发货人。根据我国《海关法》第十一条规定，必须向海关注册登记的报关单位是"进出口货物收发货人"和"报关企业"，亦即办理报关注册登记的单位和办理代理报关注册登记单位。因此，报关单位可以分为三个类型：其一是自理报关企业，报关活动仅限于本单位经营的进出口货物，不得代理其他单位报关；其二是代理报关企业，报关活动仅限于所代理企业的进出口货物；其三专业报关企业，报关活动覆盖所有进出口业务，专门接受涉外业务单位的委托，提供社会化报关纳税手续的服务企业。

根据《海关法》规定，除了专业报关企业和代理报关企业，必须向海关办理注册登记外，下列有进出口经营权的企业如直接向海关办理报关手续，也必须进行注册登记：

1. 外贸专业进出口公司及其子公司和所属省、自治区、直辖市级分公司，经批准有进出口经营权的支公司。

2. 有进出口权的工贸（包括农贸、技贸）公司。

3. 有进出口经营权的生产企业、企业联合体、外贸和生产企业的联合公司。

4. 信托投资公司、经济技术开发公司、技术引进公司和租赁公司。

5. 中外合资（合作）企业，外商独资企业。

6. 中国成套设备进出口公司、对外承包工程公司、国际经济技术合作公司。

7. 免税品公司，外汇商店、侨汇商店。

8. 经海关认可，直接办理进出口手续的经营对外加工、装配和中小型补偿贸易的企业。

9. 各类保税工厂、保税仓库、外国商品维修服务中心及其附设的零部件寄售仓库。

10. 其他经常有进出口业务的企业等等。

三、报关注册登记的条件

2005年3月公布的《中华人民共和国海关对报关单位注册登记管理规定》（以下简称《注册登记管理规定》）第九条规定，报关企业应当具备下列条件：

1. 具备境内企业法人资格条件。
2. 企业注册资本不低于人民币150万元。
3. 健全的组织机构和财务管理制度。
4. 报关员人数不少于5名。
5. 投资者、报关业务负责人、报关员无走私记录。
6. 报关业务负责人具有5年以上从事对外贸易工作经验或者报关工作经验。
7. 无因走私违法行为被海关撤销注册登记许可记录。
8. 有符合从事报关服务所必需的固定经营场所和设施。
9. 海关监管所需要的其他条件。

四、报关注册登记的程序

报关注册登记的程序包括申请、海关审查、颁发证书三个步骤。

1. 按《注册登记管理规定》的要求，申请人应当到所在地海关提出申请并递交申请注册登记许可的必要材料：包括报关企业注册登记许可申请书；《企业法人营业执照》副本或者《企业名称预先核准通知书》复印件；企业章程；出资证明文件复印件；所聘报关从业人员的《报关员资格证》复印件；从事报关服务业可行性研究报告；报关业务负责人工作简历；报关服务营业场所所有权证明、租赁证明；其他与申请注册登记许可相关的材料等文件。

2. 所在地海关受理申请后，应当根据法定条件和程序进行全面审查，并于受理注册登记许可申请之日起20日内审查完毕，将审查意见和全部申请材料报送直属海关。

直属海关应当自收到所在地海关报送的审查意见之日起20日内做出决定。申请人的申请符合法定条件的，海关应当依法做出准予注册登记许可的书面决定，并通知申请人。

3. 报关企业申请人经直属海关注册登记许可后，应当到工商行政管理部门办理许可经营项目登记,并且自工商行政管理部门登记之日起 90 日内到企业所在地海关办理注册登记手续。逾期海关不予注册登记。

报关企业到所在地海关申请办理注册登记,应当提交下列文件材料:直属海关注册登记许可文件复印件;《企业法人营业执照》副本复印件(分支机构提交营业执照);税务登记证书副本复印件;银行开户证明复印件;组织机构代码证书副本复印件;《报关单位情况登记表》、《报关单位管理人员情况登记表》;报关企业与所聘报关员签订的用工劳动合同复印件;其他与报关注册登记有关的文件材料。

进出口货物收发货人按照规定到所在地海关办理报关单位注册登记手续,应当提交下列文件材料:企业法人营业执照副本复印件(个人独资、合伙企业或者个体工商户提交营业执照);对外贸易经营者登记备案表复印件(法律、行政法规或者商务部规定不需要备案登记的除外);企业章程复印件(非企业法人免提交);税务登记证书副本复印件;银行开户证明复印件;组织机构代码证书副本复印件;《报关单位情况登记表》、《报关单位管理人员情况登记表》;其他与注册登记有关的文件材料。

4. 注册地海关依法对申请注册登记材料进行审查与核对。申请材料齐全、符合法定形式的申请人由注册地海关核发《中华人民共和国海关报关企业报关注册登记证书》(有效期限为 2 年)或者《中华人民共和国海关进出口货物收发货人报关注册登记证书》(有效期限为 3 年),报关单位凭以办理报关业务。

五、临时报关注册登记

按《注册登记管理规定》的要求,对没有取得对外贸易经营者备案登记表,但是按照国家有关规定需要从事非贸易性进出口活动的单位,可以办理临时注册登记手续。这些单位包括:

1. 境外企业、新闻、经贸机构、文化团体等依法在中国境内设立的常驻代表机构。
2. 少量货样进出境的单位。
3. 国家机关、学校、科研院所等组织机构。
4. 临时接受捐赠、礼品、国际援助的单位。
5. 国际船舶代理企业。
6. 其他可以从事非贸易性进出口活动的单位。

临时注册登记单位在向海关申报前,应当向拟进出境口岸地或者海关监管业务集中地海关办理临时注册登记手续。办理临时注册登记,应当持本单位出具的委派证明或者授权证明及非贸易性活动证明材料,海关仅出具临时报关单位注册登记证明。

临时注册登记有效期最长为 7 日,法律、行政法规、海关规章另有规定的除外。

第五节 报关员管理制度

一、报关员工作概述

（一）报关员工作的定位

海关作为国家的进出关境监管机关,其实施监管的措施是多综合型的与全方位的,诸如备案制度、审单制度、查验制度、后续管理制度等;有外贸管理制度、进出口许可证制度、外汇管理制度、进出口商品检验检疫制度、文物管理制度等。这些监管措施要求各种进出境运输工具、货物和物品必须向海关提供不同的原始文件和相关资料,同时还要按照海关的有关规定履行一系列复杂的手续。因此,海关监管与报关员工作是密切相关的,换句话说,海关监管效率高低与报关员素质及报关工作质量是不可分割的。

报关员工作就是代表企业按照国家的法律法规和海关的操作流程准备相应的文件资料,填写各种必须的证明、申请、通知、单证、登记表、报表等,并按照规定申报进出口货物的商品编码、实际成交价格、原产地及相应优惠贸易协定代码,填制报关单、提交报关单证等。同时还要配合海关查验、缴纳相关税费等。简单地说,报关员的工作就是代表企业向海关办理进出口货物报关、纳税等海关事务。

由于进出口货物的报关手续相对比较复杂,这就要求报关员必须熟悉外语、税务、外贸、商品归类、通关实务等综合性的知识,以及在报关过程中所涉及到的合同、提单、许可证件、税则归类、协议、商品名称等细节专业知识,同时还要特别精通海关法律、法规和办理海关手续的多方面才能。因此,报关员不但要持有报关员证书,还必须拥有驾驶证、报检证、国际货运代理上岗证、电脑操作证、财务会计证等,也就是说报关工作是一项法制意识强、知识面广、技能性高、操作反应敏锐,同时又具备丰富实践经验的综合性智力劳动。一个优秀的报关员就是一个难得的综合性人才。

正因为如此,我国《海关法》第十一条规定:"未依法取得报关从业资格的人员,不得从事报关业务。"所有进出口货物的报关纳税等海关事务必须由经海关批准的专业人员代表收发货人或者报关企业向海关办理。这是以法律形式明确了从事报关员工作的资格认证制度。

(二) 当前报关员工作的缺位

随着我国对外贸易的飞速发展,企业对报关员的需求日趋增长,然而当前报关人才的紧缺与我国经济发展形势却形成了较大的反差,报关作为向社会提供专门化服务的职业已引起社会的广泛关注。这是下列报道中传出的综合信息;

据《中国咨询频道 CCCV. CN》2004 年 9 月 26 日报道,标题为"新民晚报采访了浦东新区报关中心主任葛基中先生",采访内容如下:

在上海的各大外贸考证中,报关员的考试报名人数一直居高不下,主要有以下原因:

1. 市场巨大。上海在册的外贸企业 1 万余家,货代公司 300 余家,专业报关公司 60 余家,以每个企业需要 1 个报关员计,就至少需要 1 万余人。2005 年,报关公司将由原先的审批制改为登记制,届时将会有更多的报关公司涌现。

2. 人才太少。2002 年度上海市报关员报考人数 18600 余人,合格率约为 10%。换言之,仅有不到 2000 人获得证书,而这其中,又包含了大量的在校学生、在职人员,真正流向人才市场的人屈指可数。

3. 因报关环节增多,原来一个报关员可以从头到尾做的事情,目前,必须有两三个报关员相互配合,才能完成通关服务的全过程。

据《解放日报》2004 年 11 月 30 日报道,标题为"千军万马奔报关 报关员入行先过考证关",内容如下:

报关员,这是一个诱人的职业:刚入行起薪至少是 1500 元;两三年后,视个人的业务水准、工作能力,可迅速上升至月薪 2000—5000 元不等。因此,有人把报关员称之为"报关金领"。

报关行业是一个朝阳行业:自我国加入 WTO 以来,作为一个重量级的贸易中心、物流中心的上海,国际贸易屡创新高。据上海海关统计,迄今上海口岸进出口贸易额度已达 1600 亿美元;2009 年 1 至 10 月的进出口总量与去年同期相比增长了40%以上。随着大小洋山深水港的建成、2006年浦东机场第二条跑道通航、2010年世博会的日益临近，通关业务必定大幅增长。同时，自2004年1月1日起，我国逐步开放外贸经营自主权，原先国营垄断的指定经营贸易项目已全部取消，上海一下子新生了许多拥有外贸经营自主权的民营企业，加上现有大大小小具有报关业务的企业6万多家，即使按每家配置1名报关员计，眼下的人才吸纳量就达6万余名。据有关方面预测：今后3至5年内，上海直接或间接从事报关业务人员的需求总量将达10万人，报关报检人才缺口至少达3万—5万人之巨。

据《江苏商报》2005年6月9日报道，标题为"平均9家企业只有1个报关员，南京外贸人才告急"，内容如下：

新外贸法的实施加速了行业人才的流动，也给外贸企业出了难题。记者昨从南京市人才市场了解到，外贸人才的供需不平衡已经在人才市场中显现出来，相关数据显示，南京现有进出口经营权的企业9000多家，但拿到报关员证的不足千人。

据介绍，近几年南京的对外贸易、航运业务正迅猛发展，然而报关、单证、涉外商务等人才的不足制约了行业迅速发展，目前南京持有报关员证书的不足千人。有关部门预测，今后5年内单证员缺口在15万人左右，报关员的需求在10万人左右。记者昨从市人才市场了解到，2009年第2季度各类商业外贸类企业需求1582人，但实际应聘只有954人，供需失衡。

据《南方网》2004年底报道，标题为"广东：未来一两年东莞报关员人数将急缺一万多"，内容如下：

2004年东莞两个报关员考证班同时开始招生，而据两所学校最新调查报告显示：东莞在未来一至两年内，报关员人数将急缺1万人左右。

据东莞市广贸外语科技专修学校刘志刚校长分析：根据我国《海关法》第十一条规定"未依法取得报关从业资格的人员，不得从事报关业务。"而我国海关总署从2000年7月1日起也已实行报关员持证上岗制度，并举行一年一度的报关员资格全国统考。从目前东莞的形势来分析，目前东莞仅有4000多人取得了报关员资格证书；而东莞共有外资企业15000多家，仅以一家公司只需一名报关员来算，东莞目前报关人员的缺口也在1万人以上。

另据岭南培训中心钟主任分析：由于开办报关员培训班进入"门槛"比较高——需要教育局与广州黄埔海关的双重资格指定——目前东莞仅有两所学校获准资格从事报关员资格考证培训，因此从一方面减少了东莞报关员资格学员的培训率；而另一个方面，则是因为报关员考试全国通过率普遍比较低，在东莞平均只有10%的通过率，这因此导致了东莞长期以来多人报名却只有较少人员通过的局面。在未来两年内，东莞的报关人员缺口都将持续在万人以上。

据《东南商报》2005年5月10日报道，标题为"浙江：2005年宁波市报关员同样非常紧缺"，内容如下：

记着从宁波海关获悉，目前，我市报关员也非常紧缺。近几年来，我市外贸出口业务发展迅速，据海关统计，2004年外贸报关单数量超过50万份，同比增长36%。相比之下，报关员的增速却远远滞后，由于考试的通过率一般只在10%左右，每年新增报关员人数只能增长10%，根本不能满足对口单位的需求。

目前，我市注册报关员总数不到1500人，可在宁波海关注册的从事专业和代理报关的企业有67家，自理报关企业9037家，平均下来，每8—9家企业才能摊上一位注册报关员。

据《辽西商报》2005年2月25日报道，标题为"社会需求量大海关报关员渐成热门行业"内容如下：

据锦州海关综合科的杨科长介绍，从1997年至2004年锦州地区的报关员就业情况来看，具有《报关员资格证书》的人都能顺利找到工作。有些在锦州考取报关员证的人即使不在锦州就业，也能在别的城市找到相应的工作。正因为如此，报考报关员的人数也在逐年增长。资料显示，锦州地区1997年至2002年每年报名人数约在160—190人之间，录取人数约为每年不到20人；2003年报名人数为220多人，录取人数为20多人；2004年报名人数为270多人，录取人数为30多人。

在就业趋势供大于求或各行业只需要有经验的人员的总体情况下，报关员缘何刚拿到证还不具有实践经验就能顺利找到工作呢？人们又何以逐渐热衷于此行业呢？问题的答案是一目了然的。

（三）当前报关员工作的趋向

目前的报关企业一般分为自理报关企业、代理报关企业和专业报关企业。

1. 自理报关企业。这是指经外贸易主管部门或其批准的享有进出口经营权的企业。这类企业可以分为贸易型、生产型、工贸结合型和仓储型。

贸易型企业一般指各种类型的外贸专业进出口公司及其子公司和所属省、自治区、直辖市级分公司、支公司等。

生产型企业一般指中外合资（合作）企业、外商独资企业；享有进出口经营权的生产企业、企业联合体、外贸和生产企业的联合公司；直接办理进出口手续的经营对外加工、装配和补偿贸易的企业。

工贸结合型企业一般指享有进出口权的工贸（包括农贸、技贸）公司；信托投资公司、经济技术开发公司、技术引进公司和租赁公司；中国成套设备进出口公司、对外承包工程公司、国际经济技术合作公司。

仓储型企业主要指各类保税工厂、保税仓库、外国商品维修服务中心及其附设的零部件寄售仓库。

2. 代理报关企业。这是指经营国际运输工具代理、国际货物运输代理等业务的企业，接受客户委托，兼营报关纳税等海关事务。这类企业一般包括远洋公司、对外贸易运输公司、外轮代理公司、货物运输代理公司等。

3. 专业报关企业。这是指经海关批准的专业接受客户委托，代办进出境运输工具、货物和物品报关纳税等海关事务的企业。这类企业一般就称为报关公司或报关行。

二、报关员资格审查制度

我国报关员资格审查是通过全国报关员资格统一考试的形式进行的。

《海关法》第十一条明确规定了报关员资格审查是由海关总署统一负责和管理，通过组织全国性报关员资格统一考试，对符合报名条件的人员进行系统的专业知识考试，确定其是否符合报关职业人员的基本素质和整体要求，以决定颁发《报关员资格证书》。

（一）资格审定

根据《报关员资格统一考试暂行规定》（以下简称《考试暂行规定》）第七条所列报关员资格统一考试面向全社会，符合下列条件的人员，可以报名申请参加资格考试：

1. 年满18岁，具有完全民事行为能力。
2. 具有高中或中等专业学校毕业以上学历。

（二）报名手续

报名申请者必须在规定的时间向主管海关提交下列证件：

1. 公安部门颁发的中华人民共和国居民身份证。
2. 中等或中等专业学校以上的学历或毕业证明。
3. 《报关员资格考试申请表》。

4. 个人免冠照片（大一寸）两张。

（三）报关员资格证书的颁发

按《中华人民共和国海关对报关员管理规定》(《报关员管理规定》)考试科目包括报关业务基础、外贸业务基础和基础英语。海关可根据社会发展需要，调整考试科目。海关总署将在统考前8个月对外公告考试办法。

海关总署核定并公布全国统一合格分数线。考试地海关公布考试合格者名单，负责对成绩合格者颁发《报关员资格证书》，并报海关总署备案。

三、报关员注册

按《考试暂行规定》第十二条所列已获《报关员资格证书》的人员必须在3年内向海关办理注册手续，否则该证书自动作废。也就是说《报关员资格证书》的注册有效期为3年。

办理报关员注册时，应由已在海关注册登记的企业向所在地海关提出申请，并提交下列文件：

1. 《报关员注册申请书》。
2. 报关企业注册登记证书。
3. 申请注册人所属企业的人事证明或用工劳动合同。
4. 申请注册人有效的身份证件。
5. 报关员资格证书。
6. 海关需要的其他文件。

海关将根据报关单位的报关业务量核定报关员数量。经审核对符合规定者海关予以注册，制发报关员证件，报关有效期为1年。有关人员获得报关员证件后，始可办理报关业务。

根据《报关员管理规定》，报关员证件仅限于办理本企业报关业务，报关员调往其他企业从事报关工作，应持调出、调入双方企业的证明文件以及有效的报关员资格证书，向调入企业所在地海关申请办理重新注册手续。报关员遗失报关员证件，应自证件遗失之日起15日内向海关递交情况说明，并登报声明作废。海关于声明作废之日起3个月后予以补发，期间不得办理报关业务。报关员证件在签发年度内有效，跨年度使用必须履行年审手续。

报关员辞职、被解聘或企业因解散、破产等原因停止报关业务的，应由所在企业收回其报关员证件，交回所在地海关，并以书面形式申请办理报关员证件注销手续。

四、报关员年审制度

海关对报关员实行年度审查制度。年审的主要内容包括：第一，考核报关员的业务水平；第二，审核报关员遵守海关法律法规的情况；第三，查证报关员履行海关规定义务的情况。通过年审以便重新确认其报关资格，这是加强对报关员管理、提高报关质量的有效措施。

报关员必须随所在企业每年按期参加年审，填报《报关员年审报告书》，说明办理报关业务和遵守海关法规等情况。海关结合日常报关记录考核报关员业务水平，重新确认报关资格。通过年审者，准予延长 1 年的报关有效期，报关员可在此期限内继续办理报关业务。有下列情形之一时，海关将不予延长报关有效期：

1. 经常出现报关差错等不负责任行为，屡纠不改的。
2. 领取报关员证件之日起 1 年内或连续 1 年未报关的。
3. 未经海关同意，逾期 1 个月以上不参加年审的。
4. 未经企业授权擅自招揽报关业务的。
5. 不履行本规定第十九条所列报关员义务，情节严重的。

经年审未予延期的报关员，向海关书面申请获得同意，可参加海关组织的报关业务培训。经考试合格者，方可继续办理报关业务。

五、报关员的权利和义务

（一）报关员的权利

《报关员管理规定》条例所载报关员的权利如下：

1. 报关员应在企业所在地海关关区内办理本企业授权承办的报关业务。
2. 报关员有权拒绝办理所属企业交办的单证不真实、手续不齐全的报关业务。
3. 报关员有权根据国家法律法规对海关工作进行监督，并检举海关工作人员的违法违纪行为。
4. 报关员有权举报报关活动中的违规走私行为。
5. 根据《海关法》及有关规定，对海关的行政处罚决定不服的，有权向海关申请复议，或者向人民法院起诉。

（二）报关员的义务

报关员在办理报关业务时，应对本企业负责，接受海关的指导和监督，并履行以下义务：

1. 遵守国家有关法律、法规和海关规章，熟悉所申报货物的基本清况。
2. 提供齐全、正确、有效的单证，准确、清楚填制进（出）口货物报关单，并按有关规定向海关提交办理进出口货物的报关手续。
3. 海关查验进出口货物时，应按时到场，负责搬移货物、开拆和重封货物的包装。
4. 负责在规定的时间内办理缴纳所报进出口货物的各项税费的手续、海关罚款手续和销案手续。
5. 配合海关对走私违规案件的调查。
6. 协助本企业完整保存各种原始报关单证、票据、函电等资料。
7. 参加海关召集的有关报关业务会议或培训。
8. 承担海关规定报关员办理的与报关业务有关的工作。

六、报关员的法律责任

为了贯彻落实行政处罚法，同时又必须达到海关长效管理机制的要求，按《报关员管理规定》，对报关员的处罚分为两个层次：

其一，报关员有违反《中华人民共和国海关法》行为，海关按照《中华人民共和国海关法行政处罚实施细则》第二十五条规定，吊销其报关员证件，3年内不得重新申请报关员注册。构成犯罪的，追究其刑事责任。

其二，报关员有下列情形之一的，海关处以1000元以下罚款：

1. 违反《报关员管理规定》第十条的（即转借、涂改报关员证件的）。
2. 未经海关同意，逾期1个月以内不参加年审的。
3. 未经企业授权擅自招揽报关业务的。
4. 不履行《报关员管理规定》的报关员义务的。
5. 因其他原因需处以罚款的。

七、报关员资格全国统考制度

1997年4月，海关总署颁布了《中华人民共和国海关对报关员管理规定》和《报关员资格全国统一考试暂行规定》两个文件。为了完善报关员资格考试的管理，提高报关员业务素质，规定在全国实行报关员资格统一考试制度，并确定了中华人民共和国海关是报关员资格考试的主管机关，报关员资格全国统一考试办法由海关总署制定。

(一) 报关员资格全国统考制度的具体内容

1. 统考的基本规定。根据《报关员资格全国统一考试暂行规定》所列，报关员资格考试实行公开、平等、竞争的原则，由海关总署统一考试管理，在全国范围内统一教材、全国统一报名日期、统一命题、统一闭卷笔试时间和统一评分标准、统一录取的方式进行。

规定从1998年1月1日起，对从事报关工作的新进人员，必须通过报关员资格全国统一考试，以取得《报关员资格证书》。对现有报关员，允许其在3年内通过资格考试，在此期间内准予办理报关业务。

《报关员资格证书》是从事报关工作的专业资格证明，由海关总署统一制定，在全国范围内有效，持有资格证书者可按规定向海关申请注册。对符合规定者海关予以注册，制发报关员证件，报关有效期为1年。有关人员获得报关员证件后，始可办理报关业务。

报关员证件是报关员办理本企业报关业务的身份凭证，不得转借、涂改。报关员证件在签发年度内有效。跨年度使用必须履行年审手续。

2. 报名程序。申请参加资格考试的人员可就近报名并参加考试。报名时应按规定交纳考试发证费。海关对符合条件者发放准考证，考生凭准考证参加资格考试。

海关根据海关总署制定的实施考试要求和评分标准组织考试和阅卷工作。考试分数由考试地海关负责通知。

海关总署核定并公布全国统一合格分数线。考试地海关公布考试合格者名单，负责对成绩合格者颁发《报关员资格证书》，并报海关总署备案。

3. 考试科目。报关员资格考试主要测试从事报关工作必备的业务知识水平和能力。考试科目包括报关业务基础、外贸业务基础和基础英语。海关可根据社会发展需要，调整考试科目。海关总署将在统考前8个月对外公告考试办法。

(二) 报关员资格全国统考实施细则

1. 海关总署决定从2000年起，每年举行一次报关员资格全国统一考试，时间安排每年6月中旬的第一个星期天，具体时间以准考证为准。

2. 考试内容。包括报关业务基础、外贸业务基础和基础外语（英语）。根据海关总署制定的《报关员资格全国统一考试大纲》，其考试命题范围严格控制在大纲内，考试内容主要分为四个方面：(1) 报关专业知识；(2) 报关专业技能；(3) 报关相关知识；(4) 与报关相关的法律法规。

3. 考试指定教材。《报关实务教程（上）（下）》和《进出口商品名称及编码》。上述材料可在报名点订购。

4. 考试采用闭卷笔试答题方式。试题分为客观选择题〔试卷（一）〕和主观题〔试卷（二）〕。

试卷（一）由题目和答题卡组成。考生应试时用 2B 铅笔将选定的正确答案填涂在答题卡上。试卷（二）由考生直接在试卷上作答。

5. 报名时间：为每年 3 月中旬。

6. 报名地点：为考生所在地海关设立的"报关员资格全国统一考试报名点"。

7. 报名办法：报考者应持本人的身份证和学历证书（原件）报名，并在报名时填写《报关员资格全国统一考试报名表》，并交近期彩色证件照 3 张（用于报名表、准考证和资格证书）。考生报名时需按规定交纳报名费、考试费及发证费计人民币 90 元整。

8. 考试辅导：各地海关或授权高等院校根据统考指定教材的内容举办本地区考前辅导班，考生自愿参加。

9. 准考证及资格证书的领取由报名地海关另行通知。

第十八章

通 关 制 度

第一节　通关制度概述

一、通关制度的概念

根据《中华人民共和国海关法》第八条的规定："进出境运输工具、货物、物品，必须通过设立海关的地点进境或者出境。在特殊情况下，需要经过未设立海关的地点临时进境或者出境的，必须经国务院或者国务院授权的机关批准，并依照本法规定办理海关手续。"

所谓通关是制度，是指进出境货物的所有人、收发货人及其代理人以及进出境运输工具的负责人向海关办理进出口手续，海关对其呈报的有关进出境单证和申请进出境的货物、运输工具和物品依法进行审核、查验、征税、批准进出口的全部过程。通关包含报关，第十三章简述了报关制度，本章主要阐述通关制度。

通关的基本程序可以分为申报、查验、征税、放行等四个环节。

二、通关制度的基本要求

我国海关根据《海关法》以及国家有关法律、行政法规的需要，对进出境运输工具、货物、物品在通关时要求必须遵守的基本准则。

（一）依法如实申报

任何进出境的运输工具、货物、行李物品、邮递物品和其他物品在通关时，必须向海关依法申报，申报必须真实、准确和完整，并承担相应的法律责任。

（二）接受海关监管

海关严格审核申报的凭据单证，查验进出境运输工具、货物以及物品；查验进出境人员的证件；查验有关的合同、发票、账册、单据、文件、业务函电和其他资料。在海关未放行之前，一切活动均在海关监管之下。

（三）通关后提取

海关依法对申报情况和进出境运输工具、货物以及物品进行审核、查验，征税后办理放行手续，进出境货物的所有人、收发货人及其代理人以及进出境运输工具的负责人才可以决定进境或出境。

三、通关制度的基本程序

通关的就是海关通过申报、查验、征税、放行以及后续管理等程序对货物实施监管，以维护正常的进出口秩序。

（一）申报制度

所谓申报，是指进出境运输工具的负责人、货物和物品的收发货人或其代理人，在通过海关监管的口岸时，必须采用纸质报关单和电子数据报关单的形式（两者具有相同法律效力），向海关办理进出口货物的申报手续，并呈交海关规定的所有单证和证件，以便海关审核。所有进出口货物和物品在办理通关手续的时段内属于海关监管货物。

申报与否以及是否如实申报，是区别走私与否、违规与否的重要界限之一。

（二）查验制度

查验制度是海关对已接受申报的进出境货物、运输工具和物品，根据法定的"单"、"证"，进行实际的检查，以检查申报的内容是否属实，申报的"单"与"证"是否相符，"单"与"货"是否一致。

海关查验按程序分一般有：单证查核、外形查验、开箱抽样查验以及通过技术设备进行查验等不同方式。但按目标要求分，则有常规查验和重点查验（即有针对性查验），包括海关总署规定须重点查验的敏感货物、有重大走私嫌疑的货物、资信较差企业的货物等，以保证查验工作的质量和效率。

在通关制度中查验是货运监管的主要环节，而且查验工作与货主、货物有关，直接影响到涉嫌走私以及税收缴纳，因此，是海关把关的重点环节。

（三）征税制度

进出口的货物及物品,由海关按照《中华人民共和国关税条例》、《关税税则》依法征收关税。同时海关代征进出口环节国内的增值税、消费税。进出口货物的收发货人、进出境物品的所有人,是关税和国内商品税的纳税义务人,必须依法完纳税收。

（四）放行制度

所谓放行,是指海关对进出境的货物、运输工具、物品,经过审单、查验、征税等环节后,在单证上签印放行,以示海关监管的结束。

海关放行,根据不同的性质和情况,分别采取正常放行、担保放行和信任放行等方式。正常放行是对货物征税后的放行,这是最基本的放行方式;担保放行是海关暂不征收关税,而是以担保的形式,即缴纳保证金和提交保证函后的放行;信任放行是指海关对资信业的进出口货物,允许先放行、后定期或分批申报和缴纳关税的一种新型的放行形式。

（五）稽查制度

海关稽查制度是指海关在规定期限内依法对与进出口有关的企事业单位的会计账册、凭证、报表等资料以及产品等相关的进出口货物实行稽查。

传统稽查模式是在通关口岸现场实行监管,现代稽查模式扩大了监管的空间和时间,监管要求更科学、更严密、更合理、更合法,这对于积极、稳妥地推进稽查制度,逐步建立现代海关制度,具有重大的意义。

四、海关预归类制度

预归类是海关提前对货物的通关所做的准备工作。也就是当一般贸易进出口货物在实际进出口前,其经营单位用海关规定的书面形式,向海关提出对商品进行预归类的申请,必要时提供样品,海关对此依法作出具有法律效力的商品归类决定,当货物实际进出口时,海关就此验证和征税。

因此,预归类制度不仅加快通关速度,节省通关时间,提高归类的准确性;同时还有利于贸易商依据税收、贸易政策和其他管理规定的信息,便于他们进行成本核算。

目前,我国海关实施预归类制度的依据,是2000年4月1日起实施的《中华人民共和国海关进出口商品预归类暂行办法》。其主要规定是:

（一）自愿申请

申请人自愿提出《海关进出口商品预归类申请书》,以书面形式提交进出口地海关。海关确认申请人未就预归类的同一种商品向两个或两个以上海关提出申请，并且所涉及的商品是即将要实际进出口、其他有关条件均符合海关要求的，则予受理。

（二）《预归类决定书》的法律效力

《预归类决定书》自海关签发之日起1年内有效。直属海关做出的预归类决定在本关区范围内有效，海关总署做出的预归类决定在全国范围内有效。

《预归类决定书》对申请人和做出该项决定的海关双方都具有约束力，代表双方所应承担的法律责任。

（三）申请人的权利

在《预归类决定书》的有效期内，申请人对归类决定持有异议，可向做出决定的海关提出复核。申请人可在海关做出预归类决定前向海关提供新资料，并对原提供资料做出说明。同时，申请人可向海关申请对其进出口货物所涉及的商业秘密进行保密。

（四）《预归类决定书》的失效

海关在做出预归类决定后，不得随意更改。因海关原因需要改变预归类决定的，由直属海关发出《变更通知书》，原《决定书》自《变更通知书》送达之日起失效。

五、通关的一般程序

（一）进口货物通关的一般程序

报关员依次履行通关的基本程序，即申报、查验、征税、放行等环节；而海关亦依次申办报关员履行的通关手续。

（二）进口货物通关程序的改革

1. "一个窗口"申报征税制度。这主要指对进出口申报业务均实行一个窗口接单、内部封闭作业、一个窗口发退单的作业程序。

2. "大通关"模式。所谓"大通关"模式，是将关区的各基层海关分散处理报关单据，改由报关单处理中心集中处理。各业务现场受理报关，由处理中心根据审单、征税、统计的各项要求集中处理报关单数据，下达查验指令或货物放行指令，货物的查验由查验中心负责。

"大通关"模式采取内外勤分离作业的方式，各现场无权直接放行货物，报关单处理岗位不与外界接触。这样做有利加强内部监督制约，规范执法行为。

3. 旅检集约化管理系统。以计算机网络、视讯网络、通讯网络为信息枢纽,将指挥控制中心与现场监管中心联为一体,简化环节,集中管理。真正做到方便与严密、制约与效能有机统一的现代化海关旅检作业新模式。

4. 业务报表无纸传送。将填报、审核、传送过程全部在微机网络上进行,实现了关区内业务报表无纸传送。

以总关为中心辐射四周的新的业务格局,并以有效地适应关区特色的业务报表管理方式,通过微机网络系统填报、审核、传送业务统计报表,制定三级管理方案。

实现关区业务报表无纸传送后,提高了办公自动化程度,减少了中间环节,缩短了报表报送时间,提高了数据的准确性,使业务统计数据资源共享,为发挥业务统计在海关管理中的监测、监督作用提供了有力的支持。

(三) 报关时应遵守的事项

1. 报关单的种类。目前,海关使用的报关单从颜色上分有白色、粉红色、浅绿色和浅蓝色四种,分别针对不同的贸易方式,主要是为了便于海关日常管理。

2. 报关单证。报关时,除了填写报关单以外,还要随附下列单证:

(1) 进出口货物许可证和国家规定的其他批准文件;

(2) 提货单、装货单或运单;

(3) 发票一份;

(4) 装箱单一份;

(5) 减税、免税或免验的证明文件。

此外,对于应实施商品检验、文物鉴定或受其他管制的进出口货物,还应交验有关主管部门签发证件;海关认为必要时,还可以调阅贸易合同、产地证明和其他有关单证、账册等。

海关为了严格进出口监管,在海关内部建立了相应的业务单证管理制度:

(1) 企业档案;

(2) 进出口单证;

(3) 税费单证;

(4) 减、免、保税单证;

(5) 稽、调案卷。

3. 报关期限及滞报金。报关期限是指进出境货物运到口岸后,法律规定收发货人或其代理人向海关报关的时间限制。

进口货物的收货人应当自运输工具申报进境之日起 14 日内向海关申报,

逾期不申报的，从第 15 日起海关可对进口货物的收货人或其代理人征收滞报金。超过 3 个月未向海关申报的，海关还可将货物提取变卖处理，所得款项在 1 年内，经收货人申请，在扣除有关费用后，余款发还申请人。逾期无人申请的，上缴国库。滞报金的日征收金额为进口货物到岸价格的 0.5‰，起征点为人民币 10 元。

出口货物属需紧急发运的鲜活、维修和赶船期的货物等，除海关特准的以外，应在装货的 24 小时之前向海关申报，以便海关办理例行的查验和征税手续。在装货 24 小时以内申报的货物，海关一般暂缓受理。

邮运进境货物的滞报金起征日期，为收件人接到邮局通知之日起第 15 日，转关运输进境货物既可以在运输工具进境之日起第 15 日征收滞报金，也可以在货物运抵指定地之日起第 15 日征收滞报金。如果两个条件均达到，则要连续计算滞报日期予以征收滞报金。

有下列情形之一的，可免予征收滞报金：

（1）进口货物收货人或其代理人自运输工具申报进境之日起超过 3 个月未向海关申报，海关根据《海关法》第 21 条的规定已将货物提取变卖的；

（2）经海关批准，收货人向海关提供担保，先提取货物并在担保期限内补办申报手续的；

（3）被海关扣留的进口货物在被扣留期间的；

（4）如确因特殊情况未能按期报关，其责任不在进口货物收货人或其代理人，可向海关提出申请并提供确切证明，经海关审查认可，可不按滞报论处或减收滞报金。

第二节 海关监管的依据

海关把守着进出口的国家大门，对通关的监管不仅是征税、缉私、统计的基础工作，还担负着维护国家政治经济安全。因此，《中华人民共和国海关法》以及国家进出口管理政策及其他有关法律法规，就是海关对进出口货物实行监管的主要依据。

一、进出口许可管理制度

进出口许可管理制度是根据国家对外贸易方针政策，采取签发许可证等方式来实施管理的一项制度,这是海关监管和验放进出口货物的重要依据之一,也是保护和稳定国内经济免受国际市场冲击的一项有效措施。

在我国加入世界贸易组织后,进出口许可证制度作为一项非关税措施,已成了一个非常敏感的话题,为适应国际贸易体系的需要,我国政府承诺将分阶段逐步取消对进口商品的配额、许可证管理要求和控制。

我国对进口商品实行管理有两大类:一类是进口许可证管理商品;一类是限制进口管理商品。所签发的批准文件有进口许可证、一般商品进口配额证明、特定商品进口登记证明、机电产品进口证明等。

国家限制进口商品主要指的是:

1. 一般商品进口配额管理,它是国家根据产业政策和行业发展规划,参照国际惯例,对尚需适量进口以调节市场供应,但过量进口会严重损害国家发展计划、产业结构调整、国家外汇收支的进口商品,实行数量额度控制的管理。

2. 特定商品进口登记管理,它是国家为掌握少数大宗原材料和敏感商品进口情况,采取登记管理的办法。

3. 特定产品进口管理,它是国家对已开发或引进生产技术,尚处于起步阶段,需要加速发展的机电产品,采取特定产品目录的管理。

二、商检制度

商检制度,即商品检验制度,是指商品检验机构对进出口商品的质量、数量、规格、包装、残损等依法进行检验,并出具检验证书。商检机构此外还负责卫生检疫、病虫害检疫,以及对进口货物的环保状况进行鉴定等。

我国商品检验分为四个大类,即法定检验、合同检验、公证鉴定和委托检验。法定检验是根据国家的规定,对进出口商品所实施的强制性检验,海关则凭商检机构的检验证书和放行单,在报关单上加盖的印章验放。

国家出入境检验检疫局是我国负责检验进出口商品的主管机构。

三、动植物检疫制度

为了保障我国农、林、牧、渔业生产和人体健康,防止动物传染病、寄生虫病和植物危险性病、虫及其他有害生物的传播和蔓延,国家规定对进出境的动植物及其产品实施检疫。

凡属应当实施动植物检疫的进出境货物,在报关前报请入境或出境口岸的动植物检疫机构实施检疫，并发给《检疫放行通知单》或在货运单据上加盖检疫放行章后，再向海关申报。

四、药品检验制度

药品检验是国家为了防止假冒药品和劣质药品非法流入国内医药市场，而制定的对进口药品（包括药材）实行强制性检验的制度。

我国对进口药品实行注册管理制度，进口企业必须持有卫生主管部门核发的《药品经营企业许可证》，进口药品必须取得卫生部核发的《进口药品注册证》或《一次性进口药品批件》。进口药品抵达我国口岸后，相关单位必须及时向口岸药检所报检，海关凭药检所在进口货物报关单上加盖的已接受报检的印章放行。

五、食品检验制度

食品检验我国卫生标准和要求对进口食品、食品原料、食品容器、食品添加剂等进行检验的制度。

进出口食品，由国境卫生监督机构或进出口商品检验部门进行卫生监督、检验，海关凭上述机构的检验证书放行。

六、濒危物种管理制度

濒危物种管理是指濒于灭绝和有灭绝危险的野生动物和植物。我国是《濒危野生动植物种国际贸易公约》的签约国，其公约附录一和附录二中的全部物种均为濒危物种。我国也有《中华人民共和国野生动物保护法》、《关于保护珍贵树种的通知》等法律法规。

根据我国政府规定，凡是进出口国际公约所限制的野生动物及其产品的，或出口国家重点保护野生动物或者其产品的，必须经国务院或国务院所属野生动物行政主管部门的批准，持有国家濒危物种进出口管理机构核发的允许进出口证明书，海关凭允许进出口证明书查验放行。

七、文物管理制度

依据《中华人民共和国文物保护法》规定，凡有重要历史、文化、艺术、科学价值的文物，除经国务院批准运往国外展览的以外，一律禁止出境。

经国家批准的对外文化交流、出口展览、合作研究等项目，需暂时进出境的文物，在出境前，由当地文物出境鉴定站根据批准文件、清单、照片，查验无误后签发出境证明，海关凭出境证明按暂时出境货物予以验放。复带文物进境时，则必须根据清单、照片复验无误。

出口文物或个人携带文物出境，必须在报关前由国家文化行政管理部门指定的省、自治区、直辖市文化行政管理部门鉴定，海关凭该部门盖的火漆标志或文物出口证明放行。

境外人员托运或携带文物出境的，还应在报关时交验用外汇购买的文物销售发票。

八、金银、外汇管理制度

按照国家金银管理条例的规定，出口金银制品，必须持有中国人民银行签发的《金银制品出口准许证》，海关凭准许证放行。

按照国家外汇管理规定，进出境人员携带外汇出入境超过规定数额，应向银行申请"携带证"或向当地外汇管理局申请核准，银行凭核准文件签发"携带证"，海关凭"携带证"放行。

九、进口废物管理制度

目前全球每年产生垃圾 100 亿吨，有害废物 3 亿多吨，被大多数国家列入有害废物管理的竟有二十三项之多。由于处理这些有害废弃垃圾物质的成本特别高昂，所以发达国家就通过各种渠道将其向发展中国家转移，引起了世界各国的关注和警惕。

我国早在 1990 年就加入了联合国环境计划署通过的《控制危险废物越境转移及其处置的巴塞尔公约》。同时国家环保局、外经贸部、海关总署、国家工商局、商检局于 1996 年 4 月 1 日联合颁布了《废物进口环境保护管理暂行规定》。

《暂行规定》禁止进口境外废物在境内倾倒、堆放、处置。对列入国家限制进口可用作原料的九大类废物的申请和审批手续做了严格规定，必须由国家环保局审批，并签发《进口废物批准证书》。海关凭借批准证书和口岸所在地商检机构的检验合格证明验放。对查验不合格的废物，海关依法责令退运和做罚款处理。

十、知识产权海关保护制度

保护知识产权是近年来国际社会普遍关注的一个重要问题。

1985年世界海关组织制定了《关于授权海关实施商标和版权保护的国内立法的示范法》。关贸总协定乌拉圭回合谈判于1994年形成了《与贸易有关的知识产权协议》。1995年我国国务院也颁布了《中华人民共和国知识产权海关保护条例》。

该条例对知识产权边境保护内容主要包括：

1. 受中国法律保护的并与进出境货物有关的商标权、著作权、专利权属于保护范围。
2. 凡受中国法律、行政法规保护的知识产权侵权货物禁止进出口。
3. 知识产权权利人需要海关对其知识产权实施保护，应当向海关总署备案。
4. 海关除对侵权货物可以扣留外，原则上应由知识产权权利人请求海关采取保护行动。
5. 申请人请求海关扣留进出境货物时，应提供扣留货物等值的担保金，以防因错扣赔偿。
6. 海关可没收侵权货物并可同时处以罚款。

第三节 国家禁止和限制进出境的物品

《中华人民共和国禁止进出境物品表》和《中华人民共和国限制进出境物品表》的规定如下。

一、禁止进境物品

1. 各种武器、仿真武器、弹药及爆炸物品。
2. 伪造的货币及伪造的有价证券。
3. 对中国政治、经济、文化、道德有害的印刷品、胶卷、照片、唱片、影片、录音带、录像带、激光视盘、计算机存储介质及其他物品。
4. 各种烈性毒药。
5. 鸦片、吗啡、海洛因、大麻以及其他能使人成瘾的麻醉、精神药物。

6. 带有危险性病菌、害虫及其他有害生物的动物、植物及其产品。

7. 有碍人畜健康的、来自疫区的以及其他能传播疾病的食品、药品或其他物品。

二、禁止出境物品

1. 列入禁止进境范围的所有物品。

2. 内容涉及国家秘密的手稿、印刷品、胶卷、照片、唱片、影片、录音带、录像带、激光视盘、计算机存储介质及其他物品。

3. 珍贵文物及其他禁止出境文物。

4. 濒危的和珍贵的动物、植物（均含标本）及其种子和繁殖材料。

三、限制进境物品

1. 无线电收发报机、通信保密机。

2. 烟、酒。

3. 濒危和珍贵的动物、植物（均含标本）及其种子和繁殖材料。

4. 国家货币。

5. 海关限制进境的其他物品。

四、限制出境物品

1. 金银等贵重金属及其制品。

2. 国家货币。

3. 外币及其有价证券。

4. 无线电收发信机、通信保密机。

5. 贵重中药材。

6. 一般文物。

7. 海关限制出境的其他物品。

第四节 海关查验与放行

一、海关查验

所谓查验，就是指海关根据报关单位的申报，对进出境货物的性质、原产地、货物状况、数量和价值等进行实际检查的行政执法行为。

《海关法》第二十八条规定：除特殊情况经海关总署批准可以免验外，"进出口货物应当接受海关查验。"因此，查验是通关程序中最主要的环节，也是国家赋予海关的依法行政的权力。

（一）查验的目的

1. 验证实际进出口货物与报关单申报内容是否一致，有无瞒报、伪报和漏报等。

2. 验证报关单申报的内容，为征收关税和后续管理提供可靠的监管依据。

（二）查验的地点

1. 海关监管区域。所谓海关监管区，是指设立海关的港口、车站、机场、国界孔道、国际邮件互换局（交换站）和其他有海关监管业务的场所，以及虽未设立海关，但是经国务院批准的进出境地点。

海关查验货物，一般都在海关监管区内的各场所执行。

2. 作业现场。所谓作业现场，是指进出口货物在口岸、车站等现场装卸地点。一般情况下，对进出口大宗散装货、危险品、鲜活商品、驳运货物等，经进出口收发货人提出申请，海关可以结合装卸环节，到作业现场予以查验。

3. 监管区外场所。这是在特殊情况下，经进出口收发货人提出申请，海关审核同意，委派海关关员监管区外的工厂、仓库或施工工地查验货物。并按《海关征收规费暂行办法》的规定收取规费，申请人应提供往返交通工具和住宿费用等开支。

（三）查验的方法

海关对进出口货物的查验一般分为三种方法：即彻底查验、抽样查验、外形查验。

彻底查验，是指对进出口货物逐件逐箱开包查验，对货物品种、规格、数量、价值、原产地、货物状况等逐一与申报的报关单详细核对。

抽样查验，是指按一定比例对货物有选择地开箱开包查验，并对抽查的货物品种、数量等所有情况逐一与申报的报关单详细核对。

外形查验，是指对货物的包装、唛头等进行验核，有无开拆、破损等痕迹，有无不雅文字图像等。

海关查验进出口货物后，要由执行查验任务的海关关员填写《海关进出口货物查验记录》，并由查验关员和陪同查验的报关员签署全名。因此，海关查验时，报关员、收发货人或其代理人必须到场，积极配合协作，以保证顺利通关。

（四）被查验货物损坏的赔偿

根据《海关法》第九十四条规定，海关总署颁布的《中华人民共和国海关关于查验货物、物品造成损坏的赔偿办法》、1995年全国人大公布的《中华人民共和国赔偿法》，对海关在查验进出境货物、物品时所造成的损失，应当给予赔偿。

海关赔偿一般依下列程序办理：

1. 海关关员在查验进出口货物、物品造成损坏的，由海关查验人员填写《中华人民共和国海关查验货物、物品损坏报告书》一式两份，由查验关员和当事人双方签字，一份交当事人，一份交海关存查。

2. 进出口货物的收发货人或其代理人收到"海关查验货物、物品损坏报告书"后，可与海关共同协商确定被查货物、物品的受损程度，并以海关审定的完税价格为基数，确定实际的赔偿金额。货主凭赔偿通知单在3个月内向海关领取赔款，或由海关直接从银行划拨，赔款一律以人民币支付。

如果进出口货物的收发货人和海关对赔偿金额有争议，可向法院起诉，由法院裁定和判决赔偿金额。

二、海关放行

海关放行是指海关经过审核报关单据、查验货物、征收税费，决定对进出口货物结束海关现场监管的工作程序，这是进出口货物在海关通关程序中的最后一个环节。

（一）放行的手续

1. 签盖"海关放行章"。对于一般进出口货物，海关完成一切必要的监管后，才能在报关单、进口提货单或出口装货单上签盖"海关放行章"，收发货人凭此办理提取进口货物或装运出口货物手续。

2. 签发《进(出)口货物证明书》。海关签发《进(出)口货物证明书》必须是应报关员或货物所有人提出的要求，同时该进出口货物是经海关监管验放的。《进(出)口货物证明书》主要是为了方便进出口货物的所有人办理有关业务。

3. 签发出口退税报关单。海关放行后，在专用报关单上加盖"验讫章"和已向税务机关备案的特殊标记，并加贴防伪标签后，退还报关单位送交退税地税务机关审核。

4. 签发进(出)口付(收)汇报关单。海关办理放行手续后，出具一份盖有海关验讫章的电脑打印报关单，并在报关单的右上角加贴防伪标签，交进口或出口单位专门用于办理进口付汇或出口收汇核销手续。

(二) 放行的方式

海关放行根据不同的性质和情况，主要采取三种方式：即正常放行、担保放行和信任放行。

1. 正常放行。进出口应税货物由海关的税收部门，按照《进出口关税条例》的规定，并根据一票一证的方式对这些货物收发货人征收关税和国内商品税，然后签印放行。

2. 担保放行。是指担保人因进出口货物税款不足、某些证件不能及时备齐，采取向海关交纳保证金或提交保证函的方式，保证在一定期限内履行其在通关活动中的法律行为，并请求海关先予放行。

下列情况可实行担保放行制度：

(1) 暂时进出口货物。来华工程施工，学术交流、讲学的设备、器具；来华拍摄或与我国国内单位合作拍摄工作的器具；来华进行体育竞赛、文艺演出的器具等；

(2) 货物已运抵口岸，正向海关申办减免税手续，报关时暂时不能提供手续的；

(3) 国家限制进出口货物，但已经领取了进出口许可证，因故不能及时提供的；

(4) 进出口货物不能在报关时交验有关单证，而货物已运抵口岸，亟待提取或发运，要求海关先放行货物，后补交有关单证的。

下列情况不可实行担保放行制度：

1. 国家限制进出口的货物，又未领到进出口货物许可证的。

2. 国家禁止进出口的货物，又不能向海关交验有关主管部门批准文件或证明的。

进出口货物担保的形式有两种,即缴纳保证金和提交保证函。

保证金是由担保人向海关缴纳现金的一种担保形式。进口货物在未办结有关海关手续之前,担保人以支付保证金形式,申请先期放行货物。

保证函是由担保人按照海关的要求向海关提交的、订有明确权利义务的一种担保文件。出具保证函的担保人必须是中国法人。

3. 信任放行。海关根据进出口企业的通关信誉、经营情况、管理水平对其进行评估分类,授予"信得过企业称号"。企业通关时,采取集中报关,信任放行,定期纳税,完备手续的放行制度。

第十九章

出口退税制度

第一节 概述

一、出口退税的概念

出口退税是对报关出口产品退还其在国内各生产和流转环节按税法规定实际缴纳的增值税或消费税税额（即商品税）。

出口退税是一国税收制度的重要组成部分，它既避免出口商品的国际重复征税，又鼓励各国出口商品的公平竞争。故而，也是一项为各国所接受的国际惯例。

出口退税作为一种政策措施，其基本原理在于：

1. 商品税对消费行为征税，是由消费者负担的。出口商品并未在国内消费，出口国对本国出口商品则实行零税率，即予以退税。

事实上进口国对于进口商品除了征收关税外，还要征收国内商品税。如果出口国对于本国出口商品不予退税，那将会发生进口国和出口国就同一商品同时征收了两次国内商品税。而出口退税有利于避免对出口商品的国际重复征税。

2. 在国际贸易中，同一商品价格取决于各国劳动生产率高低而不同，但由于各国税收制度不同，致使各国商品的税收负担差异较大。如果出口国对于本国出口商品不予退税，价税合一，低成本、高税负或高成本、低税负无法区别，同一商品在国际市场上是难以展开公平竞争的。而出口退税直接使商品以不含税价格进入国际市场，与国外产品在同等条件下进行竞争，从而提高劳动生产率，扩大出口创汇。

二、出口退税的基本原则

（一）公平税负原则

由于各国的税收制度不尽相同，同一商品的税收负担的高低不同，这一国际贸易中的税负差异，致使各国产品在国际市场上无法公平竞争。因此，按公平税负原则的要求，对出口商品实行零税率，即退还本国已征收的商品税。

（二）主权管理原则

税收管辖权是指一国政府施政范围内的征税主权。任何一个独立国家都享有完整的税收管辖权，包括征税权、减税权、免税权、退税权。既然出口退税为各国所接受，并为国际通行的惯例。那么一国政府有权决定对出口商品实行零税率，免征或退还其在国内已经缴纳的税款，国际社会对此必须给予尊重。

（三）宏观调控原则

出口退税并不是仅仅为了避免出口商品国际重复征税的问题，更重要的是其同时也体现了政府的政策性导向。其一，国家的财政状况决定出口退税政策。财政宽松而外贸严峻时，往往提高退税率。反之，则降低退税率。1995年至今，我国多次下调出口退税率，就是为了支持国家财力，化解财政风险。其二，对不同出口商品实行区别对待的出口退税政策。诸如对鼓励类的出口商品实行全额退税，而对高污染、高能耗、资源型商品出口降低退税率或取消退税。通过对出口退税政策的有效调整，全力支持我国宏观经济的发展。

三、出口退税的作用

（一）出口退税政策是促进本国商品参与国际竞争的主要措施

商品税对消费行为征税，是由消费者负担的，因此，商品税的基本原则就是税款最终由消费者负担。出口商品并未在国内消费，出口国对本国出口商品理应实行零税率，即予以全部退税。

对出口商品实行零税率，既是避免对出口商品国际重复征税的一项措施，同时也是促进国际贸易发展的一项重要政策。零税率不仅免征出口环节的增值税，而且还对该出口货物在以前各经营环节承担的增值税予以全部退还，使其以不含税价格进入国际市场，与国外产品在同等条件下进行竞争，以不断提高本国产品的综合比较优势，促进了我国出口贸易的长足发展。

（二）出口退税政策是国家宏观调节经济的有效手段

税收是宏观调控的主要经济杠杆，而出口退税是整个税收制度的主要组成部分。随着贸易全球化，经济一体化，世界经济格局的变化，使国际贸易对一国经济发展的推动作用日趋重要。

市场经济形势千变万化，适时调整出口退税政策，促进国民经健康稳定发展，这是政府管理经济的一个重要方面。通过对出口退税政策的有效调整，在最近几年我国陆续推出的经济软着陆政策、积极财政政策，在增加外汇储备、抑制通货膨胀、抵御世界金融危机以及拉动经济增长等方面均发挥了十分重要的作用。

（三）出口退税政策促进了我国对外贸易的发展

我国对出口商品实行零税率，使出口货物以不含税价格进入国际市场，提高了出口商品的综合竞争能力，充分调动了生产企业出口的积极性，促进了我国对外贸易的发展，增强了我国的出口创汇和外汇储备能力。同时出口退税政策也随着出口商品结构的优化而不断调整，促进了我国出口商品从低端初级产品转向高级深加工产品，工业制成品占出口总额的比重由上世纪的 46.5% 上升到本世纪的 83.7%，从而使我国外贸事业在日趋激烈的国际竞争中得到不断发展壮大。故而，出口退税政策对我国外贸事业的发展有着不可忽视的作用。

第二节 我国出口退税政策的演变

一、改革开放前的出口退税措施

建国之初，在当时特殊的政治经济形势下，1950 年 1 月 30 日政务院颁布了《货物税暂行条例》。按条例规定，不论本国产制或外国输入的货物，除另有规定者外，均依据本条例征收货物税。对出口产品未作任何退税免税的规定。

经济恢复时期面临着巨大的困难，中央政府及时指示调整税收，减轻税负，争取经济形势的更大好转。在税收政策的调整中，为促进我国对外贸易的发展，鼓励输出，扶持出口微利无利产品，规定了对出口产品实行退税的政策。1950 年 12 月 21 日颁布的《货物税暂行条例》第十条规定，已税货物报关出境后，由出口商向税务机关申请退还货物税税款。这条规定仅仅适用于部分出口无利的产品，而不是对全部出口产品实施。

出口退税货物的品目，由财政部会同贸易部审定，并经中央税务局公告。退税政策规定，根据出口货物亏损程度的不同，分为三种退税方法：一是退还全部税款；二是退还 1/2 的税款；三是退还原料全部税款。

凡属于公告退税产品范围的出口产品出口商，应于出口之日起 3 个月内，持有关证明、单证和提货单副本等凭证，报送出口地税务机关。经审核批准后，交由出口商向指定金库领取应退税款。

社会主义改造基本完成以后，我国的生产关系发生了根本变化，公有制经济已占据主导地位，税收关系已转变为社会主义内部的分配关系。合并后的工商统一税条例规定对进口产品继续征税。而出口产品，由于国营外贸企业的出口盈亏是由国家财政统收统支的，退税与否只涉及财政内部的税利转移的问题，由此决定对出口产品不再退税。

二、改革开放以后的出口退税政策

（一）1980—1994 年出口货物减免税

改革开放后，我国对外贸易格局发生了很大的变化，进出口贸易不再由外贸企业独家经营，中央有关部门、地方、生产企业等也开始涉足进出口贸易。

与此同时，国家要求外贸企业逐步摆脱吃大锅饭的现象，实行独立核算，自负盈亏。财务体制的变化要求改变之前"进口不征税，出口不减免税"的政策。

1980 年国务院 [1980] 315 号通知批转了财政部《关于进出口商品征免工商税的规定》，文件规定对国内企业和单位进口的产品给予征税；出口产品则根据产品的换汇成本的高低，视其亏损程度，在保本微利的原则下酌情给予减免税。该文件规定较之以前政策是一个进步，但还是没有解决进出口制度的根本症结。

（二）1985—1994 年的出口货物退（免）税

1985—1994 年间，我国外贸体制改革逐步深化，彻底打破多年形成的外贸大锅饭体制，取消了对外贸企业的出口补贴，创造了一个完全平等竞争的外贸环境。

为探索税收制度与社会主义市场经济发展的客观规律，适应现代化建设需要，确立"进口征税，出口退税"的实施经验，为领导决策提供依据，经与原外贸部等有关部门协商研究，财政部颁布了 [1983] 财税字第 75 号文，即

《关于钟表等17种产品实行出口退（免）税和进口征税的通知》。

文件规定，从1983年9月1日起对境内一切单位进口的钟表等17种产品由海关代征进口环节工商税或增值税。同时对外贸企业、工贸公司和工业企业出口的上述17种产品，一律退还（免征）生产环节的增值税或最后环节的工商税。

对于钟表等17种产品出口退税、进口征税的政策试点，取得了良好的经济效果。为此，1984年10月国务院颁布的《产品税条例（草案）》和《增值税条例（草案）》规定了在我国全面实施对进口产品征税、出口产品退（免）税的政策。

1985年3月国发〔1985〕43号《关于批转财政部（关于对进出口产品征退产品税或增值税的规定）通知》，标志着我国进出口税收制度的正式形成。

在出口产品退（免）税方面，文件明确规定了工业企业经营出口的产品，除原油和成品油外，在出口后一律退（免）产品税或增值税。属于增值税范围的产品退（免）各生产环节已纳增值税；属于产品税范围的产品，退（免）最后生产环节已纳产品税。

43号文件的颁布促进了我国出口贸易的发展，也为1994年新税制推行后的出口货物退（免）税政策奠定了实践基础。

（三）现行的出口货物退税

为了适应建立社会主义市场经济体制的需要，1994年的税制改革是建国以来规模最大、内容最深刻的一次税制改革，与此相适应的出口货物退税政策也得到进一步完善。

国务院（1994）134号令颁布的《中华人民共和国增值税条例》第二条第三款明确规定，纳税人出口货物适用税率为零；第二十五条明确规定，纳税人出口适用税率为零，向海关办理出口手续后，凭出口报关单等有效凭证，可以按月向税务机关申报办理该项出口货物的退税。

国务院135号令颁布的《中华人民共和国消费税条例》第十一条规定，对纳税人出口应税消费品，免征消费税。增值税涉及生产流通各环节，可按零税率的原则退税，消费税仅涉及到生产环节纳税，可就直接出口部分退税。最终达到出口货物销售收入中应纳增值税、消费税税负为零。

随后，国家税务总局先后颁布了国税发（1994）31号文《出口货物退税管理办法》、国税发（1996）79号文《出口退税电子化管理办法》、国税发（1998）95号文《关于出口货物退税实行分类管理的通知》、国税发（1999）

6号文《出口货物退税清算管理办法》等。这些文件颁布标志着我国出口退税制度逐步走上了法制化、规范化的轨道。

第三节 出口退税的基本政策及特准退税货物

一、出口免税、退税和零税率

（一）出口免税

是对纳税人在出口环节的纳税义务予以免除，但不退还以前各环节已经承担的增值税，或者说以前各环节均无此优惠。

我国税法规定，外贸企业从小规模纳税人购进并持发票货物出口，外贸企业直接购进国家规定的免税货物出口，生产性企业的小规模纳税人自营出口或委托外贸公司代理出口货物，以及来料加工出口货物实行免税。

（二）出口退税

不仅对纳税人在出口环节的纳税义务予以免除，同时还对以前各环节承担的增值税予以退还。

我国税法规定，对生产企业自营出口、委托外贸公司代理出口、外贸公司收购出口、外贸公司委托其他外贸公司代理出口，以及特准出口实行退税。

出口免税和出口退税的主要区别在于是否退还以前各环节所承担的增值税。

（三）出口零税率

其一是出口商品在报关时不征税；其二是对该出口商品在以前各个经营环节所征的增值税予以全部退还。

我国税法规定，对船舶、汽车、程控电话、光通信设备、医疗仪器及器械、航空航天器等货物按17%退税率退税，相当于零税率。

一般税种的零税率和免税本质上是一致的，但增值税的零税率和免税意义是不同的。增值税的免税是购进商品时不征税，但所购商品内含的增值税还需支付。而零税率则不但购进商品时不征税，所购商品内含的增值税还要退还。

二、出口退税货物的必备条件

享受退（免）税的出口货物必须具备的三个基本条件：

1. 出口退税货物必须是属于增值税和消费税征税范围的货物。出口环节实行退税的只能是已征增值税和消费税的货物，未征增值税消费税的货物是不能退税的，"退"相对"征"而言，未征自然不退。

2. 出口退税货物必须是报关离境的货物。报关离境是判定货物是否出口，并确定能否退税的主要标志之一。凡是未报关离境的货物，一律视为境内货物或境内销售，均不得作为出口货物予以退税。对于境内销售的货物，无论以何种方式结算，也无论货物何处流转，因其不符合报关离境的条件，均不能给予退税。

3. 出口退税货物必须是财务上已做出口销售处理的货物。出口货物只有在财务上做出销售处理后，才能予以退税。这一限制性规定表明，出口退税政策只适用于贸易性的出口货物，而非贸易性的出口货物，包括个人购买并携带出境的货物，因其财务上无法作为销售处理，故不能予以退税。

三、出口退税的基本政策

我国对出口货物根据不同情况，采取三种不同政策，即出口货物免税并退税、出口货物免税不退税和出口货物不免税也不退税。

1. 出口货物免税并退税。这是指对出口货物免征收出口环节的销项增值税，同时对于出口货物所发生的进项税予以退税。这一政策主要适用于一般生产企业、外贸公司和特准退税企业出口。

2. 出口货物免税不退税。这是指对出口货物免征收出口环节的销项增值税，但对出口货物所发生的进项税不予退税，更不允许在内销中抵扣。这一政策适用于生产企业小规模纳税人自营出口或委托外贸公司代理出口；外贸公司从小规模纳税人购进并持普通发票的货物出口；国内免税货物出口等。

3. 出口货物不免税也不退税。这是指对出口货物不予退税和免税，并按法定程序纳税。这一政策适用于：其一，援外物资；其二，国家禁止出口的货物；其三，国家限制出口的农产品和资源性产品；其四，商贸企业委托外贸公司出口的商品等。

四、特准退税货物

我国税法规定享受特准退税的企业和货物主要包括：
1. 对外承包工程公司运出境外用于对外承包项目的货物。
2. 对外承接修理修配业务的企业用于对外修理修配的货物。

3. 外轮供应公司、远洋运输供应公司销售给外轮、远洋国轮而收取外汇的货物。

4. 企业在国内采购并运往境外作为在国外投资的货物。

5. 利用外国政府贷款或国际金融组织贷款,通过国际招标由国内企业中标的机电产品。

6. 对境外带料加工装配业务所使用的出境设备、原材料和散件。

7. 利用中国政府的援外优惠贷款和合资合作项目基金方式下出口的货物。

8. 对外补偿贸易及易货贸易、小额贸易出口的货物。

9. 对港澳台贸易的货物。

10. 国家旅游局所属中国免税品公司统一管理的出境口岸免税店销售的卷烟、酒、工艺品、丝绸、服装和保健品(包括药品)六大类国产品。

11. 外国驻华使馆及其外交人员购买的列名中国产物品;外商投资企业采购国产设备。

12. 出口企业从小规模纳税人处购进并持普通发票但特准退税的出口货物,包括抽纱、工艺品、香料油、山货、草柳竹藤制品、渔网渔具、松香、五倍子、生漆、鬃尾、山羊板皮和纸制品。

13. 保税区内企业从区外有进出口经营权的企业购进货物后将这部分货物加工后再出口的货物;保税区外出口企业委托保税区内仓储企业仓储并代理报关离境的货物;出口加工区外企业运入出口加工区的货物。

第四节 出口货物退税率及退税方法[①]

一、出口货物退税率

现行出口货物的退税率分为以下几种:

1. 船舶、汽车、航空航天器、数控机床、印刷电路、采矿用机械、程控电话、光通信设备、其他通信设备零件、医疗仪器及器械、废气再循环装置、视频切换器、画面分割器征税率为 17%,退税率为 17%。

2. 凡按 17% 征税的货物,除列举货物按 17%、11%、9%、5% 退税率退

---

① 参考胡怡建编著:《中国税制》,科学出版社 2009 年 2 月版,第 67—68 页。

税以及不予退税外，其余一律按13%退税率退税。

3. 凡按13%征税的货物以及汽油、箱包、服装、鞋帽、雨伞、羽毛制品、刨床、切割机、钟表、玩具和其他杂项制品等按11%退税率退税。

4. 柴油机、泵、风扇、排气阀门及零件、回转炉、焦炉、缝纫机、订书机、家具、高尔夫球车、雪地车、摩托车、自行车、挂车、钎焊机器等按9%退税率办理退税。

5. 对于外贸企业从小规模纳税人处购进特准退税的货物，属于以农产品为原料加工生产的工业品，适用13%和17%增值税税率的货物，按6%退税率办理退税。

6. 焦炭半焦炭、炼焦煤、萤石、滑石、冻石、陶瓷、玻璃、珍珠、宝石、贵金属及其制品、部分木制品、其他皮革毛皮制品、塑料、橡胶及其制品、粘胶纤维、纸制品、植物油等货物按5%退税率办理退税。

7. 原油；小麦、稻谷、大米、玉米、大豆等农产品；濒危动物、山羊绒，鳗鱼苗，植物及其制品等动植物产品；稀土金属矿、磷矿石、天然石墨、矿砂、溶剂油、水泥、液化丙烷、液化丁烷、液化石油气等矿产品；肥料、染料等化工产品；木材、一次性木制品等木制产品；纸浆、纸等纸质品；非合金铝制条杆等简单有色金属加工产品等退税率为零。

二、出口货物退税额的计算

目前，我国对出口退税实行两种计算方法；对生产企业出口退税实行"免、抵、退法"，对外贸公司出口退税实行"以进定退法"。

（一）"免、抵、退法"

对生产企业自营或委托外贸企业代理出口的自产货物，除有特殊规定外，增值税一律实行"免、抵、退"的管理办法。

"免、抵、退法"的"免"是指对生产企业出口的自产货物，免征本企业生产销售环节增值税；"抵"是指生产企业出口自产货物所耗用的原材料、零部件、燃料、动力等所含应予退还的进项税额，抵扣内销货物的应纳税额；"退"是指生产企业出口的自产货物在当月内应抵扣的进项税额大于应纳税额时，对未抵扣完的部分予以退税。

"免、抵、退法"的计算方法如下：

1. 当期应纳税额的计算。当期应纳税额＝当期内销货物的销项税额－（当期进项税额－当期免抵退税不得免征和抵扣税额）

如果按上述公式计算的结果是正数,即为当期应纳增值税;如果按上述公式计算的结果是负数,即为当期留抵税额,也就是没有得到抵扣的进项税额。

2. 免抵退税额的计算。免抵退税额＝出口货物离岸价×外汇人民币牌价×出口货物退税率－免抵退税额抵减额

其出口货物离岸价(FOB)以出口发票计算的离岸价为准。出口发票不能如实反映实际离岸价的,企业必须按照实际离岸价向主管国税机关进行申报,同时主管税务机关有权依照有关规定予以核定。

免抵退税额抵减额＝免税购进原材料价格×出口货物退税率

免税购进原材料包括从国内购进免税原材料和进料加工免税进口料件,其中进料加工免税进口料件的价格为组成计税价格。

进料加工免税进口料件的组成计税价格＝货物到岸价＋海关实征关税和消费税

3. 当期应退税额和免抵税额的计算。如当期期末留抵税额≤当期免抵退税额,则当期应退税额＝当期期末留抵税额,当期免抵税额＝当期免抵退税额－当期应退税额

如当期期末留抵税额＞当期免抵退税额,则当期应退税额＝当期免抵退税额,当期免抵税额＝0

当期期末留抵税额根据当期《增值税纳税申报表》中"期末留抵税额"确定。

4. 免抵退税不得免征和抵扣税额的计算。免抵退税不得免征和抵扣税额＝出口货物离岸价×外汇人民币牌价×(出口货物征税率－出口货物退税率)－免抵退税不得免征和抵扣税额抵减额

免抵退税不得免征和抵扣税额抵减额＝免税购进原材料价格×(出口货物征税率－出口货物退税率)

(二)"以进定退法"

对有进出口经营权的外贸企业收购直接出口或委托其他外贸企业代理出口的货物,以及从事对外承包项目、对外修理修配业务、对外投资和销售给外轮或远洋国轮而收取外汇的货物,基本实行"以进定退法",即以购进货物的进项金额依照规定的退税率计算应退还的税额。计算公式为:

应退税额＝购进货物的进项金额×退税率

出口企业从小规模纳税人购进特准退税的持普通发票的出口货物,应将发票所列的含税销售额依照3%的征收率换算为不含税销售额,按规定的退税率

计算应退税额。计算公式为：

应退税额 = 普通发票所列含税销售额 ÷ (1 + 3%) × 退税率

三、出口退（免）消费税

（一）出口退（免）消费税的范围

1. 出口退还消费税的范围。出口退还消费税的政策一般只适用于：其一，有出口经营权的外贸企业购进并直接出口的应税消费品；其二，外贸企业受其他外贸企业委托代理出口的应税消费品。如果外贸企业受其他非外贸企业（包括非生产性的商贸企业和生产企业）委托代理出口的应税消费品，则不予退税。

2. 出口免征消费税的适用范围。出口免征消费税的政策一般只适用于有出口经营权的生产性企业自营出口或生产企业委托外贸企业代理出口自产的应税消费品，并且根据实际出口数量免征消费税，但不予退还消费税。所谓免征消费税，是直接对生产性企业按其实际出口数量免征生产环节的消费税；所谓不予退还消费税，是因为消费税只在生产环节征税，如果生产企业免征消费税，那么该应税消费品出口时就不再含有消费税，所以无需退还消费税。

（二）出口应税消费品的退税率

出口应退消费税的税率或单位税额，就是税法规定的应税消费品的征税率或单位税额。因应税消费品品种多样、品位不一，出口企业必须将出口不同税率的应税消费品实行分别核算，分别申报退税。税法规定，凡划分不清适用税率的，一律从低适用退税率计算应退消费税税额。

（三）出口应税消费品退税的计算

外贸企业购进应税消费品直接出口或受其他外贸企业委托代理出口应税消费品应退的消费税税款，属于从价定率计征的，应直接依据外贸企业从工厂购进货物时征收消费税的价格计算，其公式为：

应退消费税 = 出口货物的工厂销售额 × 税率

出口货物的工厂销售额，是指不包含增值税的销售额，如果已含增值税，应换算为不含增值税的销售额。

第五节　新税制实施以来我国历次出口退税政策的调整

出口退税是国家宏观调控经济的主要政策手段之一，世界经济格局的基本发展趋势以及市场经济形势千变万化，需要及时地有效地调整出口退税政策，抵御世界金融危机，拉动经济增长，促进国民经健康稳定发展。特别是从优化出口产品结构的角度切入，调整我国的出口退税率，促使生产企业国内外同类产品、相似产品或替代产品的生产与更新，不断改变产品的工艺、技术、质量、花色等，促进出口产品的升级换代，增强出口产品国际竞争力，以适应国际市场多变的需要。

自1994年新税制改革以来，我国的出口退税政策历经9次较大幅度的调整。

1994年新税制改革，建立了以增值税、消费税为基础的出口货物退（免）税制度。

第一次出口退税政策调整：

1995年和1996年，由原来的对出口产品实行零税率（包括11%、13%、17%）调整为3%、6%、9%三档。

第二次出口退税政策调整：

1998年因受亚洲金融危机影响，为鼓励出口，扩大对外贸易，提高了部分出口产品退税率及至分为5%、13%、15%、17%四档，出口货物综合退税率由原来的6%提高到15%。

第三次出口退税政策调整：

2004年因出口退税率的提高，对外贸易连续3年大幅度、超计划增长致使国家拖欠退税款的问题日趋严重，财政风险不断攀升。随之调低出口退税率为5%、8%、11%、13%和17%五档。出口货物综合退税率由15.5%调低到12.51%。

第四次出口退税政策调整：

2005年我国政府分期分批调低和取消了部分"两高一资"即"高耗能、高污染、资源性"产品的出口退税率；适当降低了纺织品的出口退税率；同时提高重大技术装备、IT产品、生物医药产品的出口退税率。

第五次出口退税政策调整：

2007年我国政府对本国出口产品进行结构性调整，以适应国际贸易发展的变化，调整共涉及2831项商品，占海关税则中全部商品总数的37%。其中将特种钢材及不锈钢板、冷轧产品等76个税号出口退税率降为5%；型材、盘条等83个税号的钢材产品取消出口退税。553项"高耗能、高污染、资源性"产品的出口退税被取消，2268项容易引起贸易摩擦的商品的出口退税率进一步降低，出口退税率演变成5%、9%、11%、13%和17%五档。

第六次出口退税政策调整：

2008年8月将部分纺织品、服装的出口退税率由11%提高到13%；部分竹制品的出口退税率由5%提高到11%，竹签由0提高到11%。

这是国家自2006年9月大范围下调企业出口退税率以来的首次回调。提高出口退税率，可以直接降低出口成本，增加企业利润，有助于缓解国际市场需求减弱、人民币升值以及原材料价格和劳动力成本上涨等因素的影响，保持我国外贸出口平稳较快发展。

第七次出口退税政策调整：

2008年11月，随着美国金融危机影响的不断扩大，发达国家居民消费信心指数大幅下滑，受国际市场需求减弱、人民币升值、原材料价格和劳动力成本上涨等因素影响，我国出口增速放缓。这次调整适当调高了部分劳动密集型和高技术含量、高附加值商品的出口退税率，有助于减轻出口企业面临的经营压力，提高企业出口竞争力，同时对整个国民经济的发展也具有积极作用。

此次出口退税调整一共涉及3486项商品，约占海关税则中全部商品总数的25.8%。主要包括两个方面的内容：一是适当提高纺织品、服装、玩具等劳动密集型商品出口退税率；二是提高抗艾滋病药物等高技术含量、高附加值商品的出口退税率。届时出口退税率演变成5%、9%、11%、13%、14%和17%六档。

第八次出口退税政策调整：

2008年12月，为扶持劳动密集型中小企业，支持产业优化升级，在2009年下半年两次提高出口退税率的基础上，自2008年12月1日，进一步提高部分劳动密集型产品、机电产品和其他受影响较大产品的出口退税率。财政部、国家税务总局下发的《财政部国家税务总局关于提高劳动密集型产品等商品增值税出口退税率的通知》（财税〔2008〕144号）明确了3770项提高出口退税率商品的具体范围：

1. 将部分橡胶制品、林产品的退税率由5%提高到9%。

2. 将部分模具、玻璃器皿的退税率由5%提高到11%。

3. 将部分水产品的退税率由5%提高到13%。

4. 将箱包、鞋、帽、伞、家具、寝具、灯具、钟表等商品的退税率由11%提高到13%。

5. 将部分化工产品、有色金属加工材等商品的退税率分别由5%、9%提高到11%、13%。

6. 将部分机电产品退税率分别由9%提高到11%，11%提高到13%，13%提高到14%。

第九次出口退税政策调整：

2009年1月，主要提高部分技术含量和附加值高的机电产品出口退税率，具体规定如下：

1. 将航空惯性导航仪、陀螺仪、离子射线检测仪、核反应堆、工业机器人等产品的出口退税率由13%、14%提高到17%。

2. 将摩托车、缝纫机、半导体等产品的出口退税率由11%、13%提高到14%。

3. 2009年2月1日纺织品、服装出口退税率提高到15%。2009年4月1日，国家正式发文，中国纺织企业出口退税从原来的15%上调至16%。

4. 2009年4月1日，将CRT（阴极射线管）彩电等商品的出口退税率提高到17%；将纺织品、服装的出口退税率提高到16%；将金属家具等商品的出口退税率提高到13%；将车辆后视镜等商品的出口退税率提高到11%；将锁具等商品的出口退税率提高到9%；将商品次氯酸钙及其他钙的次氯酸盐等商品的出口退税率提高到5%。此次调整共涉及3802个税号。

第二十章

走私与反走私

第一节 概述

一、走私的概念与特征

（一）走私的概念

走私，是破坏社会主义市场经济秩序、损害国家主权利益的违法行为，指故意违反海关法及国家其他有关法律、法规，逃避海关监管，非法运输、携带或邮寄国家禁止进出境的物品、国家限制进出境物品以及偷逃关税和其他海关代征税费，破坏国家对外贸易管制的犯罪行为。

简而言之，走私通常就是指违反一个国家的法令，非法运输物资进出境的行为。

（二）走私罪的特征

走私罪故意逃避海关监管，严重地破坏了国家对进出口货物或物品实行的管理制度所构成的犯罪行为。其犯罪主要指向如下：

1. 故意破坏国家对贸易性物品实行的管理制度。
2. 故意破坏国家对非贸易性物品实行的管理制度。
3. 故意破坏国家金融、外汇管理制度。
4. 故意破坏国家海关征税制度。

二、走私的分类

（一）国家刑法对走私罪的具体规定分类

根据《最高人民法院关于执行〈中华人民共和国刑法〉确定罪名的规定》和《最高人民检察院关于适用刑法分则规定的犯罪罪名的意见》规定，走私罪所涉的十二个具体罪名：

1. 走私武器、弹药罪。
2. 走私核材料罪。
3. 走私假币罪。
4. 走私文物罪。
5. 走私贵重金属罪。
6. 走私珍贵动物、珍贵动物制品罪。
7. 走私珍稀植物、珍稀植物制品罪。
8. 走私淫秽物品罪。
9. 走私普通货物、物品罪。
10. 走私固体废物罪（走私废物罪）。
11. 走私毒品罪。
12. 走私制毒物品罪。

全国人大常委会 2002 年 12 月 28 日通过的《刑法修正案（四）》第二条将"走私固体废物罪"修改为"走私废物罪"。

（二）按走私犯罪的方法分类

走私犯罪的具体行为非常纷繁，但主要走私方法有如下几种：

1. 通关走私。这是指通过海关的进出口口岸，以隐蔽的方式，采取伪报、瞒报、低报、伪装蒙混、藏匿或闯关等手段，故意逃避海关监管，从而达到进出境目的的行为，伪报、瞒报、低报是指行为人隐瞒实情向海关虚假申报，表面上接受海关监管，实际却在通关环节走私，具有很大的欺骗性。

蒙混是指行为人改变进出境物品的原来形象或者利用相似包装，掩护走私物品蒙混过关，以逃避海关监管。

藏匿是指行为人将走私物品隐藏在允许进出境物件中，逃避海关监管，一般分为挖空藏匿、空隙夹藏、人体藏匿和特制工具藏匿。

闯关是指行为人既不向海关申报，也不蒙混藏匿应申报货物或物品，而是充分利用海关监管制度的漏洞或缺陷，乘机顺利通关。

2. 绕关走私。这是指根本没有通过海关监管区域而非法携运应税、禁止和限制货物或物品进出境的行为。不可否认，绕关走私的行为人一般都有普遍可利用的社会关系网，比较熟悉边境双方的具体情况，而且拥有较为便捷的运输工具。特别是科学的发展，走私者的技术装配越来越先进，走私和反走私的斗争也越来越激烈。

3. 后续走私。这是指行为人未经海关许可，将合法进口的保税货物和特定减免税货物，包括过境、转运、通运货物和暂时进出口货物，擅自销售牟取暴利的犯罪行为。后续走私通过私售、转让、顶替、调换和挪用等形式，私下处理尚处于海关后续监管下的进口货物或物品。这要求海关为适应新的形势，必须将监管区域向内陆逐步延伸，加强对特种贸易方式的后续监管。

4. 间接走私。间接走私又称为准走私，是指直接向走私行为人收购走私货物、物品或者在内海、领海运输、收购、贩卖国家禁止、限制进出境货物、物品的行为。它并不直接进出国（边）境进行走私，因为其与走私行为联系密切而被规定以走私罪论处。

5. 复合走私。这是指走私行为人通常同时采取两种或两种以上的"复合"走私方式进行走私，是当前走私形式的新发展。走私犯罪人采取伪报品名、瞒报数量、低报价格、"换货"、利用货物中英文拼写或中英文翻译意思相近等复合走私手法，应对海关重点检查和正常查验，企图蒙蔽过关。

（三）按走私犯罪的主体分类

1. 个人走私。是指个人或小团伙所进行的走私犯罪活动，特点是单次金额不大，走私次数却较为频繁。

2. 法人走私。是指机关、企事业单位、公司、社会团体等为主体的走私犯罪活动，特点是单次金额巨大，走私程序复杂，查处难度颇大。

（四）按走私犯罪的动机和对象分类

1. 政治走私。这是指行为人意在破坏国家政治及社会稳定的走私，如偷运情报、反动宣传品、假货币、虚假标识证件等物品进出境。

2. 经济走私。主要指行为人逃避逃避海关监管，非法贩运各种货物，非法运输、携带或邮寄国家禁止或限制进出境的物品，牟取经济暴利的走私活动。

3. 军火走私。这是指行为人非法私运应由国家严格控制的枪支、弹药以及其他武器进出关境。

4. 文化走私。这主要指行为人非法运输、携带或邮寄珍贵文物及色情书画、淫秽制品等物品进出境。

5. 毒品走私。这主要指行为人非法偷运鸦片、海洛因、甲基苯丙胺（冰毒）、吗啡、大麻、可卡因以及其他国家严格管制的麻醉药品和精神药品进出境。

6. 人口走私。这主要是指各类有组织的偷越国境活动，同时包括以人为对象的走私贩卖活动。

三、走私活动产生的原因

走私活动的产生确实有着政治、经济、社会等多方面的原因，但是就其本质来说，走私作为经济犯罪，能攫取高额非法利润是走私存在的最根本原因。马克思在《资本论》第二十四章中有这样一段对利润的精辟解读："资本害怕没有利润或利润太少，就像自然界害怕真空一样。一旦有适当的利润，资本就大胆起来。如果有10%的利润，它就保证到处被使用；有20%的利润，它就活跃起来；有50%的利润，它就铤而走险；为了100%的利润，它就敢践踏一切人间法律；有300%的利润，它就敢犯任何罪行，甚至冒绞首的危险。如果动乱和纷争能带来利润，它就会鼓励动乱和纷争。走私和贩卖奴隶就是证明。"世界各国的基本情况以及走私发展的过程，就充分说明了走私活动产生的最根本原因是经济因素。

由于各国自然资源的差别、科技水平高低的不同、特别是生产力发展水平的不平衡，直接导致各国政府对海外贸易实行严格的管制政策。这种管制客观上造成了国家之间的市场分割和同一种商品在不同市场上的惊人的价格之差。正是这个惊人的价格差额刺激不法分子贪欲的细胞，不惜铤而走险，以身试法，蔑视和践踏一切法律，不择手段地将货物从低价市场国偷运到高价市场国，以获取高额利润。

关税制度是外贸管制的最主要手段，这一管制主要决于关税税率，这也是平衡国内外商品差价的主要的政策性措施。

首先，尽管世界贸易组织不断呼吁不断降低关税税率，但税率差异总是存在的，而且在相当长的一个时期内存在；其次，世界各国的平均关税水平有较大差异，一般来说发达国家关税水平较低，广大发展中国家较高；再者，同一国家各类商品的关税税率也有较大的差异，本国予以保护产业的关税税率较高，有一定竞争力的产业则关税税率较低。

既然，关税税率的差异将长期存在，那么惊人的价格之差就决定了走私活动重要诱因始终存在。另外，考虑到关税税率以外的因素，特别是国家禁止或限制进出口的某些货物和物品，有可能给走私带来巨额的利润。这就是走私犯罪产生的原因。

四、走私的危害性

走私犯罪具有较大的特殊性,它不同于普通的刑事犯罪,在走私罪中没有直观的被害人,不存在杀人、放火、劫货等伤天害理、罪大恶极而直接引起民怨沸腾、百姓深恶痛绝的情况。由于走私,特别是走私普通货物和物品,可以使个别人、小范围区域,甚至局部区域迅速的富裕起来,颇能迷惑或诱导邻里乡亲、朋友同事。因此,必须要对走私有一个彻底的、清醒的认识。走私的危害性远远超过一般的刑事犯罪,它对整个国家和社会的政治、经济和社会风气所造成的损失是无法估量的,具体表现在以下几个方面:

(一)严重危害国家主权与安全

严格的海关监管就是维护国家政治主权独立、确保国民经济正常发展以及社会秩序和谐稳定的至关重要的政策性措施。

无论政治走私、经济走私、军火走私还是文化走私、毒品走私,都会重创我国的基本经济制度,破坏我国社会经济秩序,损害国家的主权,威胁人民的生命财产安全。因此,严厉打击走私是任何国家义不容辞的基本责职。

(二)破坏市场经济秩序

市场经济是法制经济,"公开、公正、公平"是市场经济运行的基本准则,也是我国建立有中国特色的社会主义市场经济的法治原则。

大量走私货物进出关境,本身就是不正常的、非法的经济活动。走私既偷逃了所有应缴的国家税款,又扰乱了国内市场的有效秩序,其危害性突出表现在低价倾销走私物品获取最大市场份额,以不正当的竞争手段扼杀合法经营实体,严重地破坏了平等竞争的社会经济秩序。同时,走私货物低价倾销,严重影响了国内相关产业的发展,扭曲了我国市场供给和需求的平衡关系,制约了国家宏观经济的调控能力,最终还是损害了国家与人民的基本利益。

(三)严重影响国家财政收入

海关所征收税收,包括关税和代征进口环节的增值税、消费税是国家财政收入的重要组成部分,在国家预算支出中的地位日趋突出。然而,走私偷漏税给国家所造成了巨额的经济损失是无法估算的,在海关缉私部门查获的走私大案中,动辄偷逃税收就是几千万、几亿,其计算单位往往以"亿"而计。仅福建省远华走私案例就可以说明其对国家财政的危害程度。厦门远华走私案核心人物、厦门远华集团董事长赖昌星的"豪言壮语"不就是对国家财政的宣战书吗?

（四）破坏国家的进出口管制政策

为了维护国民经济的正常有序发展，《海关法》、《刑法》等有关法律法规严格规定了"非法运输、携带或邮寄国家禁止进出境的物品"，"非法运输、携带或邮寄国家限制进出境物品"等。

走私直接破坏国家对外贸易管理和进出口物品管制政策，诸如走私进出口黄金、白银等贵金属扰乱金融市场，破坏国家金融，外汇管理制度；走私进出口普通货物和物品，破坏了国家贸易性物品和非贸易性物品的管理制度；走私文物、走私珍贵动物及制品，走私珍稀植物及制品，走私废物等，都直接破坏国家的进出口管制政策。

（五）败坏社会风气，影响社会主义精神文明建设

走私就是不择手段地追逐高额暴利。一般情况下，暴利就是走私的唯一指向。走私活动猖獗往往是和"黄、赌、毒"泛滥，迷信、盗窃、抢劫、斗殴及凶杀等犯罪活动联系在一起，社会治安失控，社会风气恶化，严重影响人民群众正常的生产生活。

同时，走私亦必然滋生腐败，走私分子为寻求庇护者，不择手段拉拢和腐蚀一些意志薄弱的党政干部和执法人员为其保驾护航。因此，走私恶化了社会风气，影响社会主义精神文明建设，阻碍了我们构建和谐社会的基本目标。

第二节 我国对于走私的立法与打击走私的基本方针

一、走私立法的类型

走私是一种国际间的违法活动，各国政府都高度关注打击走私、保障本国社会经济秩序的立法活动。

由于各国社会制度及经济发展程度的不同，各国所处的国际环境和地缘政治情况不同，以及各国在精神、文化、道德等方面存在着差异，因此，每个国家关于走私行为的具体立法并不完全一致。目前来看，大体上可以分为四种类型：

1. 对走私和其他违反海关规定的行为没有明确的划分，也没有分别下定义，而一律称之为违法。

2. 凡是非法偷运进出口物资，瞒骗海关，偷漏关税以及其他违反海关规定的行为，都视为走私。

3. 将走私与瞒骗海关加以区别。前者是指以隐秘方法偷运货物越过关境；后者是指经过海关而用欺诈手段蒙骗海关，借以逃避禁止、限制进出口的规定或偷逃关税的行为。

4. 将走私与一般的违反海关规章分开，并列为两种不同性质的违法行为。

1934年6月19日国民政府公布施行的《海关缉私条例》，其罚则把违反海关规章与走私同样对待。

我国的缉私立法属于上述第（四）种类型。《中华人民共和国海关法》、《中华人民共和国海关法行政处罚实施细则》和《中华人民共和国刑法》都将走私与违规两种行为分列，并规定了不同的处罚办法。这一立法精神与旧中国有关走私立法有显著不同。

二、走私行为的认定

（一）走私行为的认定及类型

海关管理局在1964年12月发出的《海关查私工作试行规则》将走私行为归纳为：走私是破坏社会主义经济秩序，损害国家利益的违法行为。区分是否走私主要以有无逃避海关监管的行为为准。凡是违反国家规定非法运输、携带、邮寄货物、金银、货币、货币票据、有价证券以及其他物品进出国境，逃避海关的监管；逃套外汇；在国内私自买卖无权出售的进口外货的，都是走私。但是在具体确定走私时，应当根据行为的动机与结果，分析行为的性质，不能单纯根据现象来判定。

因此，依据《中华人民共和国海关法》、《中华人民共和国海关法行政处罚实施细则》和《中华人民共和国刑法》等法律规定，可以将走私行为划分为三个等级或层次：

1. 走私罪（以走私罪论处）。
2. 不构成走私罪的走私行为（以走私行为论处）。
3. 违反海关监管规定的行为。

（二）走私与违规（违章）行为的主要区别

1. 侵害的客体不同。走私行为侵害的客体是国家对外贸易管理、进出口物品管理或关税管理。违规（违章）行为侵害的客体除有些涉及到上述几方面的管理以外，主要是海关正常的监管程序、手续和要求。

2. 违法的客观方面不同。走私行为在客观方面必须是既违反进出口管理法规，非法进出口物品，又逃避海关监管，产生破坏社会主义经济秩序的结果（包括未遂）。违规（违章）在客观方面则主要是由于不按海关章则法令办事，导致违反海关法所调整和保护的社会关系和社会秩序。

3. 行为人的主观方面不同。走私行为的主观方面必须是出于故意，并具有牟取非法经济利益或者逃避国家禁止、限制进出口规定的目的。即行为人明知自己的行为会发生法律规定为违法的结果仍希望或放任这种结果发生，从而使主观上的故意表现为客观上的逃避海关监管。违规行为在主观方面有故意和非故意两种。故意的，明知自己的行为违反海关规定，却放任这种行为，但这种行为一般不涉及非法进出口物资的问题，或者虽然涉及但在程度上显著轻微。非故意的，在主观方面不具有违法的目的，而主要是缺乏责任感、疏忽大意或差错事故等造成的。

根据上述分析，中国关于走私和违反海关监管规定（违章）的立法，可以分别作如下归纳：构成走私行为的基本要素是主观方面出于故意，客观方面实施了违反海关法规，避海关监管的行为，侵害了国家的对外贸易管理、进出口物品管理或关税管理规定所保障的社会主义经济秩序和社会管理秩序。构成违规（违章）行为的基本要素是，主观方面或由于行为人的故意或由于行为人的过失，而在客观方面违反了海关的规章制度，干扰了海关的正常监管秩序。

三、坚决打击走私是我国的一贯方针

走私活动是任何主权国家所不能容忍的，走私与反走私的斗争，实际上就是维护国家经济秩序和社会管理秩序，同破坏国家经济秩序和社会管理秩序的行为作斗争。

我国政府一贯重视打击走私缉私犯罪的工作，改革开放后针对走私活动的明显发展，《中华人民共和国刑法》将情节严重的走私列为刑事犯罪行为。

1981年3月，国务院成立了打击走私领导小组及其办公室，加强了对反走私斗争的组织和领导工作。

1982年3月，五届全国人大常委会通过了《关于严惩严重破坏经济的罪犯的决定》，对《中华人民共和国刑法》中关于走私和其他经济犯罪活动的处罚做了补充修改。

1982年9月，邓小平在党的第十二次全国代表大会的开幕词中，把打击

经济领域和其他领域内破坏社会主义的犯罪活动,列为到本世纪末要抓紧的四件工作之一,并强调这是坚持社会主义道路,集中力量进行现代化建设的最重要的保证。

1987年7月起实施的《中华人民共和国海关法》具体规定了走私罪及应予追究的刑事责任。1988年1月六届全国人大常委会通过的《关于惩治走私罪的补充规定》又明确了构成走私罪的违法数额界限和量刑标准。

1993年2月17日国务院批准修订的《中华人民共和国海关法行政处罚实施细则》,是根据《海关法》第六十条制定的。凡不构成走私罪的走私行为,构成走私罪但依法免予起诉或者免除刑罚的行为,以及违反海关监管规定行为的处理,适用本实施细则。

1997年7月1日,第五届全国人民代表大会第二次会议通过《中华人民共和国刑法》,包括其后的七次刑法修正案,对走私和其他经济犯罪活动应予追究的刑事责任及其违法数额界限和量刑标准做了具体的规定。

第三节 海关缉私

一、海关缉私的任务

走私就是逃避海关监管、偷逃国家税收;扰乱经济秩序、非法牟取暴利;倾销外货、滋生腐败、诱发刑事犯罪。走私从多方面瓦解我国社会主义市场经济,严重威胁着我国当前深层次的改革开放以及建立社会主义现代化强国的努力。因此,海关查缉走私的任务是,制止和打击一切非法进出口货物、物品的行为,维护国家利益和社会经济秩序,严格规范进出口贸易,保障社会主义现代化建设。这既是《海关法》赋予海关的四大基本任务之一,也是海关行使法律赋予的神圣使命及其监管权力之一。

海关缉私任务具体可以分为三个方面:

1. 开展反走私宣传教育,发动群众积极地检举揭发走私行为及走私案件。加强调查研究;积极开展反走私信息工作,进一步拓宽调查研究范围;重点防范及查处走私或违规的大案要案。

2. 确保一切进出口货物、运输工具和货品在国家法律规定范围内和海关的严格监管下有序地进行,严厉地打击不法分子,确保国家经济活动的正常运行及发展。

3. 确保海关依法征收关税以及其他有关税收,防止和杜绝一切偷税漏税的违法行为,维护国家的主权利益。

二、海关缉私的基本性质

1. 海关是承担缉私任务的法定主体。海关缉私是法律所赋予的神圣使命和基本任务之一,海关依法在所有监管场所和设关地附近的沿海沿边规定地区执行缉私任务,展示了海关是缉私任务的法定主体,但这并不说明海关是唯一的缉私法定主体,诸如边防武警、工商行政、公安、检察、法院以及纪检、监察和其他国家机关等都依法承担了查处走私活动的任务。

2.《海关法》是查缉走私的基本法律依据。《海关法》是规定进出口监督管理制度,调整海关与进出境活动有关的行为人之间、海关与相关国家机构之间,以及海关机构监管行为的行政权利义务关系的法律规范的总称。同时也是我国海关法律体系的立法依据和执法宗旨。

故而,《海关法》是查缉走私以及认定走私行为的基本法律依据。只有逃避海关监管才构成走私,任何执法机关查处走私案件,必须以《海关法》为根据,充分发挥海关的反走私职能作用。

三、海关缉私的调查处罚权

为了有效地打击走私违法行为,海关缉私的调查处罚权包括:

1. 查问。查问是海关对违反了海关法行为的走私人或走私犯罪嫌疑人所进行的一种调查活动。海关依法收集走私证据、查明走私案情、证实走私活动、追缴赃款赃物;或听取当事人申述,澄清疑点、分辨是非、及时纠正偏差,排除走私嫌疑,保护当事人合法权益;同时可以发现新的线索,扩大缉私成果。

2. 询问。询问是海关调查人员依照《海关法》和有关法律规定,为了解与案情有关的情况而同被询问人进行的一种调查活动。询问的内容包括被询问人的基本情况,走私案情的事实,有关证据、证人以及其他情况。当事人应如实回答询问,积极配合执法人,询问笔录应由双方签名盖章。

3. 检查。检查是为查证走私行为所进行的一种专业的调查活动,这也是海关缉私的基本手段之一。检查一般可分为人工检查和器械检查,人工检查是指检查人员利用简单的工具对被查对象进行的一种查验。器械检查是指检查人员运用仪器和特殊技术对被查对象所进行的查验。

4. 扣留。扣留是指海关依法对违反《海关法》和其他有关法律法规的当事人、进出境交通运输工具、货物、物品，以及与走私违法行为有关的合同、账册、发票、单据、记录、文件、业务函电、录像制品等有关证据所实施的一种强制性置留措施。

扣留是海关缉私中所采取的重要手段之一，以保证获取物证，制裁走私犯罪，追缴非法所得，避免和减少国家的经济损失。

5. 追缉。追缉是指海关对违法当事人或走私嫌疑人违抗监管、企图逃逸时所采取的一种缉拿案犯的紧急行动。

6. 使用武器。使用武器是指海关工作人员在执行缉私任务时，为履行职责，按《海关法》规定，可以配备武器，必要时可以使用武器。但必须严格按照《海关工作人员使用武器和警械的规定》范围执行。

第四节 对走私违法行为的处罚

一、对走私罪、走私行为和违规行为的界定

根据《中华人民共和国海关法》、《中华人民共和国海关法行为处罚实施细则》等有关法律法规对各种走私违法行为情节严重程度、金额大小、社会危害范围，将其界定为走私罪、走私行为和违规行为，并分别制定了处罚措施。

（一）走私罪

有下列行为之一的，按走私罪论处：

1. 运输、携带、邮寄国家禁止或者限制进出境货物、物品或者依法应当缴纳税款的货物、物品进出境的。

2. 未经海关许可并且未缴纳应纳税款、交验有关许可证件、擅自将保税货物、特定减免税货物以及其他海关监管货物、物品、进境的境外运输工具，在境内销售的，而且数额较大的。

3. 有逃避海关监管，构成走私的其他行为，而且数额较大的。

4. 以武装掩护走私的，以暴力抗拒检查走私货物、物品的，不论数额大小，都是走私罪。

有下列行为之一的，也按走私罪论处：

1. 在内海、领海、界河、界湖，船舶及所载人员运输、收购、贩卖国家禁止或者限制进出境的货物、物品，数额较大的并且没有合法证明的。

2. 伪造、变造、买卖海关单证，与走私人通谋为走私人提供贷款、资金、账号、发票、证明、海关单证，与走私人通谋为走私人提供运输、保管、邮寄或者其他方便的。

3. 直接向走私人非法收购国家禁止进口的物品或者直接向私人非法收购走私进口的其他货物、物品，数额较大的。

4. 逃避海关监管将境外固体废物运输进境的。

（二）走私行为

有下列行为之一的，按走私行为论处：

1. 未经国务院或者国务院授权的机关批准，从未设立海关的地点运输、携带国家禁止进出境的物品、国家限制进出口或者依法应当缴纳关税的货物、物品进出境的。

2. 经过设立海关的地点，以藏匿、伪装、瞒报伪报或者其他手法逃避海关监管，运输、携带、邮寄国家禁止进出境的物品、国家限制进出口或者依法应当缴纳关税的货物、物品进出境的。

3. 伪报、瞒报进出口货物价格偷逃关税的。

4. 未经海关许可并补缴关税，擅自出售特准进口的保税货物、其他海关监管货物或者进境的境外运输工具的。

5. 未经海关许可并补缴关税，擅自出售特定减税或者免税进口用于特定企业、特定用途的货物，或者将特定减免税进口用于特定地区的货物擅自运往境内其他地区的。

有下列行为之一，但数额不大的，也按走私行为论处：

1. 直接向走私人非法收购走私进口的货物、物品的。

2. 在内海、领海运输、收购、贩卖国家禁止进出境的物品的，或者运输、收购、贩卖国家限制进出口的货物、物品，没有合法证明的。

从法律法规条文上研判，有关走私罪与走私行为的条文几乎相同，差别就在于"数额较大"。按全国人大颁布的《关于惩治走私罪的补充规定》，对"数额较大"的界定："个人走私货物、物品数额在 2 万元以上，企事业单位走私货物、物品数额 30 万元以上的"。

（三）违规行为

有下列行为之一的,按违反海关规定论处:

1. 违反国家进出口管理法规,没有领取许可证件擅自进出口货物的。

2. 逃避海关监管,运输、携带、邮寄货物、物品进出境,但有关货物、物品不属于国家禁止进出境的物品、国家限制进出口或者依法应当缴纳关税的货物、物品的。

3. 未经海关许可,擅自开拆、提取、交付、发运、调换、改装、抵押、转让海关监管货物或者海关尚未放行的进出境物品的。

4. 经营保税货物的运输、储存、加工、装配、寄售业务,有关记录不真实或者数量短少不能提供正当理由的。

5. 未经海关许可,将特定减税或者免税进口的货物、物品移作他用的。

6. 进出境货物的品名、数量、规格、价格、原产国别、贸易方式、消费国别、贸易国别或者其他应当申报的项目申报不实的。

7. 不按照规定期限将暂时进出口货物复运出境或者复运进境,擅自留在境内或者境外的。

8. 不按照规定期限将过境、转运、通运货物运输出境,擅自留在境内的。

9. 未经海关批准并补缴关税,擅自转让进出境运输工具的自用物料、物品的。

10. 未经国务院或者国务院授权的机关批准,运输工具不经设立海关的地点进出境的。

11. 在海关监管区停留的进出境运输工具,未经海关同意擅自驶离的。

12. 进出境运输工具从一个设立海关的地点驶往另一个设立海关的地点,尚未办结海关手续又未经海关批准,中途改驶境外或者境内未设立海关的地点的。

13. 进出境运输工具到达或者驶离设立海关的地点,未按照规定向海关交验有关单证或者交验的单证不真实的。

14. 不按照规定接受海关对进出境运输工具、货物、物品进行检查、查验的。

15. 进出境运输工具未经海关同意,擅自装卸进出境货物、物品或者上下进出境旅客的。

16. 进出境运输工具未经海关同意,擅自兼营境内客货运输或者用于进出境运输以外的其他用途的。

17. 进出境运输工具未按照规定办理海关手续,擅自改营境内运输的。

18. 经营保税货物的储存、加工、装配、寄售业务，不按照规定办理收存、交付、核销手续，或者中止、延长、转让有关合同不按照规定向海关办理手续的。

19. 在海关监管区以外存放海关监管货物，未经海关同意或者不接受海关监管的。

20. 擅自开启或者损毁海关加施于运输工具、仓库场所或者货物的封志的。

21. 进境运输工具在进境以后向海关申报以前，出境运输工具在办结海关手续以后出境以前，不按照交通主管机关或者海关指定的路线行进的。

22. 载运海关监管货物的进出境船舶、汽车不按照海关指定的路线行进的。

23. 进出境船舶和航空器，由于不可抗力被迫在未设立海关的地点停泊、降落，以及抛掷或者起卸货物、物品，不向附近海关报告而无正当理由的。

24. 个人携带、邮寄超过海关规定数量但数额较小仍属自用的物品进出境，未向海关申报的。

25. 个人携带、邮寄物品进出境，向海关申报不实，或者不接受海关查验的。

26. 经海关登记准予暂时免税进境或者出境的物品，未按规定复带出境或者复带进境的。

27. 未经海关批准，过境人员将其所带物品留在境内的。

28. 无特殊原因，未将进出境船舶、火车、航空器到达的时间、停留的地点或者更换的时间、地点事先通知海关的。

29. 擅自开启、损毁海关加施于物品的封志的。

30. 违反海关法规，致使海关不能或者中断对进出境运输工具、货物、物品实施监管的。

二、对走私罪、走私行为和违规行为的处罚

凡犯走私罪的属刑事犯罪，应移交检察机关，由法院审理判决。凡是定性为走私行为与违规行为的属行政违法，则应根据《中华人民共和国海关法》、《中华人民共和国刑法》、《关于严惩严重破坏经济的罪犯的决定》、《关于惩治走私罪的补充规定》与《中华人民共和国海关法行政处罚实施细则》等法律法规中的有关规定决定处罚。

（一）走私罪的刑罚

1. 走私武器、弹药、核材料或者伪造的货币的，处7年以上有期徒刑，并处罚金或者没收财产；情节较轻的，处3年以上7年以下有期徒刑，并处罚金。

2. 走私国家禁止出口的文物、黄金、白银和其他贵重金属或者国家禁止进出口的珍贵动物及其制品的，处5年以上有期徒刑，并处罚金；情节较轻的，处5年以下有期徒刑，并处罚金。

3. 走私珍稀动植物及其制品等国家禁止进出口的其他货物、物品的，处5年以下有期徒刑或者拘役，并处或者单处罚金；情节严重的，处5年以上有期徒刑，并处罚金。

犯第一款、第二款罪，情节特别严重的，处无期徒刑或者死刑，并处没收财产。

单位犯本条规定之罪的，对单位判处罚金，并对其直接负责的主管人员和其他直接责任人员，依照本条各款的规定处罚。

4. 以牟利或者传播为目的，走私淫秽影片、录像带、录音带、图片、书刊或者其他淫秽物品的，处3年以上10年以下有期徒刑，并处罚金；情节严重的，处10年以上有期徒刑或者无期徒刑，并处罚金或者没收财产；情节较轻的，处3年以下有期徒刑、拘役或者管制，并处罚金。

单位犯前款罪的，对单位判处罚金，并对其直接负责的主管人员和其他直接责任人员，依照前款的规定处罚。

5. 走私贩卖毒品，无论数量多少，都应当追究刑事责任，予以刑事处罚。有下列情形之一的，处15年有期徒刑、无期徒刑或者死刑，并处没收财产：

（1）走私贩卖鸦片1000克以上、海洛因或者甲基苯丙胺50克以上或者其他毒品数量大的。

（2）走私贩卖毒品集团的首要分子。

（3）武装掩护走私贩卖毒品的。

（4）以暴力抗拒检查、拘留、逮捕，情节严重的。

（5）参与有组织的国际贩毒活动的。

走私、贩卖、运输、制造鸦片200克以上不满1000克、海洛因或者甲基苯丙胺10克以上不满50克或者其他毒品数量较大的，处7年以上有期徒刑，并处罚金。

走私、贩卖、运输、制造鸦片不满200克、海洛因或者甲基苯丙胺不满

10 克或者其他少量毒品的，处 3 年以下有期徒刑、拘役或者管制，并处罚金；情节严重的，处 3 年以上 7 年以下有期徒刑，并处罚金。

单位犯上述罪的，对单位处罚金，并对直接负责的主管人员和其他直接责任人员依各款规定处罚。利用、教唆未成年人走私毒品的从重处罚。对多次走私毒品，未经处理的，毒品数量累计计算。

6. 走私上述规定以外的货物、物品的，根据情节轻重，分别依照下列规定处罚：

（1）走私货物、物品偷逃应缴税额在 50 万元以上的，处 10 年以上有期徒刑或者无期徒刑，并处偷逃应缴税额 1 倍以上 5 倍以下罚金或者没收财产；情节特别严重的，依照刑法第一百五十一条第四款的规定处罚。

（2）走私货物、物品偷逃应缴税额在 15 万元以上不满 50 万元的，处 3 年以上 10 年以下有期徒刑，并处偷逃应缴税额 1 倍以上 5 倍以下罚金；情节特别严重的，处 10 年以上有期徒刑或者无期徒刑，并处偷逃应缴税额 1 倍以上 5 倍以下罚金或者没收财产。

（3）走私货物、物品偷逃应缴税额在 5 万元以上不满 15 万元的，处 3 年以下有期徒刑或者拘役，并处偷逃应缴税额 1 倍以上 5 倍以下罚金。

单位犯前款罪的，对单位判处罚金，并对其直接负责的主管人员和其他直接责任人员，处 3 年以下有期徒刑或者拘役；情节严重的，处 3 年以上 10 年以下有期徒刑；情节特别严重的，处 10 年以上有期徒刑。

对多次走私未经处理的，按照累计走私货物、物品的偷逃应缴税额处罚。

（二）对走私行为的处罚

1. 走私国家禁止进出境的物品的，没收走私物品和违法所得，可以并处人民币 5 万元以下的罚款。

2. 走私国家限制进出口或者依法应当缴纳关税的货物、物品的，没收走私货物、物品和违法所得，可以并处走私货物、物品等值以下或者应缴税款 3 倍以下的罚款。

3. 伪报、瞒报进出口货物价格偷逃关税的，没收违法所得，可以并处偷逃关税金额 3 倍以下的罚款。

4. 专门用于掩护走私的货物、物品，应当没收；藏匿走私货物、物品的特制设备，应当没收或者责令拆毁。

5. 走私货物、物品无法没收时，应当追缴走私货物、物品的等值价款。

6. 对两人或者两人以上共同所为的走私行为，应当区别情节及责任，分别给予处罚。

知情不报并为走私人提供方便的，没收违法所得，可以并处违法所得两倍以下的罚款，没有违法所得的，处人民币5000元以下的罚款。

7. 为走私准备工具、制造条件的，比照相应的走私行为从轻处罚。

8. 有以下列情形之一的，可以从轻或者免予处罚：

（1）走私情节轻微的。

（2）当事人主动交待、检举立功的。

（3）走私行为在3年以后发现的。

（三）对违规行为的处罚

违规行为是指违反海关法规但不构成走私行为的，是违反海关监管规定的行为。

1. 有下列行为之一的，处货物、物品等值以下或者应缴税款两倍以下的罚款：

（1）逃避海关监管，运输、携带、邮寄货物、物品进出境，但有关货物、物品不属于国家禁止进出境的物品、国家限制进出口或者依法应当缴纳关税的货物、物品的。

（2）未经海关许可，擅自开拆、提取、交付、发运、调换、改装、抵押、转让海关监管货物或者海关尚未放行的进出境物品的。

（3）经营保税货物的运输、储存、加工、装配、寄售业务，有关记录不真实或者数量短少不能提供正当理由的。

（4）未经海关许可，将特定减税或者免税进口的货物、物品移作他用的。

（5）进出境货物的品名、数量、规格、价格、原产国别、贸易方式、消费国别、贸易国别或者其他应当申报的项目申报不实的。

（6）不按照规定期限将暂时进出口货物复运出境或者复运进境，擅自留在境内或者境外的。

（7）不按照规定期限将过境、转运、通运货物运输出境，擅自留在境内的。

（8）未经海关批准并补缴关税，擅自转让进出境运输工具的自用物料、物品的。

2. 有下列行为之一的，处人民币5万元以下的罚款：

（1）未经国务院或者国务院授权的机关批准，运输工具不经设立海关的地点进出境的。

（2）在海关监管区停留的进出境运输工具，未经海关同意擅自驶离的。

（3）进出境运输工具从一个设立海关的地点驶往另一个设立海关的地点，尚未办结海关手续又未经海关批准，中途改驶境外或者境内未设立海关的地点的。

3. 有下列行为之一的，处人民币 3 万元以下的罚款：

（1）进出境运输工具到达或者驶离设立海关的地点，未按照规定向海关交验有关单证或者交验的单证不真实的。

（2）不按照规定接受海关对进出境运输工具、货物、物品进行检查、查验的。

（3）进出境运输工具未经海关同意，擅自装卸进出境货物、物品或者上下进出境旅客的。

（4）进出境运输工具未经海关同意，擅自兼营境内客货运输或者用于进出境运输以外的其他用途的。

（5）进出境运输工具未按照规定办理海关手续，擅自改营境内运输的。

（6）经营保税货物的储存、加工、装配、寄售业务，不按照规定办理收存、交付、核销手续，或者中止、延长、转让有关合同不按照规定向海关办理手续的。

（7）在海关监管区以外存放海关监管货物，未经海关同意或者不接受海关监管的。

（8）擅自开启或者损毁海关加施于运输工具、仓库场所或者货物的封志的。

4. 有下列行为之一的，处人民币 20000 元以下的罚款：

（1）进境运输工具在进境以后向海关申报以前，出境运输工具在办结海关手续以后出境以前，不按照交通主管机关或者海关指定的路线行进的。

（2）载运海关监管货物的进出境船舶、汽车不按照海关指定的路线行进的。

（3）进出境船舶和航空器，由于不可抗力被迫在未设立海关的地点停泊、降落，以及抛掷或者起卸货物、物品，不向附近海关报告而无正当理由的。

5. 有下列行为之一的，责令补税或者将有关物品退运，可以并处物品等值以下的罚款：

（1）个人携带、邮寄超过海关规定数量但数额较小仍属自用的物品进出境，未向海关申报的。

（2）个人携带、邮寄物品进出境，向海关申报不实，或者不接受海关查验的。

（3）经海关登记准予暂时免税进境或者出境的物品，未按规定复带出境或者复带进境的。

（4）未经海关批准，过境人员将其所带物品留在境内的。

6. 有下列行为之一的，处人民币1000元以下的罚款：

（1）无特殊原因，未将进出境船舶、火车、航空器到达的时间、停留的地点或者更换的时间、地点事先通知海关的。

（2）擅自开启、损毁海关加施于物品的封志的。

（3）违反海关法规，致使海关不能或者中断对进出境运输工具、货物、物品实施监管的。

7. 携带、邮寄国家禁止进出境的物品进出境，在海关检查以前主动报明的，分别按规定予以没收或者责令退回，并可酌情处以罚款。

8. 违反海关监管规定情节轻微，或者当事人主动交待的，可以从轻或者免予处罚。

违反海关监管规定的行为在3年以后发现的，免予处罚。

三、走私、罚没物品的处理

海关在查缉走私活动中缴获的走私物品和没收的物品，根据《中华人民共和国海关法》等国家有关法律法规规定，按物品的种类分别作如下处理：

（一）公开拍卖

凡是国家法律法规没有特殊规定的走私罚没货物和物品，海关都实行公开拍卖，由经批准的价格鉴证机构确定拍卖底价的工作机制，海关通过公开招标或摇号的方式公开、公正、公平地选择拍卖机构，确保国家利益不受损失，所有走私货物和物品拍卖所得价款按照"收支两条线"和罚缴分离的规定，直接缴入国库，这是海关处理罚没物资的主要方式。2003年，全国海关通过各地拍卖行累计公开拍卖各类罚没财物12.91亿元，占全部可变卖罚没财物的95.14%。

（二）定向转卖

这类罚没物资主要是国家规定的专卖商品，如走私成品油、走私香烟、走私光盘生产线等。2003年，全国各地海关通过这种方式处理的罚没财物共计6600万元，占全部可变卖罚没财物的4.86%。

（三）移交主管机关或国有企业部门处理

查获的武器、弹药、爆炸药品、无线电发报机、反动书报及其他政治破坏性物品，移交公安机关；珍贵文物图书移交当地文物管理机关；金银、中外金属货币、国家货币票据及证券，交中国人民银行收兑；外国货币、外国票据、外币债券、外币股票，交由中国人民银行收兑、托收、保管或处理；钻石和镶金银的珠宝、饰物，交由有关外贸公司收购；麻醉药品交由国营医药公司收购；已摄成的影片移交广电部；机动船只，移交交通部等主管机关。

（四）转交给中国红十字会

查获的侵犯知识产权的货物、物品，拆除商标后转交给中国红十字会用于社会公益事业。

（五）海关销毁处理

主要对查获的洋垃圾，包括淫秽书画、影片及物品、黄色唱片、录音带等；赌具及彩票、吸毒用具；酷似真枪的玩具手枪；根据规定没收的空白票据；经卫生机关宣布禁止使用的药品及化验证明不合格并无法利用的药品，等等。

附录一：

中华人民共和国海关法

（1987年1月22日第六届全国人民代表大会常务委员会第十九次会议通过 根据2000年7月8日第九届全国人民代表大会常务委员会第十六次会议《关于修改〈中华人民共和国海关法〉的决定》修正）

第一章 总 则

第一条 为了维护国家的主权和利益，加强海关监督管理，促进对外经济贸易和科技文化交往，保障社会主义现代化建设，特制定本法。

第二条 中华人民共和国海关是国家的进出关境（以下简称进出境）监督管理机关。海关依照本法和其他有关法律、行政法规，监管进出境的运输工具、货物、行李物品、邮递物品和其他物品（以下简称进出境运输工具、货物、物品），征收关税和其他税、费，查缉走私，并编制海关统计和办理其他海关业务。

第三条 国务院设立海关总署，统一管理全国海关。

国家在对外开放的口岸和海关监管业务集中的地点设立海关。海关的隶属关系，不受行政区划的限制。

海关依法独立行使职权，向海关总署负责。

第四条 国家在海关总署设立专门侦查走私犯罪的公安机构，配备专职缉私警察，负责对其管辖的走私犯罪案件的侦查、拘留、执行逮捕、预审。

海关侦查走私犯罪公安机构履行侦查、拘留、执行逮捕、预审职责，应当按照《中华人民共和国刑事诉讼法》的规定办理。

海关侦查走私犯罪公安机构根据国家有关规定，可以设立分支机构。各分支机构办理其管辖的走私犯罪案件，应当依法向有管辖权的人民检察院移送起诉。

地方各级公安机关应当配合海关侦查走私犯罪公安机构依法履行职责。

第五条　国家实行联合缉私、统一处理、综合治理的缉私体制。海关负责组织、协调、管理查缉走私工作。有关规定由国务院另行制定。

各有关行政执法部门查获的走私案件，应当给予行政处罚的，移送海关依法处理；涉嫌犯罪的，应当移送海关侦查走私犯罪公安机构、地方公安机关依据案件管辖分工和法定程序办理。

第六条　海关可以行使下列权力：

（一）检查进出境运输工具，查验进出境货物、物品；对违反本法或者其他有关法律、行政法规的，可以扣留。

（二）查阅进出境人员的证件；查问违反本法或者其他有关法律、行政法规的嫌疑人，调查其违法行为。

（三）查阅、复制与进出境运输工具、货物、物品有关的合同、发票、账册、单据、记录、文件、业务函电、录音录像制品和其他资料；对其中与违反本法或者其他有关法律、行政法规的进出境运输工具、货物、物品有牵连的，可以扣留。

（四）在海关监管区和海关附近沿海沿边规定地区，检查有走私嫌疑的运输工具和有藏匿走私货物、物品嫌疑的场所，检查走私嫌疑人的身体；对有走私嫌疑的运输工具、货物、物品和走私犯罪嫌疑人，经直属海关关长或者其授权的隶属海关关长批准，可以扣留；对走私犯罪嫌疑人，扣留时间不超过24小时，在特殊情况下可以延长至48小时。

在海关监管区和海关附近沿海沿边规定地区以外，海关在调查走私案件时，对有走私嫌疑的运输工具和除公民住处以外的有藏匿走私货物、物品嫌疑的场所，经直属海关关长或者其授权的隶属海关关长批准，可以强行检查，有关当事人应当到场；当事人未到场的，在有见证人在场的情况下，可以径行检查；对其中有证据证明有走私嫌疑的运输工具、货物、物品，可以扣留。

海关附近沿海沿边规定地区的范围，由海关总署和国务院公安部门会同有关省级人民政府确定。

（五）在调查走私案件时，经直属海关关长或者其授权的隶属海关关长批准，可以查询案件涉嫌单位和涉嫌人员在金融机构、邮政企业的存款、汇款。

（六）进出境运输工具或者个人违抗海关监管逃逸的，海关可以连续追至海关监管区和海关附近沿海沿边规定地区以外，将其带回处理。

（七）海关为履行职责，可以配备武器。海关工作人员佩带和使用武器的规则，由海关总署会同国务院公安部门制定，报国务院批准。

（八）法律、行政法规规定由海关行使的其他权力。

第七条　各地方、各部门应当支持海关依法行使职权，不得非法干预海关的执法活动。

第八条　进出境运输工具、货物、物品，必须通过设立海关的地点进境或者出境。在特殊情况下，需要经过未设立海关的地点临时进境或者出境的，必须经国务院或者国务院授权的机关批准，并依照本法规定办理海关手续。

第九条　进出口货物，除另有规定的外，可以由进出口货物收发货人自行办理报关纳税手续，也可以由进出口货物收发货人委托海关准予注册登记的报关企业办理报关纳税手续。

进出境物品的所有人可以自行办理报关纳税手续，也可以委托他人办理报关纳税手续。

第十条　报关企业接受进出口货物收发货人的委托，以委托人的名义办理报关手续的，应当向海关提交由委托人签署的授权委托书，遵守本法对委托人的各项规定。

报关企业接受进出口货物收发货人的委托，以自己的名义办理报关手续的，应当承担与收发货人相同的法律责任。

委托人委托报关企业办理报关手续的，应当向报关企业提供所委托报关事项的真实情况；报关企业接受委托人的委托办理报关手续的，应当对委托人所提供情况的真实性进行合理审查。

第十一条　进出口货物收发货人、报关企业办理报关手续，必须依法经海关注册登记。报关人员必须依法取得报关从业资格。未依法经海关注册登记的企业和未依法取得报关从业资格的人员，不得从事报关业务。

报关企业和报关人员不得非法代理他人报关，或者超出其业务范围进行报关活动。

第十二条　海关依法执行职务，有关单位和个人应当如实回答询问，并予以配合，任何单位和个人不得阻挠。

海关执行职务受到暴力抗拒时，执行有关任务的公安机关和人民武装警察部队应当予以协助。

第十三条　海关建立对违反本法规定逃避海关监管行为的举报制度。

任何单位和个人均有权对违反本法规定逃避海关监管的行为进行举报。

海关对举报或者协助查获违反本法案件的有功单位和个人，应当给予精神的或者物质奖励。

海关应当为举报人保密。

第二章 进出境运输工具

第十四条 进出境运输工具到达或者驶离设立海关的地点时，运输工具负责人应当向海关如实申报，交验单证，并接受海关监管和检查。

停留在设立海关的地点的进出境运输工具，未经海关同意，不得擅自驶离。

进出境运输工具从一个设立海关的地点驶往另一个设立海关的地点的，应当符合海关监管要求，办理海关手续，未办结海关手续的，不得改驶境外。

第十五条 进境运输工具在进境以后向海关申报以前，出境运输工具在办结海关手续以后出境以前，应当按照交通主管机关规定的路线行进；交通主管机关没有规定的，由海关指定。

第十六条 进出境船舶、火车、航空器到达和驶离时间、停留地点、停留期间更换地点以及装卸货物、物品时间，运输工具负责人或者有关交通运输部门应当事先通知海关。

第十七条 运输工具装卸进出境货物、物品或者上下进出境旅客，应当接受海关监管。

货物、物品装卸完毕，运输工具负责人应当向海关递交反映实际装卸情况的交接单据和记录。

上下进出境运输工具的人员携带物品的，应当向海关如实申报，并接受海关检查。

第十八条 海关检查进出境运输工具时，运输工具负责人应当到场，并根据海关的要求开启舱室、房间、车门；有走私嫌疑的，并应当开拆可能藏匿走私货物、物品的部位，搬移货物、物料。

海关根据工作需要，可以派员随运输工具执行职务，运输工具负责人应当提供方便。

第十九条 进境的境外运输工具和出境的境内运输工具，未向海关办理手续并缴纳关税，不得转让或者移作他用。

第二十条 进出境船舶和航空器兼营境内客、货运输，需经海关同意，并应当符合海关监管要求。

进出境运输工具改营境内运输，需向海关办理手续。

第二十一条 沿海运输船舶、渔船和从事海上作业的特种船舶，未经海关同意，不得载运或者换取、买卖、转让进出境货物、物品。

第二十二条　进出境船舶和航空器，由于不可抗力的原因，被迫在未设立海关的地点停泊、降落或者抛掷、起卸货物、物品，运输工具负责人应当立即报告附近海关。

第三章　进出境货物

第二十三条　进口货物自进境起到办结海关手续止，出口货物自向海关申报起到出境止，过境、转运和通运货物自进境起到出境止，应当接受海关监管。

第二十四条　进口货物的收货人、出口货物的发货人应当向海关如实申报，交验进出口许可证件和有关单证。国家限制进出口的货物，没有进出口许可证件的，不予放行，具体处理办法由国务院规定。

进口货物的收货人应当自运输工具申报进境之日起14日内，出口货物的发货人除海关特准的外应当在货物运抵海关监管区后、装货的24小时以前，向海关申报。

进口货物的收货人超过前款规定期限向海关申报的，由海关征收滞报金。

第二十五条　办理进出口货物的海关申报手续，应当采用纸质报关单和电子数据报关单的形式。

第二十六条　海关接受申报后，报关单证及其内容不得修改或者撤销；确有正当理由的，经海关同意，方可修改或者撤销。

第二十七条　进口货物的收货人经海关同意，可以在申报前查看货物或者提取货样。需要依法检疫的货物，应当在检疫合格后提取货样。

第二十八条　进出口货物应当接受海关查验。海关查验货物时，进口货物的收货人、出口货物的发货人应当到场，并负责搬移货物，开拆和重封货物的包装。海关认为必要时，可以径行开验、复验或者提取货样。

经收发货人申请，海关总署批准，其进出口货物可以免验。

第二十九条　除海关特准的外，进出口货物在收发货人缴清税款或者提供担保后，由海关签印放行。

第三十条　进口货物的收货人自运输工具申报进境之日起超过3个月未向海关申报的，其进口货物由海关提取依法变卖处理，所得价款在扣除运输、装卸、储存等费用和税款后，尚有余款的，自货物依法变卖之日起1年内，经收货人申请，予以发还；其中属于国家对进口有限制性规定，应当提交许可证件而不能提供的，不予发还。逾期无人申请或者不予发还的，上缴国库。

确属误卸或者溢卸的进境货物，经海关审定，由原运输工具负责人或者货物的收发货人自该运输工具卸货之日起3个月内，办理退运或者进口手续；必要时，经海关批准，可以延期3个月。逾期未办手续的，由海关按前款规定处理。

前两款所列货物不宜长期保存的，海关可以根据实际情况提前处理。

收货人或者货物所有人声明放弃的进口货物，由海关依法变卖处理；所得价款在扣除运输、装卸、储存等费用后，上缴国库。

第三十一条 经海关批准暂时进口或者暂时出口的货物，应当在6个月内复运出境或者复运进境；在特殊情况下，经海关同意，可以延期。

第三十二条 经营保税货物的储存、加工、装配、展示、运输、寄售业务和经营免税商店，应当符合海关监管要求，经海关批准，并办理注册手续。

保税货物的转让、转移以及进出保税场所，应当向海关办理有关手续，接受海关监管和查验。

第三十三条 企业从事加工贸易，应当持有关批准文件和加工贸易合同向海关备案，加工贸易制成品单位耗料量由海关按照有关规定核定。

加工贸易制成品应当在规定的期限内复出口。其中使用的进口料件，属于国家规定准予保税的，应当向海关办理核销手续；属于先征收税款的，依法向海关办理退税手续。

加工贸易保税进口料件或者制成品因故转为内销的，海关凭准予内销的批准文件，对保税的进口料件依法征税；属于国家对进口有限制性规定的，还应当向海关提交进口许可证件。

第三十四条 经国务院批准在中华人民共和国境内设立的保税区等海关特殊监管区域，由海关按照国家有关规定实施监管。

第三十五条 进口货物应当由收货人在货物的进境地海关办理海关手续，出口货物应当由发货人在货物的出境地海关办理海关手续。

经收发货人申请，海关同意，进口货物的收货人可以在设有海关的指运地、出口货物的发货人可以在设有海关的启运地办理海关手续。上述货物的转关运输，应当符合海关监管要求；必要时，海关可以派员押运。

经电缆、管道或者其他特殊方式输送进出境的货物，经营单位应当定期向指定的海关申报和办理海关手续。

第三十六条 过境、转运和通运货物，运输工具负责人应当向进境地海关如实申报，并应当在规定期限内运输出境。

海关认为必要时，可以查验过境、转运和通运货物。

第三十七条　海关监管货物，未经海关许可，不得开拆、提取、交付、发运、调换、改装、抵押、质押、留置、转让、更换标记、移作他用或者进行其他处置。

海关加施的封志，任何人不得擅自开启或者损毁。

人民法院判决、裁定或者有关行政执法部门决定处理海关监管货物的，应当责令当事人办结海关手续。

第三十八条　经营海关监管货物仓储业务的企业，应当经海关注册，并按照海关规定，办理收存、交付手续。

在海关监管区外存放海关监管货物，应当经海关同意，并接受海关监管。

违反前两款规定或者在保管海关监管货物期间造成海关监管货物损毁或者灭失的、除不可抗力外，对海关监管货物负有保管义务的人应当承担相应的纳税义务和法律责任。

第三十九条　进出境集装箱的监管办法、打捞进出境货物和沉船的监管办法、边境小额贸易进出口货物的监管办法，以及本法未具体列明的其他进出境货物的监管办法，由海关总署或者由海关总署会同国务院有关部门另行制定。

第四十条　国家对进出境货物、物品有禁止性或者限制性规定的，海关依据法律、行政法规、国务院的规定或者国务院有关部门依据法律、行政法规的授权做出的规定实施监管。具体监管办法由海关总署制定。

第四十一条　进出口货物的原产地按照国家有关原产地规则的规定确定。

第四十二条　进出口货物的商品归类按照国家有关商品归类的规定确定。

海关可以要求进出口货物的收发货人提供确定商品归类所需的有关资料；必要时，海关可以组织化验、检验，并将海关认定的化验、检验结果作为商品归类的依据。

第四十三条　海关可以根据对外贸易经营者提出的书面申请，对拟作进口或者出口的货物预先做出商品归类等行政裁定。

进口或者出口相同货物，应当适用相同的商品归类行政裁定。

海关对所做出的商品归类等行政裁定，应当予以公布。

第四十四条　海关依照法律、行政法规的规定，对与进出境货物有关的知识产权实施保护。

需要向海关申报知识产权状况的，进出口货物收发货人及其代理人应当按照国家规定向海关如实申报有关知识产权状况，并提交合法使用有关知识产权的证明文件。

第四十五条　自进出口货物放行之日起 3 年内或者在保税货物、减免税进口货物的海关监管期限内及其后的 3 年内，海关可以对与进出口货物直接有关的企业、单位的会计账簿、会计凭证、报关单证以及其他有关资料和有关进出口货物实施稽查。具体办法由国务院规定。

第四章　进出境物品

第四十六条　个人携带进出境的行李物品、邮寄进出境的物品，应当以自用、合理数量为限，并接受海关监管。

第四十七条　进出境物品的所有人应当向海关如实申报，并接受海关查验。

海关加施的封志，任何人不得擅自开启或者损毁。

第四十八条　进出境邮袋的装卸、转运和过境，应当接受海关监管。邮政企业应当向海关递交邮件路单。

邮政企业应当将开拆及封发国际邮袋的时间事先通知海关，海关应当按时派员到场监管查验。

第四十九条　邮运进出境的物品，经海关查验放行后，有关经营单位方可投递或者交付。

第五十条　经海关登记准予暂时免税进境或者暂时免税出境的物品，应当由本人复带出境或者复带进境。

过境人员未经海关批准，不得将其所带物品留在境内。

第五十一条　进出境物品所有人声明放弃的物品、在海关规定期限内未办理海关手续或者无人认领的物品，以及无法投递及无法退回的进境邮递物品，由海关依照本法第三十条的规定处理。

第五十二条　享有外交特权和豁免的外国机构或者人员的公务用品或者自用物品进出境，依照有关法律、行政法规的规定办理。

第五章　关　税

第五十三条　准许进出口的货物、进出境物品，由海关依法征收关税。

第五十四条　进口货物的收货人、出口货物的发货人、进出境物品的所有人，是关税的纳税义务人。

第五十五条　进出口货物的完税价格，由海关以该货物的成交价格为基础审查确定，成交价格不能确定时，完税价格由海关依法估定。

进口货物的完税价格包括货物的货价、货物运抵中华人民共和国境内输入地点起卸前的运输及其相关费用、保险费；出口货物的完税价格包括货物的货价、货物运至中华人民共和国境内输出地点装载前的运输及其相关费用、保险费，但是其中包含的出口关税税额，应当予以扣除。

进出境物品的完税价格，由海关依法确定。

第五十六条　下列进出口货物、进出境物品，减征或者免征关税：

（一）无商业价值的广告品和货样；

（二）外国政府、国际组织无偿赠送的物资；

（三）在海关放行前遭受损坏或者损失的货物；

（四）规定数额以内的物品；

（五）法律规定减征、免征关税的其他货物、物品；

（六）中华人民共和国缔结或者参加的国际条约规定减征、免征关税的货物、物品。

第五十七条　特定地区、特定企业或者有特定用途的进出口货物，可以减征或者免征关税。特定减税或者免税的范围和办法由国务院规定。

依照前款规定减征或者免征关税进口的货物，只能用于特定地区、特定企业或者特定用途，未经海关核准并补缴关税，不得移作他用。

第五十八条　本法第五十六条、第五十七条第一款规定范围以外的临时减征或者免征关税，由国务院决定。

第五十九条　经海关批准暂时进口或者暂时出口的货物，以及特准进口的保税货物，在货物收发货人向海关缴纳相当于税款的保证金或者提供担保后，准予暂时免纳关税。

第六十条　进出口货物的纳税义务人，应当自海关填发税款缴款书之日起15日内缴纳税款；逾期缴纳的，由海关征收滞纳金。纳税义务人、担保人超过3个月仍未缴纳的，经直属海关关长或者其授权的隶属海关关长批准，海关可以采取下列强制措施：

（一）书面通知其开户银行或者其他金融机构从其存款中扣缴税款；

（二）将应税货物依法变卖，以变卖所得抵缴税款；

（三）扣留并依法变卖其价值相当于应纳税款的货物或者其他财产，以变卖所得抵缴税款。

海关采取强制措施时,对前款所列纳税义务人、担保人未缴纳的滞纳金同时强制执行。

进出境物品的纳税义务人,应当在物品放行前缴纳税款。

第六十一条 进出口货物的纳税义务人在规定的纳税期限内有明显的转移、藏匿其应税货物以及其他财产现象的,海关可以责令纳税义务人提供担保;纳税义务人不能提供纳税担保的,经直属海关关长或者其授权的隶属海关关长批准,海关可以采取下列税收保全措施:

(一)书面通知纳税义务人开户银行或者其他金融机构暂停支付纳税义务人相当于应纳税款的存款;

(二)扣留纳税义务人价值相当于应纳税款的货物或者其他财产。

纳税义务人在规定的纳税期限内缴纳税款的,海关必须立即解除税收保全措施;期限届满仍未缴纳税款的,经直属海关关长或者其授权的隶属海关关长批准,海关可以书面通知纳税义务人开户银行或者其他金融机构从其暂停支付的存款中扣缴税款,或者依法变卖所扣留的货物或者其他财产,以变卖所得抵缴税款。

采取税收保全措施不当,或者纳税义务人在规定期限内已缴纳税款,海关未立即解除税收保全措施,致使纳税义务人的合法权益受到损失的,海关应当依法承担赔偿责任。

第六十二条 进出口货物、进出境物品放行后,海关发现少征或者漏征税款,应当自缴纳税款或者货物、物品放行之日起1年内,向纳税义务人补征。因纳税义务人违反规定而造成的少征或者漏征,海关在3年以内可以追征。

第六十三条 海关多征的税款,海关发现后应当立即退还;纳税义务人自缴纳税款之日起1年内,可以要求海关退还。

第六十四条 纳税义务人同海关发生纳税争议时,应当缴纳税款,并可以依法申请行政复议;对复议决定仍不服的,可以依法向人民法院提起诉讼。

第六十五条 进口环节海关代征税的征收管理,适用关税征收管理的规定。

第六章 海关事务担保

第六十六条 在确定货物的商品归类、估价和提供有效报关单证或者办结其他海关手续前,收发货人要求放行货物的,海关应当在其提供与其依法应当履行的法律义务相适应的担保后放行。法律、行政法规规定可以免除担保的除外。

法律、行政法规对履行海关义务的担保另有规定的，从其规定。

国家对进出境货物、物品有限制性规定，应当提供许可证件而不能提供的，以及法律、行政法规规定不得担保的其他情形，海关不得办理担保放行。

第六十七条　具有履行海关事务担保能力的法人、其他组织或者公民，可以成为担保人。法律规定不得为担保人的除外。

第六十八条　担保人可以以下列财产、权利提供担保：

（一）人民币、可自由兑换货币；

（二）汇票、本票、支票、债券、存单；

（三）银行或者非银行金融机构的保函；

（四）海关依法认可的其他财产、权利。

第六十九条　担保人应当在担保期限内承担担保责任。担保人履行担保责任的，不免除被担保人应当办理有关海关手续的义务。

第七十条　海关事务担保管理办法，由国务院规定。

第七章　执法监督

第七十一条　海关履行职责，必须遵守法律，维护国家利益，依照法定职权和法定程序严格执法，接受监督。

第七十二条　海关工作人员必须秉公执法，廉洁自律，忠于职守，文明服务，不得有下列行为：

（一）包庇、纵容走私或者与他人串通进行走私；

（二）非法限制他人人身自由，非法检查他人身体、住所或者场所，非法检查、扣留进出境运输工具、货物、物品；

（三）利用职权为自己或者他人谋取私利；

（四）索取、收受贿赂；

（五）泄露国家秘密、商业秘密和海关工作秘密；

（六）滥用职权，故意刁难，拖延监管、查验；

（七）购买、私分、占用没收的走私货物、物品；

（八）参与或者变相参与营利性经营活动；

（九）违反法定程序或者超越权限执行职务；

（十）其他违法行为。

第七十三条　海关应当根据依法履行职责的需要，加强队伍建设，使海关工作人员具有良好的政治、业务素质。

海关专业人员应当具有法律和相关专业知识，符合海关规定的专业岗位任职要求。

海关招收工作人员应当按照国家规定，公开考试，严格考核，择优录用。

海关应当有计划地对其工作人员进行政治思想、法制、海关业务培训和考核。海关工作人员必须定期接受培训和考核，经考核不合格的，不得继续上岗执行职务。

第六十四条　海关总署应当实行海关关长定期交流制度。

海关关长定期向上一级海关述职，如实陈述其执行职务情况。海关总署应当定期对直属海关关长进行考核，直属海关应当定期对隶属海关关长进行考核。

第六十五条　海关及其工作人员的行政执法活动，依法接受监察机关的监督；缉私警察进行侦查活动，依法接受人民检察院的监督。

第七十六条　审计机关依法对海关的财政收支进行审计监督，对海关办理的与国家财政收支有关的事项，有权进行专项审计调查。

第七十七条　上级海关应当对下级海关的执法活动依法进行监督。上级海关认为下级海关做出的处理或者决定不适当的，可以依法予以变更或者撤销。

第七十八条　海关应当依照本法和其他有关法律、行政法规的规定，建立健全内部监督制度，对其工作人员执行法律、行政法规和遵守纪律的情况，进行监督检查。

第七十九条　海关内部负责审单、查验、放行、稽查和调查等主要岗位的职责权限应当明确，并相互分离相互制约。

第八十条　任何单位和个人均有权对海关及其工作人员的违法、违纪行为进行控告、检举。收到控告、检举的机关有权处理的，应当依法按照职责分工及时查处。收到控告、检举的机关和负责查处的机关应当为控告人、检举人保密。

第八十一条　海关工作人员在调查处理违法案件时，遇有下列情形之一的，应当回避：

（一）是本案的当事人或者当事人的近亲属；

（二）本人或者其近亲属与本案有利害关系；

（三）与本案当事人有其他关系，可能影响案件公正处理的。

第八章 法律责任

第八十二条 违反本法及有关法律、行政法规，逃避海关监管，偷逃应纳税款，逃避国家有关进出境的禁止性或者限制性管理，有下列情形之一的，是走私行为：

（一）运输、携带、邮寄国家禁止或者限制进出境货物、物品或者依法应当缴纳税款的货物、物品进出境的；

（二）未经海关许可并且未缴纳应纳税款、交验有关许可证件，擅自将保税货物、特定减免税货物以及其他海关监管货物、物品、进境的境外运输工具，在境内销售的；

（三）有逃避海关监管，构成走私的其他行为的。

有前款所列行为之一，尚不构成犯罪的，由海关没收走私货物、物品及违法所得，可以并处罚款；专门或者多次用于掩护走私的货物、物品，专门或者多次用于走私的运输工具，予以没收，藏匿走私货物、物品的特制设备，责令拆毁或者没收。

有第一款所列行为之一，构成犯罪的，依法追究刑事责任。

第八十三条 有下列行为之一的，按走私行为论处，依照本法第八十二条的规定处罚：

（一）直接向走私人非法收购走私进口的货物、物品的；

（二）在内海、领海、界河、界湖，船舶及所载人员运输、收购、贩卖国家禁止或者限制进出境的货物、物品，或者运输、收购、贩卖依法应当缴纳税款的货物，没有合法证明的。

第八十四条 伪造、变造、买卖海关单证，与走私人通谋为走私人提供贷款、资金、账号、发票、证明、海关单证，与走私人通谋为走私人提供运输、保管、邮寄或者其他方便，构成犯罪的，依法追究刑事责任；尚不构成犯罪的，由海关没收违法所得，并处罚款。

第八十五条 个人携带、邮寄超过合理数量的自用物品进出境，未依法向海关申报的，责令补缴关税，可以处以罚款。

第八十六条 违反本法规定有下列行为之一的，可以处以罚款，有违法所得的，没收违法所得：

（一）运输工具不经设立海关的地点进出境的；

（二）不将进出境运输工具到达的时间、停留的地点或者更换的地点通知海关的；

（三）进出口货物、物品或者过境、转运、通运货物向海关申报不实的；

（四）不按照规定接受海关对进出境运输工具、货物、物品进行检查、检验的；

（五）进出境运输工具未经海关同意，擅自装卸进出境货物、物品或者上下进出境旅客的；

（六）在设立海关的地点停留的进出境运输工具未经海关同意，擅自驶离的；

（七）进出境运输工具从一个设立海关的地点驶往另一个设立海关的地点，尚未办结海关手续又未经海关批准，中途擅自改驶境外或者境内未设立海关的地点的；

（八）进出境运输工具，未经海关同意，擅自兼营或者改营境内运输的；

（九）由于不可抗力的原因，进出境船舶和航空器被迫在未设立海关的地点停泊、降落或者在境内抛掷、起卸货物、物品，无正当理由，不向附近海关报告的；

（十）未经海关许可，擅自将海关监管货物开拆、提取、交付、发运、调换、改装、抵押、质押、留置、转让、更换标记、移作他用或者进行其他处置的；

（十一）擅自开启或者损毁海关封志的；

（十二）经营海关监管货物的运输、储存、加工等业务，有关货物灭失或者有关记录不真实，不能提供正当理由的；

（十三）有违反海关监督规定的其他行为的。

第八十七条　海关准予从事有关业务的企业，违反本法有关规定的，由海关责令改正，可以给予警告，暂停其从事有关业务，直至撤销注册。

第八十八条　未经海关注册登记和未取得报关从业资格从事报关业务的，由海关予以取缔，没收违法所得，可以并处罚款。

第八十九条　报关企业、报关人员非法代理他人报关或者超出其业务范围进行报关活动的，由海关责令改正，处以罚款，暂停其执业；情节严重的，撤销其报关注册登记、取消其报关从业资格。

第九十条　进出口货物收发货人、报关企业、报关人员向海关工作人员行贿的，由海关撤销其报关注册登记，取消其报关从业资格，并处以罚款；构成犯罪的，依法追究刑事责任，并不得重新注册登记为报关企业和取得报关从业资格证书。

第九十一条 违反本法规定进出口侵犯中华人民共和国法律、行政法规保护的知识产权的货物的,由海关依法没收侵权货物,并处以罚款;构成犯罪的,依法追究刑事责任。

第九十二条 海关依法扣留的货物、物品、运输工具,在人民法院判决或者海关处罚决定做出之前,不得处理。但是,危险品或者鲜活、易腐、易失效等不宜长期保存的货物、物品以及所有人申请先行变卖的货物、物品、运输工具,经直属海关关长或者其授权的隶属海关关长批准,可以先行依法变卖,变卖所得价款由海关保存,并通知其所有人。

人民法院判决没收或者海关决定没收的走私货物、物品、违法所得、走私运输工具、特制设备,由海关依法统一处理,所得价款和海关决定处以的罚款,全部上缴中央国库。

第九十三条 当事人逾期不履行海关的处罚决定又不申请复议或者向人民法院提起诉讼的,做出处罚决定的海关可以将其保证金抵缴或者将其被扣留的货物、物品、运输工具依法变价抵缴,也可以申请人民法院强制执行。

第九十四条 海关在查验进出境货物、物品时,损坏被查验的货物、物品的,应当赔偿实际损失。

第九十五条 海关违法扣留货物、物品、运输工具,致使当事人的合法权益受到损失的,应当依法承担赔偿责任。

第九十六条 海关工作人员有本法第七十二条所列行为之一的,依法给予行政处分;有违法所得的,依法没收违法所得;构成犯罪的,依法追究刑事责任。

第九十七条 海关的财政收支违反法律、行政法规规定的,由审计机关以及有关部门依照法律、行政法规的规定做出处理;对直接负责的主管人员和其他直接责任人员,依法给予行政处分;构成犯罪的,依法追究刑事责任。

第九十八条 未按照本法规定为控告人、检举人、举报人保密的,对直接负责的主管人员和其他直接责任人员,由所在单位或者有关单位依法给予行政处分。

第九十九条 海关工作人员在调查处理违法案件时,未按照本法规定进行回避的,对直接负责的主管人员和其他直接责任人员,依法给予行政处分。

第九章 附 则

第一百条 本法下列用语的含义：

直属海关，是指直接由海关总署领导，负责管理一定区域范围内的海关业务的海关；隶属海关，是指由直属海关领导，负责办理具体海关业务的海关。

进出境运输工具，是指用以载运人员、货物、物品进出境的各种船舶、车辆、航空器和驮畜。

过境、转运和通运货物是指由境外启运、通过中国境内继续运往境外的货物。其中，通过境内陆路运输的，称过境货物；在境内设立海关的地点换装运输工具，而不通过境内陆路运输的，称转运货物；由船舶、航空器载运进境并由原装运输工具载运出境的，称通运货物。

海关监管货物，是指本法第二十三条所列的进出口货物，过境、转运、通运货物，特定减免税货物，以及暂时进出口货物、保税货物和其他尚未办结海关手续的进出境货物。

保税货物，是指经海关批准未办理纳税手续进境，在境内储存、加工、装配后复运出境的货物。

海关监管区，是指设立海关的港口、车站、机场、国界孔道、国际邮件互换局（交换站）和其他有海关监管业务的场所，以及虽未设立海关，但是经国务院批准的进出境地点。

第一百零一条 经济特区等特定地区同境内其他地区之间往来的运输工具、货物、物品的监管办法，由国务院另行规定。

第一百零二条 本法自1987年7月1日起施行。1951年4月18日中央人民政府公布的《中华人民共和国暂行海关法》同时废止。

附录二：

中华人民共和国海关对报关员管理规定

1997年　　中华人民共和国海关总署令第62号

第一章　总　　则

第一条　为加强报关员管理，维护报关秩序，规范报关行为，根据《中华人民共和国海关法》及有关法律、法规，制定本规定。

第二条　本规定所称报关员，系指取得报关员资格，按本规定程序在海关注册，向海关办理进出口货物报关业务的人员。

第三条　中华人民共和国海关是报关员资格考试、注册的主管机关，对报关员报关行为实施监督管理。

第四条　报关员在办理进出口货物报关业务时，应遵守国家有关法律、法规和海关规章，如实申报，并承担相应的法律责任。

第二章　资格审定

第五条　海关实行报关员资格全国统一考试制度。考试合格取得报关员资格证书者，方可申请报关员注册。

第六条　参加资格考试的人员，必须符合下列条件：

（一）年满18岁，具有完全民事行为能力；

（二）具有良好品行；

（三）具有高中或中等专业学校毕业以上学历。

第七条　下列人员不能参加资格考试：

（一）触犯刑律被判刑，刑满释放不到5年者；

（二）因在报关活动中有走私或严重违反海关监管规定行为，被海关吊销报关员证件，不满3年者；

（三）海关规定不能从事报关工作的其他人员。

第八条　报关员资格全国统一考试办法由海关总署制定。

第三章　注册和年审

第九条　海关根据报关企业的申请和业务需要，核定企业报关员数量。报关员注册，应由已在海关注册登记的企业向所在地海关提出申请，并提交下列文件：

（一）《报关员注册申请书》；

（二）报关企业注册登记证书；

（三）申请注册人所属企业的人事证明或用工劳动合同；

（四）申请注册人有效的身份证件；

（五）报关员资格证书；

（六）海关需要的其他文件。

对符合规定者海关予以注册，制发报关员证件，报关有效期为1年。有关人员获得报关员证件后，始可办理报关业务。

第十条　报关员证件是报关员办理本企业报关业务的身份凭证，不得转借、涂改。报关员证件在签发年度内有效。跨年度使用必须履行年审手续。

第十一条　报关员调往其他企业从事报关工作，应持调出、调入双方企业的证明文件以及有效的报关员资格证书，向调入企业所在地海关申请办理重新注册手续。海关核准的，予以换发报关员证件。报关员不得同时兼任两个或两个以上报关企业的报关工作。

第十二条　报关员遗失报关员证件，应自证件遗失之日起15日内向海关递交情况说明，并登报声明作废。海关于声明作废之日起3个月后予以补发，期间不得办理报关业务。

第十三条　有下列情事之一的，应由所有企业收回其报关员证件，交回所在地海关，并以书面形式申请办理报关员证件注销手续：

（一）脱离报关员工作岗位的；

（二）企业因解散、破产等原因停止报关业务的；

（三）企业解聘报关员的。

因未办理注销手续而发生的法律责任由企业自行承担。

第十四条　海关对报关员实行年度审查制度。报关员必须随所在企业每年按期参加年审，填报《报关员年审报告书》，说明办理报关业务和遵守海关法规等情况。海关结合日常报关记录考核报关员业务水平，重新确认报关资格。

第十五条　通过年审者,准予延长一年的报关有效期,报关员可在此期限内继续办理报关业务。

有下列情事之一时,海关将不予延长报关有效期:

（一）经常出现报关差错等不负责任行为,屡纠不改的;

（二）领取报关员证件之日起1年内或连续1年未报关的;

（三）未经海关同意,逾期1个月以上不参加年审的;

（四）未经企业授权擅自招揽报关业务的;

（五）不履行本规定第十九条所列报关员义务,情节严重的。

第十六条　经年审未予延期的报关员,向海关书面申请获得同意,可参加海关组织的报关业务培训,经考试合格者,方可继续办理报关业务。

第四章　报关员的权利、义务

第十七条　报关员应在企业所在地海关关区内办理本企业授权承办的报关业务。报关员有权拒绝办理所属企业交办的单证不真实、手续不齐全的报关业务。

第十八条　报关员应持有效的报关员证件办理报关业务,其签字应在海关备案。向海关递交的报关单,应有报关员和所属企业的法定代表人（或其授权委托的报关业务负责人）的签字。否则,海关不接受申报。专业、代理报关企业的报关员办理报关业务,应交验委托单位的委托书。

第十九条　报关员在办理报关业务时,应对本企业负责,接受海关的指导和监督,并履行以下义务:

（一）遵守国家有关法律、法规和海关规章,熟悉所申报货物的基本情况;

（二）提供齐全、正确、有效的单证,准确、清楚填制进（出）口货物报关单,并按有关规定向海关提交办理进出口货物的报关手续;

（三）海关查验进出口货物时,应按时到场,负责搬移货物、开拆和重封货物的包装;

（四）负责在规定的时间内办理缴纳所报进出口货物的各项税费的手续、海关罚款手续和销案手续;

（五）配合海关对走私违规案件的调查;

（六）协助本企业完整保存各种原始报关单证、票据、函电等资料;

（七）参加海关召集的有关报关业务会议或培训;

（八）承担海关规定报关员办理的与报关业务有关的工作。

第五章 法律责任

第二十条 报关员有违反《中华人民共和国海关法》行为，海关按照《中华人民共和国海关法行政处罚实施细则》规定吊销其报关员证件，3年内不得重新申请报关员注册。

第二十一条 报关员有下列情事之一的，海关处以1000元以下罚款：

（一）违反本规定第十条的；

（二）未经海关同意，逾期1个月以内不参加年审的；

（三）有本规定第十五条第二款第（四）项所列行为的；

（四）不履行本规定第十九条所列报关员义务的；

（五）因其他原因需处以罚款的。

第二十二条 报关员对海关处罚不服的，可以自在处罚通知书送达之日起30日内，向做出决定的海关或者上一级海关书面申请复议，有关海关应当在收到复议申请书的90日内做出会议决定，并制发复议决定书送达当事人。当事人对复议决定不服的，可以自复议决定书送达之日起30日内，向人民法院起诉。当事人也可以自处罚通知书送达之日起30日内，直接向人民法院起诉，当事人选择直接向人民法院起诉的，不得向海关申请复议。

第六章 附 则

第二十三条 本规定由海关总署负责解释。

第二十四条 本规定自1997年6月1日起实施。

其他有关报关员的管理规定，凡与本规定抵触的，以本规定为准。

主要参考书籍

1. 《关税理论与实务》：沈肇章编著，暨南大学出版社，2000年1月版。
2. 《中国关税制度改革》：杨圣明主编，中国社会科学出版社，1997年5月版。
3. 《当代中国海关》：当代中国编辑委员会，当代中国出版社，1992年11月版。
4. 《海关概论》：王意家、甄明、孙国权编著，中山大学出版社，1997年10月版。
5. 《WTO与海关实务》：陶明、杨永康等编著，上海人民出版社，2002年1月版。
6. 《海关征税》：刘广平、王意家、林利忠编著，中山大学出版社，1999年6月版。
7. 《海关关税制度》：陈大钢编著，上海财经大学出版社，2002年11月版。
8. 《中国税制五十年》（1949—1999）：刘佐著，中国税务出版社，2000年1月版。
9. 《WTO与中国关税》：黄天华编著，复旦大学出版社，2002年9月版。

后　　记

　　本书对其原作《中国关税制度》进行了较大幅度的修改，适应我国国际贸易形势和关税制度的发展，并应教学和广大实际工作者的要求，增加了第十八章《通关制度》、第十九章《出口退税制度》和第二十章《走私与反走私》。

　　本书较多地引用了杨圣明老师的研究成果，还引用了刘佐老师、王意家老师、沈肇章老师等著作中的材料，在此表示衷心的感谢！

　　本书的编写得到了财政部及其科研所、国家税务总局、海关总署、上海海关协会、中国财政经济出版社等单位的热忱帮助和悉心指导。特别是财政部关税司王伟司长在百忙中为本书撰写序言，中国财政经济出版社的编辑们为本书的出版倾注了很大的精力，在此一并表示深深地感谢。

　　由于本书的编写时间较紧，加之编者水平有限，难免有不妥之处，敬请同行和读者批评指正。

作者

2009 年 10 月 20 日